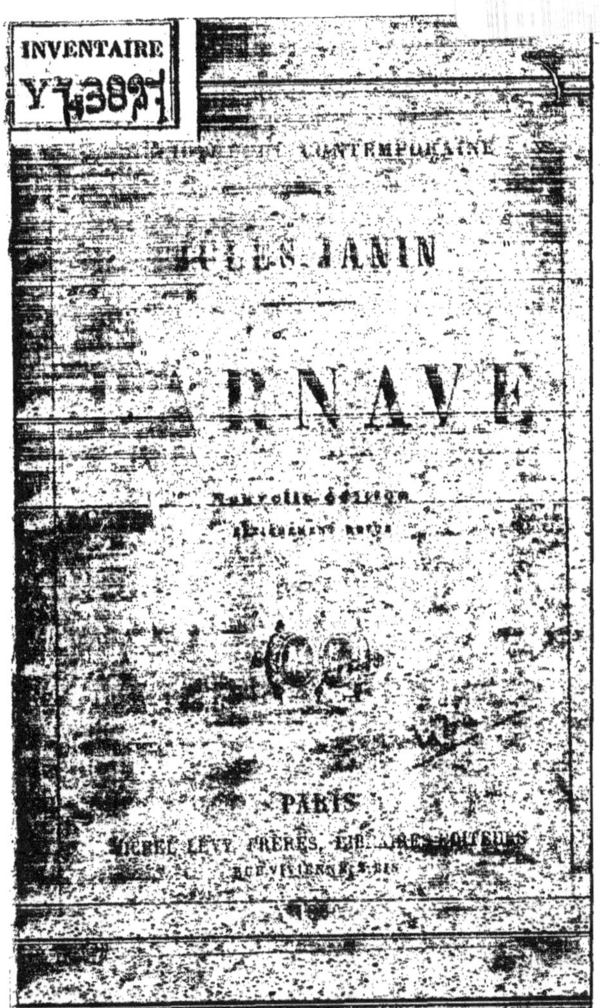

BIBLIOTHÈQUE CONTEMPORAINE

JULES JANIN

BARNAVE

Nouvelle édition

PARIS
MICHEL LÉVY FRÈRES, LIBRAIRES ÉDITEURS
RUE VIVIENNE, 2 BIS

BARNAVE

DU MÊME AUTEUR

—

Format in-8 :

La Religieuse de Toulouse........................ 2 vol.
Les Gaités champêtres........................ 2 —

Format grand in-18 :

Histoire de la Littérature dramatique, 2e édition..... 6 vol.
Les Contes du Chalet........................ 1 —
Le Chemin de Traverse, nouvelle édition........... 1 —
L'Ane mort, nouvelle édition........................ 1 —
Contes littéraires, nouvelle édition.................. 1 —
Contes fantastiques, nouvelle édition............... 1 —
La Confession, nouvelle édition...................... 1 —
Un Cœur pour deux Amours, nouvelle édition........ 1 —

PARIS. — IMPRIMERIE DE J. CLAYE, RUE SAINT-BENOIT, 7.

BARNAVE

PAR

M. JULES JANIN

NOUVELLE ÉDITION ENTIÈREMENT REVUE

PARIS
MICHEL LÉVY FRÈRES, LIBRAIRES-ÉDITEURS
RUE VIVIENNE, 2 BIS

1860

Ce livre est un des péchés de ma jeunesse : il fut *écrit*, disons mieux, il fut improvisé le lendemain des trois journées, un temps si loin de nous, hélas ! Tout tremblait, tout espérait, tout se débattait avec courage, avec espoir, et pendant que S. M. le roi Charles X était reconduit, en grand honneur, par messieurs ses gardes du corps jusqu'au vaisseau de Cherbourg, sur cet Océan éternellement étonné de se voir traverser, *dans des appareils si divers, et pour des causes si différentes,* quelques vieillards qui pleuraient *le Roi*, quelques jeunes gens qui avaient été, de bonne heure, accoutumés à l'entourer de leurs respects, profitant des libertés que leur accordaient tant de grands esprits, réunis autour du nouveau trône, se montraient impatients d'accompagner ce bon prince, l'honneur même, uni à tout ce que la majesté royale a de clémence et de bonté, d'une suite d'élégies, de respects, de sympathies et de consolations que S. M. le roi Charles X entendit, en effet, sur son passage. Il disait si bien, ce bon roi, lorsque, naguères, il accomplissait son dernier voyage à travers la France, aux courtisans qui l'entouraient et qui lui témoignaient un peu d'inquiétude : — « Allons ! retirez-vous de mon soleil ; faites qu'on me voie, et rassurez-vous, vous ne savez pas encore l'autorité d'un roi de France ! » Et véritablement, dans les derniers moments de sa fortune royale, il lui avait suffi de se montrer, pour voir accourir tout son peuple, autour de son visage radieux.

C'était un roi affable, généreux, bienveillant, loyal, d'une clémence inépuisable, et qui se voyait respecté même par l'émeute. (En ce temps-là, elle n'allait jamais plus loin que la porte Saint-Denis, l'émeute, et l'ombre auguste du château des Tuileries lui faisait peur). Certes, ce bon roi ne pouvait pas se douter qu'un jour viendrait, si cruellement et si vite, avec tant d'ardeur, qui briserait ce trône excellent, qui renverserait cette admirable monarchie ! Il ne s'en doutait guère, et, quand vint la tempête, il se trouva sans défense et sans peur. Son départ fut semblable au voyage d'un roi ! Les peuples, sur les routes, accouraient et lui disaient adieu ! Les vieillards le montraient à leurs petits enfants, comme un triste objet de leurs regrets, plus tard ! Pas un cri qui ne fût une sympathie, et pas un salut qui ne fût un adieu respectueux ! M. Théodore Anne, un digne garde du corps du roi Charles X, a raconté, dans un récit plein de cœur, de vérité, de dévouement, plein d'honneur, ce voyage de Cherbourg, qu'il accomplissait avec les gardes du corps, ses dignes camarades, et comment, en les quittant, le roi les avait décorés de son ordre et de son souvenir. Rien n'est plus sympathique et plus touchant que cette page éloquente, et l'on y retrouve, à souhait, l'intime et glorieux contentement qui surgit de ces pages fidèles et loyales, où ce n'est pas le vaincu et le détrôné qu'il faut plaindre, où le vainqueur seul est le digne objet d'une intelligente pitié. Ainsi, rien ne vous a manqué, ô Majesté touchante ! ô protecteur de notre enfance et des premières années de notre jeunesse ! O grâce et bonté souveraines ! Sacre éternel que Lamartine a chanté !

Viens donc, élu du ciel que sa force accompagne,
Viens ! — Par la Majesté du divin Charlemagne,
La valeur de Martel ou du soldat d'Ivri !
Par la vertu du roi qu'a couronné l'Église !
Par la noble franchise
Du quatrième Henri !
Par les brillants surnoms de cette race auguste !
Le Sage, le Vainqueur, le Bon, le Saint, le Juste...

La grâce de Philippe ou de François premier !
Par l'éclat de ce roi dont l'ascendant suprême
Imposa son nom même
Au siècle tout entier !
Règne ! juge ! combats ! venge ! punis ! pardonne... !
Par ce martyr des rois, qui mourut pour nos crimes,
Par le sang consacré de cent mille victimes !
Par ce pacte éternel qui rajeunit tes droits !
Par le nom de Celui dont tout sceptre relève !
Par l'amour qui t'élève
Sur ce nouveau pavois !...
Conduis ! règle ! soutiens ! commande ! impose ! ordonne !
Par la vertu d'en haut sois couronné, sois roi !
Ta main, dès cet instant, peut frapper, peut absoudre ;
Ton regard est la foudre
Ta parole est la loi !
Que la terre et les cieux et la mer te bénissent !
Qu'au chœur des Chérubins les Séraphins s'unissent
Pour célébrer le Dieu, le Dieu qui nous sauva !
Saint ! saint ! saint est son nom ! Que la foudre le gronde !
Que le vent le murmure, et l'abîme réponde :
Jéhovah ! Jéhovah !
Qu'il gouverne à jamais son antique héritage !
Sur les fils de nos fils qu'il règne d'âge en âge ;
Nos cris l'ont invoqué, sa foudre a répondu !
De toute majesté c'est la source et le père !
Le peuple qui l'attend, le siècle qui l'espère,
N'est jamais confondu !
Qu'il est rare, ô mon Dieu ! que ta main nous accorde
Ces temps, ces temps de grâce et de miséricorde,
Où l'homme peut jeter ce long cri de bonheur,
Sans qu'un soupir, faussant le cantique d'ivresse,
Vienne en secret mêler aux concerts d'allégresse
L'accent d'une douleur...

Voilà pourtant comme on en parlait, et voilà comme on lui parlait, à ce roi calme et bienfaisant qui était au niveau de toutes les louanges : or cette louange était l'admiration sincère d'un grand poëte ; elle eut un rapide écho dans toute la France ; elle trouva l'Europe attentive ; elle était le présage heureux d'une grande conquête et d'une victoire illustré entre toutes, une victoire dont M. le duc d'Orléans, M. le duc d'Aumale, M. le duc de Nemours, le général Lamoricière et le général Cavaignac devaient sortir.

Ce beau règne ! il était annoncé dans l'Écriture : « *Orietur in diebus ejus justitia et abundantia pacis.* » Un autre poëte, aussi grand que le premier, la plus superbe et la plus vive inspiration de notre âge, un grand homme, un héros, lorsqu'il évoque à son tour la royauté d'autrefois, rien n'est plus splendide et plus touchant que ses paroles à propos du roi martyr et de l'enfant-roi, tué à coups de pied dans la prison du temple :

C'était un bel enfant qui fuyait de la terre.
Son œil bleu du malheur portait le signe austère.
Ses blonds cheveux flottaient sur ses traits pâlissants,
Et les vierges du ciel, avec des chants de fête,
Aux palmes du martyre unissaient sur sa tête
La couronne des innocents.
— Où donc ai-je régné ? demandait la jeune ombre.

La France entière pleurait à ces charmants souvenirs ! La France entière a répété ces cantiques en l'honneur de tant de misères passées, et de tant d'espérances présentes :

O Français ! louez Dieu, vous voyez un roi juste !

s'écriait l'auteur des *Contemplations*, le jour glorieux où reparut le roi Henri IV sur son piédestal :

O joie ! O triomphe ! O mystère !
Il est né, l'enfant glorieux...

s'écriait le poëte, à la naissance de Mgr. le duc de Bordeaux.

Et toi, que le Martyr aux combats eût guidée,
Sors de ta douleur, ô Vendée!
Un roi naît pour la France, un soldat naît pour toi!

Voilà pourtant les premiers vers que nous avons entendus retentir à nos oreilles charmées! Enfants que nous étions encore, voilà nos émotions, voilà nos exemples, voilà nos rêves! Lui-même, quand il passait par sa ville en deuil, le roi Louis XVIII, ce dernier roi qui ait eu l'honneur d'entrer mort en son église royale de Saint-Denis, il fut salué par un vrai poëte; Victor Hugo, jeune homme, ajoutait sa douleur impérissable au *De profundis* de la ville... *où jamais la couronne ne tombe*, disait l'ode inspirée au tombeau des rois; Victor Hugo, lui aussi, écrivit une ode éclatante, au sacre du roi Charles X, et voici la prière que ses cantiques adressaient au Tout-Puissant, agenouillés à ses autels:

O Dieu! garde à jamais ce roi qu'un peuple adore!
Romps de ses ennemis les flèches et les dards;
Qu'ils viennent du couchant, qu'ils viennent de l'aurore,
Sur des coursiers ou sur des chars!
Charles, comme au Sina, t'a pu voir face à face!
Du moins qu'un long bonheur efface
Ses bien longues adversités!
Qu'ici-bas des élus il ait l'habit de fête;
Prête à son front royal deux rayons de ta tête;
Mets deux anges à ses côtés.

Rappelez-vous aussi, le jour même où 1830 accomplissait sa révolution soudaine, ce vieillard couronné de sa gloire et de ses cheveux blancs, le poëte du *Christianisme* et le chantre inspiré *des Martyrs*, entraîné dans la foule victorieuse, et proclamé par elle, au dernier moment des trois jours, à la même heure où le nouveau roi va chercher à l'Hôtel-de-Ville les pouvoirs que l'Hôtel-de-Ville a brisés. Qu'elle était éloquente, et qu'elle était écoutée avec respect, la voix de M. de Chateaubriand! Quelle majesté dans ces adieux suprêmes, du haut de la tribune, où les pairs de France écoutaient, pleins d'attendrissement, de respect,..., de remords peut-être, ces plaintes libérales, ces accents prophétiques! Et comment donc, à la même heure, quand les plus grands poëtes de l'âge ancien et des temps présents se mettent à pleurer la royauté qui s'en va, un écrivain de vingt-cinq ans, docile à toutes ces impressions surnaturelles, eût-il négligé de mêler sa douleur et son deuil à cette louange unanime, à ce deuil reconnaissant?

Pouvait-il oublier, lui, enfant de la presse libre et de la libre parole, un prince qui s'était écrié, le jour de son avénement au trône de ses ancêtres : *Plus de censure!* et qui avait renvoyé dans leurs cavernes les honteux mutilateurs de la presse honnête et libérale? Et de même que le roi Charles X avait dit : *Plus de censure!* en montant sur le trône, il avait répondu aux vieux poëtes de l'empire qui, dans une pétition célèbre, le sollicitaient, ô honte incroyable! contre les poëtes naissants : « Je n'ai que ma place au parterre! » Il avait fait, il avait dit aussi bien, le jour où il fit appeler l'auteur de *Marion Delorme*, en le priant de laisser en repos l'ombre de son aïeul, le roi Louis XIII. La date est certaine; elle est consacrée à tout jamais, aux royales Tuileries, dans ce beau livre intitulé : *les Rayons et les Ombres*, le digne pendant des *Feuilles d'Automne* et des *Contemplations* :

Seuls dans un lieu royal, côte à côte marchant,
Deux hommes, par endroits du coude se touchant,
Causaient. Grand souvenir qui dans mon cœur se grave!
Le premier avait l'air fatigué, triste et grave,
Comme un front trop petit qui porte un lourd projet;
Une double épaulette à couronne chargeait
Son uniforme vert à ganse purpurine,
Et l'Ordre et la Toison faisaient sur sa poitrine,
Près du large cordon moiré de bleu changeant,
Deux foyers lumineux, l'un d'or, l'autre d'argent.
C'était un roi, vieillard à la tête blanchie,
Penché du poids des ans et de la monarchie.

L'autre était un jeune homme, étranger chez les rois,
Un poëte, un passant, une inutile voix.
Ils se parlaient tous deux, sans témoins, sans mystère,
Dans un grand cabinet, simple, nu, solitaire...
Or, entre le poëte et le vieux roi courbé,
De quoi s'agissait-il ?...
Le poëte voulait faire, un soir, apparaître
Louis Treize, ce roi sur qui régnait un prêtre ;
— Tout un siècle, marquis, bourreaux, fous, bateleurs, —
Et que la foule vînt, et qu'à travers des pleurs,
Par moments, dans un drame étincelant et sombre,
Du pâle cardinal on crût voir passer l'ombre...
Le vieillard hésitait : — Que sert de mettre à nu
Louis Treize, ce roi chétif et mal venu ?
A quoi bon remuer un mort dans une tombe ?
Que veut-on ? Où court-on ? Sait-on bien où l'on tombe ?
Tout n'est-il pas déjà croulant de tout côté ?
Tout ne s'en va-t-il pas sous trop de liberté ?...
Puis il niait l'histoire, et, quoi qu'il en puisse être,
A ce jeune rêveur disputait son ancêtre,
L'accueillant bien, d'ailleurs, bon, royal, gracieux,
Et le questionnant sur ses propres aïeux !

Tel il nous est apparu, et dans sa vie et dans son règne, le roi Charles X, ce roi excellent que nous perdions ! Tel nous le montrait la poésie, en attendant que l'histoire eût adopté cette image vraiment royale ! Il avait laissé parmi nous, les uns et les autres, tant de traces bienveillantes ! Il avait été au-devant même de ses insulteurs, le cœur tout rempli de pitié, les mains toutes pleines de pardon ! Je suis peu de chose, et je n'ai jamais été rien en toute ma vie... Une seule fois, il me semble aujourd'hui que je fus un homme important. Je me souviens, en effet, que j'eus l'honneur, au nom du roi, de porter des paroles de pitié et de pardon à M. Fontan, enfermé à Poissy pour avoir insulté à la majesté royale ! Le roi demandait à peine une excuse, et tout de suite il pardonnait... M. Fontan ne voulut pas s'incliner devant ce pardon qui tombait de si haut ! Tout au fond de l'abîme, il défiait encore. Ah ! je suis sûr que M. Fontan eut un vif regret de son obstination malséante... et courageuse, lorsque un mois après notre ambassade à Poissy (Frédéric Soulié en était) :

> Holyrood ! le vieux roi, demandait à ton ombre
> Cette hospitalité mélancolique et sombre
> Qu'on reçoit, et qu'on rend de Bourbons à Stuarts...

Donc ce livre, aujourd'hui réimprimé, parce qu'enfin je ne pouvais pas le laisser disparaître, et reparaître un jour, sans le commentaire et sans l'explication qui désormais lui serviront d'excuse, était tout à fait, dans mon ambition juvénile, et qui de rien ne doute, un suprême adieu à la monarchie expirée, une élégie au roi que nous perdions. Dieu soit loué, qui m'a mis au rang des honnêtes gens qui se plaisent à célébrer les causes vaincues ! Ils n'attendent rien de la fortune ; ils n'ont rien à espérer du pouvoir ; ils se tiennent à l'ombre, à l'écart, cédant la place à qui veut passer avant eux ! Passez ! La place est libre !... Arrivez, ambitieux ! Emparez-vous des rumeurs populaires ! Tenez-vous du côté des puissants de ce matin ! Soyez forts avec les forts, puissants avec les tout-puissants ; oubliez la veille, et contemplez le lendemain ! Hâtez-vous ! qui vous gêne ? Hâtez-vous ! qui vous arrête ? Hâtez-vous ! foulez à vos pieds victorieux ce que vous adoriez avec crainte, et le foulez avec joie ! Il est si beau de crier, dans la foule, avec la foule !

Il est si bon, si charmant de suivre, au pas de course, un triomphateur ! Ceux qui, de loin, vous voient passer s'imaginent que vous êtes une part du triomphe, un fragment de la conquête, un capitaine, un général !... Hâtez-vous bien fort, et prêtez aux nouveaux venus de ce soir les serments que vous avez prêtés aux vainqueurs de la veille... Hâtez-vous !... pendant que dans l'ombre, et d'une voix calme, il y a de bonnes gens qui s'obstinent à crier au roi qui part : « Adieu, Sire ! Adieu Majesté ! Rappelez-vous ceux qui vous pleurent ! Bénissez-les ! Bénissez-nous ! » Et puis, si l'on savait combien c'est facile, et quel honneur inespéré on en retire, aussitôt que l'on rencontre un de ces pauvres idiots obstinés à la fidélité, qui se souviennent du serment, et qui n'ont pas voulu des sentiers nouvellement frayés !

Ceci dit, reprenons la préface même de l'an de grâce 1830 ; cette préface de *Barnave*, aujourd'hui, après tant d'années et tant d'oublis, nous la réimprimons telle qu'elle fut écrite, au moment où la France entière interrogeait l'avenir des successeurs du roi Charles X. La voilà ! Je ne changerai pas un mot à cette préface, un instant fameuse... Elle disait tout à fait, en ce temps-là, ce que je voulais dire ; elle était toute ma pensée ; elle appartenait à mes regrets, à ma sympathie, à mes respects pour le roi de Chateaubriand, de M. Bertin l'aîné, de Victor Hugo, de Lamartine !

Et bientôt, lorsqu'il apparut que le roi Louis-Philippe était un grand prince, un esprit ferme et libéral, un vrai roi, père heureux d'une famille de grands capitaines, d'honnêtes femmes et d'un véritable artiste, la princesse Marie, à l'heure éclatante et libre, entre toutes, où la France entrait à pleines voiles dans des prospérités inconnues, comme un homme d'État, un ministre du roi Louis-Philippe me disait : — Monsieur, nous voilà bien loin, convenez-en, de la préface de Barnave ?

— A coup sûr, lui dis-je, et j'en conviens d'autant mieux, que nous voilà bien loin, très-loin du prince de Polignac, bien près du roi Charles X... et du ministère de M. de Châteaubriand.

PRÉFACE

DE LA PREMIÈRE ÉDITION.

« Si vous me demandez quel est ce livre ; à quel genre de littérature il appartient, et quelles conséquences en va tirer le lecteur, je vous répondrai ingénument que je suis fort empêché de vous répondre. La chose est ainsi cependant.

« En ce siècle ingénu des classifications, où, jusqu'à la littérature, tout est numéroté par ordre et divisé par familles, ce n'est pas, je l'avoue, un médiocre inconvénient que de publier un ouvrage indécis, qui ne puisse absolument se placer dans un rayon certain de la bibliothèque, sans en troubler la savante harmonie, et sans faire mentir la commune étiquette de tant de beaux livres obéissant à la loi des bibliothécaires de profession. Tels sont cependant ces nombreux chapitres à propos de Marie-Antoinette, de Mirabeau, de Barnave, du duc d'Orléans, en un mot, de tout ce qui a illustré, bouleversé, ennobli, souillé la dernière période du dernier siècle. L'idéal, le faux, l'impossible, et surtout l'impossible, se rencontrent trop souvent dans mes récits pour qu'ils aillent grossir la case des historiens ; en même temps, les faits y sont quelquefois si vrais, si réels, incontestables à ce point que, parmi les œuvres de pure imagination, ils sembleraient une disparate.

« Pourquoi cependant ? Il est si peu d'ouvrages de pure invention où la vérité ne se mêle au mensonge, il est si peu d'histoires où le mensonge ne s'allie à la vérité ! Aujourd'hui surtout où l'histoire est embarrassée de tant de systèmes, de contradictions, de passions opposées ! Oui, je conçois l'histoire, mais comme la faisaient Xénophon, Thucydide et Tite-Live. Alors la tradition était une : le fait arrivait de bouche en bouche à l'historien, qui l'enregistrait sans l'examiner ; et quand il était paré des grâces d'un style élégant, ce fait même aussitôt devenait irrécusable. Le pauvre annaliste n'était pas occupé à mettre d'accord des mémoires qui se démentaient l'un l'autre. L'écuyer de Cyrus, le secrétaire de Périclès, la femme de chambre de Cornélie, ne s'étaient pas mis aux gages du libraire Ladvocat ; ils n'avaient pas laissé de gros volumes, remplis de mesquins détails. Tout se bornait à l'événement principal que l'écrivain racontait avec sa bonne foi et sa passion, que le lecteur croyait avec simplicité ! Cette franchise et ce bon sens valaient mieux cent fois, que l'examen sans cesse et sans fin ; cette bonhomie et cette façon de croire à l'historien qui raconte, étaient cent fois préférables à cette critique dont nous sommes si fiers.

« Mais l'histoire contemporaine ! Il n'y a plus moyen de l'écrire, depuis qu'elle appartient à tout le monde ! Dans ce labyrinthe où tant de fils viennent se croiser, comment reconnaître le fil qui peut vous guider et vous conduire à la lumière ? En qui donc aurez-vous foi, je vous prie ? A Dumouriez, à M. de Bezenval ! à Prudhomme ou à Mme Campan ! Les uns et les autres, ils ont vu, « ce qui s'appelle vu! » les mêmes événements, et tous, d'une manière différente, ils les ont arrangés, séparés, défigurés, au gré de leurs haines, de leurs opinions, de leurs intérêts. Lisez, par exemple (et je vous plains!), tout ce que les amis et les ennemis de M. de Lafayette ont écrit à sa honte, à sa louange, dans les premières années de la révolution, et, s'il se peut, formez-vous de cet homme une idée complète et bien arrêtée. Ce que je dis ici d'un homme, on le pourrait dire de tous les autres.

« Je l'avouerai, mon humble esprit ne savait où se prendre au milieu de tant d'incertitudes. Plus j'allais à la vérité, plus elle prenait soin de me fuir. Enfin, désespérant de l'atteindre, j'ai vu qu'il me serait impossible de reconstruire l'histoire, et comme il m'en fallait une, j'en ai fait une à mon usage. Deux grands faits, seulement, m'ont paru assez clairs et positifs : la plus vieille monarchie de l'Europe s'écroulant en quelques jours, une tête de roi tombant sur la place publique. En même temps l'infortune, le talent, l'erreur, le crime, mêlés à cette étonnante catastrophe... et voilà ce que j'ai voulu représenter en quelques personnages, résumer en quelques noms propres.

« L'infortune, en mon livre, elle porte un nom qui fait courber les têtes les plus hautes, elle a nom Marie-Antoinette. O l'héroïque et très-haute image de cette monarchie encore belle et forte, mais étourdie à la façon d'une jeune fille ignorante du monde et de ses exigences ; bienveillante à tous, et par tous abandonnée! A force de bienfaits elle n'a créé autour d'elle que d'inutiles amitiés et d'implacables haines. Que disons-nous? rien n'égale ses malheurs, sinon le courage à les supporter.

« Mirabeau, c'est le talent, c'est le génie emporté dans tous les excès, par tous les vents de l'orage et des révolutions. Il fut l'inexplicable exemple de ce que peut un homme enivré de vice et d'intelligence, quand chez lui l'orgueil et l'ambition conspirent avec l'éloquence, pour tout détruire ; roi par la parole, à qui ne manque aucun genre de *mépris*, pas *même le rien* ; il fait trembler tous les trônes de l'Europe, il finit par reculer devant sa propre conscience. Il meurt enfin quand sa mission de renverser est achevée ; homme incapable, ou, qui pis est, parfaitement indigne de faire le bien, et de se repentir utilement.

« La vertu dans ces époques troublées, la vertu virile, eh bien ! j'avais choisi pour la représenter dans mon drame, mon héros même, Barnave, homme de mœurs élégantes et de langage fleuri ; désintéressé au milieu de tant de corruptions ; humain et charitable au milieu de tant de férocité. Une fois seulement la sainte pitié le trouvera insensible, et, la vapeur du sang montant jusqu'à son faible cerveau, il calomniera la victime, au profit du meurtre impitoyable. Oui, Barnave, en vain du haut de cette tribune abominable où le paradoxe est maître, as-tu demandé, avec surprise, si le sang des meurtriers valait la peine d'être déploré ? Le sang qui coule est toujours pur, quand il n'est pas versé par la loi pour venger la société ; et les remords du reste de ta vie expieront à peine ces cruelles paroles.

« A mon sens, Barnave représente assez bien, par ses emportements subits, par ses colères sans frein, par son muet repentir, par sa mort atroce, et par la réhabilitation posthume qui fut faite autour de son nom, cette belle part de la jeunesse condamnée à l'obscurité par sa naissance, et qui consent de tout son cœur à l'obscurité, à condition que personne, autour d'elle, ne s'élèvera au-dessus d'elle. A des esprits ainsi faits, une révolution portera toujours préjudice ; cette révolution est, pour cette jeunesse, un grand malheur : elle la rend ambitieuse ; elle l'arrache à son repos ; elle l'entoure à l'improviste de grandeurs inouïes et volées ; elle la dégage en même temps de son premier serment, ce premier serment solennel, le seul qui compte au tribunal de Dieu, au jugement du genre humain, le serment qu'on ne fait qu'une seule fois. Il n'y a qu'un serment, comme il n'y a qu'un baptême! Ajoutez à ces erreurs de la jeunesse, aux temps cruels des révolutions, que la révolution est féconde en parvenus du dernier étage, ce qui fait que nos jeunes gens se regardent, et qu'ils se disent (chose étrange! ils se disent cela tout haut) : Nous valons pourtant mieux que cela! Alors, dans ces malaises, l'usurpation devient une contagion morale, chacun voulant usurper quelque chose en ce gaspillage politique. Barnave aussi. Comme il vit que Mirabeau, roi dans le peuple, était l'usurpateur de la couronne de Louis XVI, il a voulu être, à son tour, l'usurpateur de Mirabeau. Quoi d'étonnant? Quand il n'y a plus de frein pour quelqu'un, il faut qu'il n'y ait plus de frein pour personne! Aussitôt que Mirabeau fut le maître, il n'y eut pas de raison pour que Robespierre n'eût pas son tour. Seulement, dans cette lutte haletante et misérable de pouvoirs éphémères qui s'élèvent et qui tombent, dans ce nombre incroyable d'ambitions niaises ou sanglantes, plaignons les ambitions honnêtes, plaignons Barnave; il eut l'ambition d'un honnête homme dont on a dérangé la voie. On s'égare, on s'étonne, on se perd, on est perdu.

« Pour figurer le crime (en cette histoire que je me faisais à moi-même, et que j'arrangeais au gré de mon conte d'enfant mal instruit, qui veut tout savoir en vingt-quatre heures, qui n'écoute les conseils et les leçons de personne), il ne s'offrait à moi que trop de modèles. J'ai pris le mien dans un palais, comme un effrayant contraste. J'ai choisi, par une préférence qui lui était due, et qui ne pouvait étonner personne, un prince affreux, tout semblable à ce portrait que fait Tacite en parlant de ces neveux de Tibère « qui commencent à se montrer les héritiers du maître, à force de débauches secrètes et de forfaits ignorés! » Je l'avais sous la main, et je m'en suis servi, comme on se sert d'un croquemitaine à épouvanter les enfants. Ce brigand ténébreux, cet idiot, qui, pouvant d'un mot racheter tous ses crimes, épouvanta les bourreaux eux-mêmes de sa cynique imprécation contre cet infortuné, son parent et son roi, dont la tête était en jeu dans cette réunion de régicides, le voilà donc tel quel, et, s'il vous plaît, pouvais-je trouver quelque part un exemple plus frappant de folie et de méchanceté? »

Tel était mon exorde... et tels étaient, en effet, les divers personnages de ce livre écrit sans patience, arrangé sans art, conduit sans talent, plein de hasards et si mal disposé, qu'en le relisant, à cette heure, et revenant sur ces pages oubliées, il me semble en effet que j'assiste au rêve d'un malade. Où donc avais-je, en effet, rencontré cet Allemand que j'affublais d'un très-grand nom de l'Allemagne? Où donc avais-je imaginé cette fable où l'absurde et le niais le disputent à l'impossible? En vain, même aujourd'hui, j'y voudrais remettre un peu d'ordre, en vain je voudrais arranger, réparer, réunir par un certain lien ces fictions malséantes, ce serait entreprendre une œuvre inextricable, et moi-même je me demande, en ce moment, par quelle indulgence incroyable, et par quelle fascination que je ne saurais expliquer, le public contemporain de *Notre-Dame de Paris*, du *Vase étrusque*, des premiers contes de Balzac, de *Volupté*, d'*Indiana*, et de tant de belles œuvres justement honorées, et populaires à bon droit, a pu tolérer la lecture de cette œuvre informe? Il faut donc que la jeunesse ait un grand charme? Il faut que les innocents délires portent en eux-mêmes une inexplicable excuse, pour que ce *Barnave*, à savoir, ce monstrueux ensemble d'opinions contradictoires, de colères mauvaises, d'admirations stupides, cet enchevêtrement fabuleux des plus vulgaires accidents d'une si grande et si terrible révolution, ait trouvé grâce un instant aux yeux de ces lecteurs dont les pères avaient été les témoins, et quelques-uns les acteurs de cette histoire que je défigurais à plaisir. Voilà ce qui m'étonne, et, disons mieux, voilà ce qui m'épouvante, en ce moment de zèle et de vérité avec moi-même, à l'heure où la fiction se dépouille de ses oripeaux et de ses mensonges; à l'heure où la vérité, toute nue, apparaît manifeste, irrésistible, et montrant, à qui l'a outragée, un visage sévère et voisin du mépris. Voilà, sincèrement, ce que je pense, à cette heure où je suis juste avec moi-même, de ce fameux *Barnave* et de sa fameuse préface, et s'il était possible d'anéantir un livre qui a vécu même une minute, une seule, à coup sûr je jetterais volontiers ce livre aux flammes vengeresses, et de ses cendres inertes je ferais, sans peine, un ridicule hommage aux quatre vents du ciel. Mais (voilà la peine et le châtiment) j'ai beau me repentir; en vain je connais les fautes et les crimes de ce livre imprudent, je ne saurais l'effacer; il suffit qu'il ait vécu... dix minutes, pour qu'il soit acquis à l'accusation qui m'a frappé du côté des gens de goût, des bons esprits, des sages esprits, des prévoyants, des amis de la chose honorable, honorée et faite avec art.

Il y a, dans Plutarque, un livre intitulé : *Des choses qui se portent bien*..., Heureux trois fois, et davantage, les livres sains, vivants, vigoureux et bien portants! Honneur et gloire aux *livres qui se portent bien!* Un livre en belle et bonne santé respire à chaque page une suave odeur de contentement, de force et de calme! Une passion bien portante est fière et forte; un vice même, *bien portant*, n'est pas digne absolument de nos mépris. Voyez Harpagon, voyez don Juan! Tu te portes bien, c'est-à-dire, ami, te voilà au niveau de la renommée et de la gloire, au niveau de toutes les fortunes! Tu te portes bien, c'est cela! Maître absolu de ton âme, tu vas marcher dans les bons sentiers, tu vas exprimer les nobles sentiments, tu vas parler la belle langue à l'accent grave, intelligente, éloquente, au niveau des plus secrets penchants de l'âme humaine... Hélas! jamais histoire ou roman ne fut plus malade que ce triste *Barnave*, enfant mal venu d'un si jeune homme! Il n'y a rien de plus triste à voir, et de plus triste à suivre que ce fantôme de Barnave! Il a la fièvre, il a le délire; il passe, et coup sur coup, de l'exaltation sans cause au découragement sans motif; c'est un accès de tétanos, un véritable *delirium tremens!* Roman du vide et du néant! Marionnettes et polichinelles de l'histoire! Un théâtre où rien ne se passe, où pas un ne parle à la façon bienséante, honorable et superbe de la force et de la santé. Fausse éloquence et fausse admiration! Hormis le pieux respect dont la reine Marie-Antoinette est entourée, hormis quelques pages véhémentes à propos de Mirabeau, et peut-être aussi le *Retour de Varennes*, tout est faux, absurde et trivial dans ce roman sans forme; ici, le moindre bruit est le bruit d'une trompette; ici, le silence est un râle! On n'a pas affaire à des hommes, tout au plus à des fantômes. Je vis, un jour, dans l'ancienne salle des Doges, à Gênes, un simulacre de statues recouvertes d'une toile blanche... on les eût prises, de loin, pour des marbres... ce n'étaient que des mannequins, remplaçant misérablement des statues mutilées.

Que vous dirais-je? On peut comparer ce vieux livre, oublié dans les limbes, à cette lanterne, où tantôt la flamme envahit le verre enfumé, où tantôt la flamme éteinte emplit de nuages et de nuit ces verres magiques, sur lesquels devraient briller et resplendir : Madame la Lune et Monsieur le Soleil... Voilà mon œuvre! Hélas! il n'y a rien de plus absurde et de plus mal fait. « Un fagot mal lié! » me disait un jour M. Sainte-Beuve.... et je le trouve indulgent, comme s'il n'y avait pas : *fagots et fagots !*

Je ferme ici ma parenthèse, et même il me semble que voilà bien longtemps déjà qu'elle est ouverte. Ainsi nous reprendrons, s'il vous plaît, la première préface à l'endroit même où nous l'avons laissée il n'y a qu'un instant, mais cet instant de flagellation m'a paru diablement long.

SUITE DE LA PREMIÈRE PRÉFACE.

« Arrivons maintenant à la question difficile, une question de personnes et de noms propres, et d'autant plus dangereuse à traiter, que j'ai été averti avec tout l'intérêt d'un père (M. Bertin l'aîné), par un homme à qui j'ai voué le respect d'un fils, et qui doit m'aimer un peu, je le sens aux respectueux dévouement que j'ai pour lui.

« Mais comme à des conseils ainsi donnés, si paternellement et de si haut, il n'y a que deux manières de répondre, l'obéissance ou la sincère aveu d'une passion bien sentie, je ne répondrai pas, publiquement, à ces conseils donnés dans l'intimité, et dont l'oubli ne peut tomber que sur moi seul.

« Je n'ai à répondre ici qu'à ces questionneurs en titre, aux trembleurs par métier, aux gens de sang-froid par tempérament, et dont la fausse pitié ne manquera pas d'accourir au premier mot qui leur semblera trop vif. Le monde est plein de ces esprits timides qui voient un danger dans tout, qu'une vérité historique effraie autant qu'une aventure impossible, et qui, pour sauver le présent, vous font bon marché du passé. Je vois déjà un de ces peureux arriver chez moi, tout alarmé, tout en désordre : — Ah ! mon ami, qu'avez vous fait? que vous êtes jeune! Y pensiez-vous quand vous barbouilliez de honte un premier prince du sang?

« Ce prince, monsieur l'homme aux ménagements, ce prince, qui n'a droit qu'à l'impartialité, et que j'ai représenté tel qu'il m'a paru : avare et prodigue à la fois, débauché sans vergogne et sans plaisir, qui ne laissa pas même au crime sa seule dignité, l'énergie; un malheureux qui n'osa jamais regarder un homme en face, et pas même le roi Louis XVI; ce prince est à moi, il m'appartient par tous les droits de l'histoire. Ses lâchetés, ses vices, ses orgies, ses fanfaronnades, sont de mon domaine, et je ne m'en puis dessaisir, par un misérable calcul d'intérêt ou de peur. Je sais bien quelles raisons vous allez me donner, entre autres raisons : que la mémoire de ce prince est aujourd'hui à l'abri d'une couronne : mais vos raisons ne sont pas les mêmes que les miennes. Ce prince dont je m'empare, c'est ma révolution de 1830; c'est l'épave qui m'est venue du grand naufrage. J'ai saisi corps à corps, dès que je l'ai pu, en tout danger, cet étrange héros, si bien fait pour l'auteur dramatique. Ce qui eût été lâcheté, il y a un an, est devenu courage aujourd'hui; à chacun sa part du butin qu'on se partage; au duc d'Orléans la couronne de France, à nous Philippe-Égalité! Vous me demandez grâce pour lui : mais lui, a-t-il fait grâce? A-t-il eu pitié de la plus belle des femmes, de la plus malheureuse des reines, de la plus contristée des mères? J'attache son nom au poteau infamant... N'a-t-il pas dressé l'échafaud où Marie-Antoinette est montée, traînée à ces hauteurs sanglantes par la haine et par la calomnie? Non, pour cet homme je ne mentirai pas à la vérité.

« On ne me verra pas, historien paradoxal, réhabiliter sa mémoire et faire pour lui ce qu'a fait Walpole pour Richard III; dans ma galerie de tableaux il paraîtra en pied, je ne jetterai pas sur sa laide figure le voile noir de

Faliero : Faliero avait gagné des batailles avant de trahir son pays.

« Et puis voyez, monsieur, jusqu'où nous conduirait ce système de transactions avec l'histoire ! Soit, j'y consens : je vais brûler mon livre, car j'aime mieux l'anéantir que d'en arracher une page. Allons, je ferai un autre livre, je peindrai une époque plus reculée : la vieillesse de Louis XV avec ses prodigalités, ses scandales, ses faiblesses ; je montrerai la monarchie expirante de luxe et d'impuissance dans les bras de la Dubarry. Cependant il me faut d'autres personnages que Louis XV et Mme Dubarry. On ne fait pas un roman à deux personnages, à moins de rencontrer Paul et Virginie, ou Manon Lescaut et le chevalier Desgrieux. Donc je prendrai nécessairement ceux qui approchaient le trône de plus près ; dans ce nombre, le plus élevé par sa naissance ne saurait être oublié. Aussi bien quelle figure à dessiner ! quelle dépravation au milieu de tant de dépravations ! Ce prince, le fils de Henri IV, est gros, épais, commun ; le temps pèse à ses jours désœuvrés ; la chasse seule occupe les facultés de son âme ; sa force intellectuelle se résume entre un contre-pied du cerf et un défaut de sa meute ; s'il pleut, si le soir il digère mal, ses courtisans et sa maîtresse jouent la comédie pour le distraire : mais quelle comédie ! Il faut être un prince ou bien Mme de Montesson, sa maîtresse, ou tout au moins quelqu'un des leurs, pour entendre pareille comédie sans rougir. Déjà les polissonneries de Collé semblent trop voilées et trop chastes à cette cour d'un goût délicat. Vadé seul, Vadé, son langage des halles, ses jurons, ses ordures, ont le talent d'égayer les tréteaux de Bagneux et de Sainte-Assise, d'arracher un sourire à ce prince subalterne et à sa Maintenon du second ordre. — Ah ! monsieur, m'allez-vous dire, un peu d'indulgence, un peu de ménagement pour celui-là, car, après tout, c'est notre aïeul.

« C'est notre aïeul ! je me rends à cet argument. Remontons un peu plus haut, j'espère que nous serons plus heureux.

« Louis XV est jeune encore, charmant, aimé, victorieux. Ses mœurs faciles le poussent à l'amour, mais ses amours sont nobles et élégantes. A ce brillant tableau vient s'opposer un contraste singulier. Il n'est pas de romancier ou de poëte comique qui consentît à se priver d'un si grotesque personnage. Louis d'Orléans, libertin dans sa jeunesse, est devenu dévot, ou plutôt superstitieux, dans son âge mûr. Entouré de livres ascétiques, lui-même il compose des ouvrages de théologie, pour le malheur de ses bons génovéfains, qu'il ennuie toute la journée de sa prose sérénissime et de ses subtilités monacales. A cette folie religieuse il joint une folie d'un autre genre. Il ne veut pas croire que l'on puisse mourir, il nie la mort pour lui échapper, comme un médecin nous conseillait de nier le choléra-morbus pour l'éviter. Un jour, que son intendant lui soumettait les comptes du trimestre, il remarqua quelques diminutions dans la dépense ; il en demanda la cause. — Monseigneur, plusieurs rentes viagères que vous payiez se sont éteintes. — Comment ? — Monseigneur, les rentiers sont morts. — Ce n'est pas vrai, ce n'est pas possible. Vous êtes bien osé de me tenir un pareil langage ! Apprenez, monsieur, qu'on ne meurt plus aujourd'hui. Arrangez-vous pour payer ces rentes, ou je vous chasse. »

« Un tel personnage paraîtrait peut-être assez original dans mon roman, mon livre, mon histoire, comme vous voudrez l'appeler. Mais je vous vois venir. — Ah ! monsieur, laissez ce pauvre fou, qui n'a fait de mal à personne ! Chacun a ses travers ; celui-là, vous en conviendrez, est le plus innocent de tous. Il vaut mieux payer des créanciers morts que ne pas les payer vivants. Et puis enfin, monsieur, c'est notre trisaïeul.

« — C'est notre trisaïeul ! Je n'ai plus rien à dire. Paix à notre trisaïeul ! Remontons encore.

« Mais, hélas ! je me trouve plus empêché que jamais. Nous voici arrivés à la Régence. Au dehors, l'avilissement de notre dignité nationale ; au dedans, la banqueroute : partout la honte.

« De la Régence, le savez-vous, monsieur ? datent tous nos malheurs. Le caractère public de la nation s'efface ou plutôt disparaît : l'antique bonne foi périt dans les calculs avides et insensés de Law ; les croyances religieuses tombent devant l'audace des sceptiques. Les mœurs de la famille se corrompent pour imiter la corruption de la cour. Dans cette cour, il n'est point de vice qui ne soit représenté par quelque grand nom. Les plus illustres exemples ne manquent pas aux désordres les plus criminels. L'inceste les préside, une couronne en tête, un sceptre à la main.

« Ajoutez que la liberté civile ne gagne même pas à cette licence des mœurs. Tandis que l'on affiche un insolent mépris de la religion, au nom d'une abominable bulle les cachots se remplissent des citoyens les plus innocents et les plus vertueux. Voltaire est enfermé à la Bastille pour des vers qu'il n'a pas faits. Il est puni comme s'il était l'auteur d'une Philippique, comme s'il s'était écrié, avec Lagrange Chancel :

Nocher des rives infernales,
Apprête-toi sans t'effrayer
A passer les ombres royales
Que Philippe va t'envoyer.

« Vous me demandez si je crois à toutes ces accusations ? J'aime à douter du crime. Mais, s'il me prenait fantaisie d'écrire l'histoire des Atrides, il me faudrait à toute force parler de meurtres et d'adultères : de même, si j'écrivais l'histoire de la Régence, l'inceste et le poison devraient trouver place dans mes récits.

« Sans doute ce n'est pas là votre compte, et vous m'allez dire encore : — Ne troublons pas la mémoire de ce bon Régent ! Je conviens qu'il a eu quelques torts de famille, mais on exagère toujours ; puis il était brave, spirituel ; à force d'indifférence il s'est montré quelquefois clément ; et, entre nous, c'est encore ce que nous avons de mieux dans notre généalogie.

« Je cède à cet argument domestique. Volontiers, j'abandonne le Régent et ses maîtresses. Je vais aller encore un peu plus haut, car, je vous l'ai dit, il me faut un roman dont les personnages soient pris dans les temps modernes. Assez de grands talents se sont occupés du moyen âge et nous ont promenés dans les siècles lointains.

« Voici Louis XIV entouré de toutes les pompes de son règne : à sa voix, Versailles s'élève, le commerce renaît, les arts fleurissent : à tout ce qu'il touche le Roi imprime un caractère de grandeur, ses faiblesses mêmes sont ennoblies par je ne sais quel éclat de bon goût.

« Dans cette cour où le grand Condé, Turenne, Corneille, Racine, Molière, donnent au trône plus de force et en reçoivent plus de dignité, dans cette cour brillante de tous les genres de splendeur, un homme seul se rencontre comme pour la déparer ; seul il reste insensible à tant de merveilles. Immobile au milieu de cette glorieuse activité, il s'habille en femme, Sardanapale aux genoux d'une chambrière laide et intrigante ; encore s'il ne s'abaissait pas à d'autres amours, mais il en est que la nature réprouve autant que la morale : ceux-là sont faits pour lui. Cet homme, ce prince, c'est Monsieur, frère de Louis XIV et duc d'Orléans. Or, je vous le demande, puis-je l'oublier, ou comment faut-il que j'en parle, si j'en parle ?

« Vous voyez donc qu'avec la meilleure volonté du monde, c'est là un passé à ne pas défendre. L'histoire est une trop grande dame pour se plier à toutes les fantaisies de courtisans nés d'hier. Laissons à l'histoire sa libre allure, comme on laisse sa libre allure à la flatterie. N'avez-vous pas vu, au dernier salon, un duc d'Orléans qui se casse, en dansant, le tendon d'Achille? La flatterie, faute de mieux, a fait de cet accident grotesque un grave portrait d'histoire. Le peintre nous a représenté le duc au moment où il tombe sur le plancher dans l'attitude d'un frotteur maladroit qui cire un parquet. Le tableau existe; il deviendra peut-être de l'histoire. S'il lui fallait un pendant, laissez faire la flatterie, elle saura le trouver, ce pendant historique: elle fera un tableau dans lequel nous verrons le cardinal Dubois, par exemple, le pied levé, lui aussi, et déguisant son noble maître jusqu'à l'excès.

« Il y aura toujours assez de gens pour draper majestueusement même un coup de pied au derrière. Laissez-nous donc être vrais, nous autres, quand nous l'osons.

« Si j'ai un conseil à donner aux courtisans du nouveau régime, c'est de prendre leur parti sur nos livres, comme nous avons pris notre parti sur leurs tableaux d'histoire.

« A les entendre, et pour complaire à des vanités de famille, il faudrait confisquer l'histoire d'un siècle et demi, et désormais la plus adroite flatterie de ce qui est serait l'oubli de ce qui fut. Mais ces accommodements peuvent-ils entrer dans un esprit droit et libre? Est-ce ma faute, à moi, si vous êtes contraints de renier vos aïeux, comme un parvenu de la veille désavoue son père le maltôtier? Je ne sais ce que je gagnerais à cette complicité de mensonges, mais je sais qu'elle ne servirait de rien à ceux que j'adulerais si bassement. Qu'importe, en effet, quels furent leurs ancêtres? Quels ils sont, voilà ce qu'on demande. Il se peut même que, loin de perdre à ces souvenirs historiques, ils grandissent, au contraire, par la comparaison : la vertu ainsi que la royauté commence avec eux dans leur race. Leur héritage n'est grevé d'aucun de ces legs de gloire qu'il est quelquefois difficile d'acquitter. Enfin, on les louera davantage encore de n'avoir aucun des vices de leurs pères, s'ils possèdent toutes les vertus qui leur ont manqué. »

Telle était cette fameuse préface ; en voilà tout le côté venimeux ! De ces pages misérables, est venu à mon triste roman son petit succès d'un instant. Et maintenant que je les relis de sang-froid, et que je me rends compte des injustices et des cruautés que contenaient ces lignes fatales, la rougeur m'en monte à la joue, et je me demande en effet si c'est bien *moi qui ai signé ces violences misérables?* Remarquez aussi la forfanterie, et comme elle était bienséante, en effet.

C'était le meilleur, le plus libéral et le plus clément de tous les rois, que j'attaquais sans peur... et sans danger dans cette préface misérable ; et la belle œuvre, après tout, de l'injurier dans ses ancêtres, et la belle ambition de ressembler à ces misérables petits tribuns qui menacent, du poing, le soleil ! Que c'était joli et bien trouvé de me mettre à trembler, sous une loi qui nous laissait toute liberté d'écrire, et que je faisais là de l'héroïsme à bon marché !

Et quand je disais que les avertissements ne m'avaient pas manqué, je ne disais que la moitié de la leçon qui m'avait été faite par le plus juste et le plus loyal des conseillers, M. Bertin l'aîné, mon second père. Il venait de m'adopter, comme un des siens ; il venait de m'ouvrir, paternellement, le *Journal des Débats* où, depuis trente années, j'ai trouvé le travail et le pain de chaque jour ; il m'aimait déjà, comme un vieillard aime un jeune homme honnête et laborieux, qui n'a pas d'autre ambition que l'ambition de l'heure présente, et qui, déjà, se sent tout pénétré des exigences de la terrible et décevante profession du journaliste. Moi, de mon côté, le voyant affable et bon, de cette inépuisable bonté que je n'ai jamais retrouvée en personne, avec tant de grâce et de douceur, je lui disais toute chose; il était si bon, qu'il voulut relire les épreuves de ce *Barnave*, une faveur qu'il avait faite à M. de Chateaubriand pour les épreuves de l'*Itinéraire* et des *Martyrs*.

Donc, obéissant à ses moindres désirs, qui étaient des ordres pour moi, je portai triomphalement à M. Bertin, dans cette belle maison des Roches (O jardins, ô douce vallée, où Victor Hugo conduisait sa muse, sa femme et les quatre enfants dont les voix fraîches remplissaient cet espace enchanté!), mon pauvre manuscrit de *Barnave*. A me voir passer, la tête haute et le regard superbe, les gens qui ne me connaissaient pas, auraient pensé que je portais avec moi *Hernani*, *Marion Delorme* ou *la Recherche de l'absolu*; je devais avoir en ce moment quelque aspect du tribun, du ténor, du capitaine, ou disons mieux, du matamore! « Tu portes César et sa fortune! » Heureusement que j'avais affaire avec l'indulgence en personne, et que M. Bertin me reçut et m'écouta le plus simplement du monde. Il avait commencé par sourire; il devint sérieux; à la fin de ma lecture impitoyable il était visiblement attristé, son bon sens et sa prudence avaient subi une cruelle épreuve à la lecture de ce pathos sentimental; il avait trouvé bien triste et bien épais, ce nuage où brillaient quelques éclairs. Notez que j'avais commencé par le livre, et que j'avais gardé la préface pour la fin, comme un morceau d'une éloquence irrésistible. Ah! le brave homme!... Et songer à quel point cette lecture a dû l'attrister!

Disons tout : mon enthousiasme et mon admiration pour cette belle œuvre, à peine étais-je arrivé à la fin de la première partie, avaient déjà perdu à mes propres yeux beaucoup de sa force et de son génie. A mesure que je lisais ce misérable roman, à ce grand juge, et que je cherchais à deviner mes futurs destins sur ce noble et sympathique visage, il me semblait que je descendais de mes hauteurs. Parfois je m'arrêtais : — Continuez, me disait-il. Parfois je hâtais mon récit qui m'impatientait moi-même : — Or çà n'allons pas si vite, et modérez-vous, au moins, dans le débit, reprenait M. Bertin. Puis il m'interrompait, tantôt en me disant : — Allons déjeuner ! Tantôt, sans mot dire, il se levait, et fermait mon livre, avec un sourire assez voisin de l'ironie, et je le suivais dans les belles allées de ce beau parc qu'il avait planté, sur les bords de ces ruisseaux dociles à sa voix, sur les rives de ce lac qu'il avait appelé au milieu des vertes pelouses. Et comme s'il eût voulu me faire honte (il n'y pensait guère), chemin faisant, nous rencontrions, oublié sur un banc de verdure, un volume de Voltaire, un traité de Platon, un de ces chefs-d'œuvre éternels dont il faisait, tour à tour, la compagnie et l'enchantement de ses jardins.

Et lorsque enfin, après toutes ces haltes dans l'ennui, il eut subi tout mon livre, il me prit à l'écart de trois ou quatre jeunes gens qui devaient être, avec tant de courage et de talent l'honneur et la popularité du *Journal des Débats*, et qui causaient en riant, dans ces belles allées, de toutes les promesses de l'avenir : — Je vous ai bien écouté, me dit-il ; à votre tour, écoutez-moi, je verrai après, si vous êtes sage, et si vous méritez un bon conseil.

Alors, de cette voix qui eût été toute-puissante à quelque tribune libérale (il n'a jamais accepté un seul de ces honneurs trop brûlants pour lui !), ce brave homme, et ce digne homme, entreprit de convaincre un obstiné qui ne voulait rien entendre. Il représenta à l'auteur de *Barnave* qu'il était trop jeune, et trop inhabile à toutes les choses sérieuses, pour se mêler sans ordre à ces grands événements qui tenaient l'Europe inquiète et le monde attentif; que le nouveau roi de cette France en proie aux disputes, lorsqu'il acceptait cette couronne exposée à de si cruels périls, faisait une action courageuse et d'un grand citoyen; donc celui-là sera un homme injuste, un homme ingrat, qui s'attaquera si vite (avec si peu de dangers pour soi-même) à ce courage, à cette prévoyance, à cette patience, à ce grand talent d'attendre et de prévoir. Quoi donc! voilà un prince éprouvé par toutes les vicissitudes les plus cruelles et les plus inattendues de la fortune insolente, un père de famille à peine remis des confiscations et des exils, qui s'occupe à réparer les ruines de sa maison, à retrouver ce qu'il a perdu dans l'orage, à élever royalement une famille bourgeoise, un homme ami de la paix, indulgent à tous, sévère à lui-même, intelligent du temps présent, plein de respect pour l'avenir, qui, nous trouvant tout d'un coup tombés dans l'abîme, arrive au premier cri de ce peuple au désespoir : « Seigneur! Seigneur! sauvez-nous! Nous périssons, Seigneur! »

Il arrive, et dans cette balance où pèse,... implacable, une révolution surnaturelle, il jette à l'instant ses biens, son nom, ses enfants, ses chers enfants, sa femme elle-même, un ange, une sainte, une mère, et la plus tendre aussi de toutes les mères : — « Tout cela (dit-il) est à vous, à la France, à mon règne. Allons, suivez-moi. »

Voilà ce qu'il dit à la France. Il appelle en même temps à l'aide, au secours du nouveau trône et des libertés nouvelles les historiens, les philosophes, avec les poëtes nouveaux, donnant sa part à chacun d'eux dans cet établissement qui devait durer dix-huit années, tout autant que les deux rois de la restauration, tout autant que l'empereur, autant que le règne du cardinal de Richelieu lui-même ! Il a donc voulu régner avec les plus beaux esprits et les plus libres penseurs de son temps ; bien plus, il accepte, imprudent sublime, une royauté difficile, inquiète, incomplète, agitée au dedans, humble au dehors, pleine d'émeutes, de résistances, de réclamations, et, pour lui-même, pleine d'escopettes et de poignards !

Donc (c'est toujours M. Bertin qui parle à l'auteur de *Barnave*) s'attaquer, de prime abord, à ce roi plein de justice, entouré d'embûches et désarmé des remparts de la majesté royale, était chose assez malséante. A quoi bon ? De quel droit ? Moi-même, l'auteur de ce *Barnave* déclamateur, n'avais-je pas salué, naguère, dans son Palais-Royal, entouré de sa jeune et bienveillante famille, ce roi Louis-Philippe, notre dernier espoir, notre dernier défenseur ? Laissons, croyez-moi, disait M. Bertin, les insulteurs de profession tourmenter ce brave homme ; au contraire, honorons sa bonté, son travail, son zèle et sa royauté naissante !... Tel fut le conseil que me donnait M. Bertin ; à ces conseils, il ajouta celui-ci : « Respecter le roi qui nous venait en aide, rassurer ces enfants qui seront bientôt les princes légitimes de la jeunesse libérale, et, si je voulais dire un adieu suprême au roi Charles X, le dire hautement, sans colère et sans injure, à celui qui vient, proclamé par la reine du monde et des révolutions... la Nécessité. »

Ceci dit, avec la plus sincère et la plus loyale conviction, mon cher maître me suppliait de ne pas me fermer toute carrière, à mes premiers pas dans la vie ; il me disait que, nécessairement, dans les sentiers que nous devions parcourir, les uns et les autres, d'un pas ferme et sûr, je me rencontrerais avec quantité de bons et beaux esprits, bien décidés à maintenir l'établissement d'hier, à conserver ce qui n'avait pas péri dans le commun naufrage, et, disons tout, si quelques-uns parmi les combattants d'hier regrettaient d'avoir trop cruellement traité le roi qui partait, c'était à ceux-là mêmes un motif excellent pour ménager le nouveau roi, pour l'entourer de déférences, pour le défendre et pour l'honorer.

Quant au livre en lui-même, ici mon admirable conseiller disait que c'était une composition pleine de hâte et de malaise, indécise et mal nouée; il n'y avait là ni commencement, ni milieu, ni dénoûment. Pour quelques chapitres dans lesquels on reconnaît quelque talent d'écrire, et quelques passages qui sentaient l'inspiration, que de fautes contre la logique et le sens commun! En même temps, quels affreux détails! Quels épisodes qui touchaient au délire! Où donc étaient le calme et le sang-froid? Où donc allais-je, au hasard, cheminant sans but et sans frein? — Bref, ce *Barnave* était un livre idiot dont on pourrait tout au plus sauver quelques bonnes pages.... et je ferai bien d'y renoncer.

Telle fut la conclusion de ce discours. Ceci fut dit avec une énergie, une grâce, un accent irrésistibles. Qui que vous soyez, vous connaissez M. Bertin l'aîné, ... vous l'avez vu (quel chef-d'œuvre!) sur cette toile impérissable où M. Ingres, dans tout l'éclat et toute la vérité de son génie, a représenté ce regard, cette attitude et cette intelligence éloquente... Tel il était, lorsqu'il parlait à cœur ouvert! Et le moyen de résister à cet ordre ainsi donné? —Non! non! me disais-je à moi-même, il ne faut pas pousser plus loin cette injustice, et malheur à moi, si je ne suis pas convaincu que je viens d'écrire un mauvais livre! Ainsi, je reviens à Paris, bien décidé à tout brûler.

Mais quoi! l'orgueil, la vanité, la fausse honte et les gens qui vous disaient : « C'est superbe! Y pensez-vous, brûler un pareil livre? » Ou bien, il y en a d'autres qui vous disaient : « Votre livre est annoncé! On sait déjà ce qu'il renferme. Il est attendu par des gens qui seront bien mécontents de votre manque de parole... » Et voilà comme après une si bonne et si sage résolution, quand mon penchant même était de jeter au feu ces gerbes sans épis, ces fleurs mal liées, ces fagots d'un fagotier ignorant, il advint que le fameux *Barnave* fut publié, sans que j'eusse ôté même les fautes les plus grossières, même les folies les plus inutiles!... M. Bertin en eut certes un chagrin bien sincère... il ne m'a jamais dit un mot de ce *Barnave!* Il ne l'a pas relu, j'en suis sûr, et, par un châtiment sévère, il n'en fut pas dit un mot dans le *Journal des Débats*.

Cela fit le bruit *d'une châtaigne qui pette au feu d'un fermier*... eût dit Shakespeare. O justice! O bon sens! Après deux éditions de ce *Barnave*, il n'en fut plus question dans ce monde lettré où j'ai passé ma vie! A coup sûr, il en eût été fait plus de bruit, si je l'avais brûlé d'une main délibérée. On eût dit : c'est dommage; et le souvenir de ce livre anéanti par moi m'eût placé au rang des écrivains qui se sont fait justice. Ils sont rares; on les compte. Eh! que j'ai perdu là une admirable occasion de rivaliser avec eux, M. Bertin attestant de ma modestie et de ma docilité.

Heureusement que s'il a été fâché contre mon œuvre, il eut bien vite oublié mon crime; et comme il me vit désormais uniquement voué à ma tâche, attentif et plein de zèle à tout ce qui touche à mes devoirs, devenu prudent par ma chute, et rendu juste aussi par le spectacle assidu des grands services que nous rendaient, chaque jour, ce bon roi, cette reine admirable et ces princes, leurs nobles enfants, il oublia tout à fait ce malheureux *Barnave*. Ainsi, plus nous suivions ce grand sage en son sillon lumineux, plus nous écoutions sa parole, et plus nous nous sentions voisins de ce roi juste, honorable et loyal. Jusqu'à la fin, nous l'avons écouté et suivi; nous étions à son lit de mort où il attendait son heure suprême avec le calme et la sérénité des âmes fortes. — « Ne me pleurez pas, nous disait-il : j'ai vécu heureux ; je meurs heureux, c'est vous que je pleure, et c'est sur vous que je pleure ! » Ah ! M. Bertin l'aîné ! Il avait tant de prévoyance ! Il savait si bien l'avenir !

Et maintenant, si le lecteur voulait savoir pourquoi cette nouvelle édition d'un si méchant livre, et pourquoi je rends aujourd'hui cette vie éphémère à ces pages mortes depuis si longtemps ?

J'ai voulu, dirais-je au lecteur, sauver de l'immense oubli la partie honnête et vaillante de ce livre où j'avais jeté la première inspiration de ma jeunesse. En même temps, je voulais témoigner de mon châtiment, de mon repentir ! Je voulais dire aussi que le jeune homme imprudent qui publiait ce *Barnave* il y a trente six ans, (c'est un siècle !) a racheté sa faute à force de dévouement et de respect, lorsqu'aux jours de 1848, quand la France eut perdu son dernier roi, quand même son image était insultée, aux heures sombres où le nom seul du roi était une récrimination violente, l'auteur de *Barnave* eut l'honneur de crier aux insulteurs de son roi : « *Vous êtes des lâches !* » Puis, quand le roi mourut, en exil, l'auteur de *Barnave* eut l'honneur d'écrire au milieu de Paris l'oraison funèbre de ce bon prince, et ces pages funèbres furent soudain comme une consolation dans tout ce royaume en deuil ! Ajoutons ceci que l'auteur de *Barnave* avait conservé le droit de défendre cette royauté vaincue, à force de modestie et d'abnégation.

Cette royauté dans l'abîme, elle ne savait pas même le nom de son défenseur, et, quand elle l'apprit par hasard, elle en eut une certaine joie, en songeant qu'elle trouvait au moins justice et reconnaissance dans un écrivain pour qui elle n'avait rien fait... et qui ne lui avait rien demandé !

Qui que vous soyez, félicitez-vous d'un dévouement

sans récompense ! Heureux les rois que vous aimez et que vous pleurez, uniquement pour la part qu'ils vous ont faite dans la liberté commune et dans le bonheur de tous ! Ils peuvent se fier à des hommages qui les vont chercher dans l'exil, et qui n'ont jamais eu rien de servile ; leurs enfants doivent, au fond de leur cœur, honorer un dévouement qui les console au delà des océans.

Peut-être aussi les braves gens, voyant ma peine, et témoins de mon travail de chaque jour, accepteront ce livre oublié comme un des plus humbles témoignages de ce grand règne de dix-huit années, qui supportait de si méchantes rapsodies, et qui contenait de si belles œuvres! O règne intelligent, clément, pacifique ! Il a vu naître *Hernani* et les *Paroles d'un Croyant* ; il contenait Armand Carrel et M. de Balzac ; il vit mourir Chateaubriand et venir au monde Alfred de Musset ! Il a vu, réunis à son ombre indulgente tant de grands ouvrages et tant d'écrits éloquents, de M. de Lamartine à M. Thiers, de M. Cousin à M. Villemain, de Béranger à M. Guizot ! Ce règne est un monde où tout passe, où tout brille, où tout meurt ! Il a produit dans les arts *Robert le Diable* et les *Huguenots*, la *Stratonice*, de M. Ingres ; la *Jane Grey*, de Paul Delaroche, la *Marguerite*, d'Ary Scheffer, et la *Jeanne d'Arc* de la princesse Marie ; il a rempli la double tribune et le monde entier des voix les plus éloquentes ; il a fait du roman un poëme, et du journal qui passe, un livre immortel ! Il a ouvert même les tombeaux... ce tombeau de Louis XIV, appelé le château de Versailles, étonné de retrouver même une heure..., un instant, ses anciennes et royales splendeurs.

BARNAVE

PREMIÈRE PARTIE

CHAPITRE I

Je ne suis plus guère qu'un malheureux prince allemand, vivant dans le passé, fort indifférent au temps présent, et surtout m'inquiétant peu de l'avenir. Je ne tiens plus à rien, pas même aux gothiques préjugés de ma maison. Cependant, tel qu'on pourrait me voir, enfoncé dans mon fauteuil dont les armoiries s'effacent tous les jours, j'ai été, bel et bien, Français et Parisien, aux instants les plus dangereux du dernier siècle. Malgré moi, j'ai vu naître et grandir ce qu'on appelle, en nos écoles, les *doctrines de la Convention*. J'ai été le camarade innocent de tous ces terribles pouvoirs des premiers temps de la révolution française; je les ai connus, je les ai touchés; ils n'ont pas été plus à nu, pour leurs concitoyens, valets de chambre, qu'ils ne l'ont été pour moi-même. Aussi m'aurait-on bien étonné, si l'on m'eût dit ce que ces hommes seraient un jour, à quelle fortune ils étaient destinés, et que devant eux devait crouler la plus vieille et la plus éclatante monarchie de l'univers.

Tout d'abord, je n'ai vu, dans ces hommes, que ce qu'ils étaient en apparence, ou plutôt que ce qu'ils étaient réellement avant que le sort les plaçât si haut : de jeunes et pétulants esprits, pleins d'audace, obéissant au hasard, et se doutant peu qu'ils seraient un jour de grands hommes. C'est ainsi qu'ils me sont apparus. Je les ai quittés au moment où leur destinée d'hommes publics allait s'accomplir ; depuis, j'en ai entendu parler de tant de façons différentes, on leur a prodigué tant de gloire, on les a couverts de tant d'infamie, et cela, à si peu de distance, que je sais à peine aujourd'hui ce que j'en dois penser, et que choisir dans ces jugements si opposés. Quoi qu'il en soit, ce n'est pas, à Dieu ne plaise ! une histoire que je veux écrire, c'est le frivole roman de ma jeunesse. En ces pages malhabiles, il ne s'agira que de moi seul, et non pas de trônes renversés et de sceptres brisés, au pied des échafauds sanglants. Songez, je vous prie, en lisant ce futile récit, que vous assistez aux souvenirs d'un vieillard ignorant et fatigué, qui, par oisiveté, se fait jeune encore une fois avant la mort ; rappelez-vous que ce sont les écrits d'un homme incertain, même de ses opinions ; d'un Allemand et d'un grand seigneur, double raison pour douter de la liberté. Ajoutez ceci : que je suis vieux, que j'ai vu commencer la liberté chez nos voisins, que je l'entends gronder chez nous d'une manière formidable, et que j'ai peur de cette liberté moderne. Elle a brisé tant de grandes choses ! Elle a versé tant de sang !

Ainsi je veux être et je serai jeune encore, et tout un jour. Je veux me parer des guirlandes fanées de ma jeunesse. Une révolution, quand on a vingt ans, c'est un spectacle. Il y a de la passion et de la vie en ces grands dérangements des peuples : c'est tout ce qu'il faut au jeune homme. En même temps n'oubliez pas que j'ai appris la vie au milieu du Paris de Louis XVI ; que je suis venu assez à temps à Versailles même, pour entendre les derniers soupirs de ces longues voluptés royales, pour assister aux dernières victoires de cette incrédulité moqueuse et toute française, dont l'Allemagne a fait raison. C'est un grand spectacle une royauté qui se meurt. Quand la vieille force et les vieux dieux s'en vont, il se rencontre en cette double agonie un moment d'hésitation qui n'est plus l'ordre, et qui n'est pas le désordre, auquel la curiosité humaine ne saurait résister. A cet instant même j'étais en France, et ce moment terrible, je ne l'ai pas compris, quand il était sous mes yeux ; je m'en souviens, à présent, comme si je l'avais parfaitement compris.

A peu d'exceptions près, le même accident attendait tous les hommes de notre époque. Aussi bien leur plus grande et leur plus heureuse occupation, dans ce siècle occupé, a-t-elle été de se souvenir. Marchons donc en arrière, il le faut ; revenons à l'aurore de 1789, retournons au Versailles des trois rois... trois fantômes ! Rallumons ces flambeaux éteints, relevons ces palais en ruine, rendons à la pierre élégante ses festons, ses guirlandes, ses peintures mythologiques ; rendons à ces jardins fameux leur symétrie et leurs ombrages de l'autre monde. Ouvrez-vous, à tous vos battants, larges portes de l'antique château ! Montrez-vous dans la muraille entr'ouverte, mystérieux boudoirs ! Il en sera de mon livre, comme il en est de ces drames qui pour être compris ont besoin de tout l'art du machiniste. Que de fois, dans ces années supplémentaires, ne me suis-je pas figuré mon propre château, habité soudain par le roi de France et la reine Marie-Antoinette d'Autriche ! Une cour étrange où le temps qui fuit, se mêle au nouveau siècle ; un pêle-mêle éclatant de vertu et de faiblesse, de pur amour et de méprisables voluptés! Grands noms, célébrités perdues, renommées fameuses, intrigants subalternes, dévouement sublime, le joueur, la courtisane, le guerrier, le héros, le lâche! O ciel! le plus faible et le plus vertueux des monarques, la plus belle et la plus malheureuse des reines!... tout était là.

Au dehors, la hideuse banqueroute, le déshonneur national, l'ardente calomnie! Et chez le roi, dans son Paris, dans son Versailles, des rivalités presque royales, et je ne sais combien de rois populaires qui sortent de la foule, couronnés et brisés de ses mains! Cela fait peur à penser! « Fermez la porte de mon château, monsieur le major! Que mes fossés se remplissent jusqu'aux bords, que mon vieux pont-levis se dresse sur toute sa hauteur. Obéissez aux consignes, ne laissez pas entrer chez moi ces tempêtes et ces orages! Et puisqu'il nous reste à peine un jour, qu'on me laisse au moins mourir en paix. »

C'est cela, ferme ta porte, et dresse en haut ton pont criard! Donnons le mot d'ordre aux sentinelles, et préparons toute chose pour un long siége... Inutiles efforts! Ne vois-tu pas, monseigneur, que tu agis comme un niais?

Eh! qui te parle, ami, de guerre, de bataille, d'assaut, de surprise, de poudre à canon, de contrescarpes et de remparts?

La force n'est plus la même; elle a changé de place, elle n'est plus au château fort, à l'arrêt du parlement, à la couronne du roi; regardez à travers vos créneaux, au pied de la tour, le premier qui passe et qui sait parler en plein vent.

Regardez le premier gentilhomme qui jette son titre à qui le ramasse, et qui de sa pleine autorité se fait peuple... Ici la féodalité va rendre enfin son dernier souffle. *Hic jacet!* Ce qui te reste à faire, ami, c'est de chanter, conséquemment : *De profundis!*

CHAPITRE II

Pour juger de mon origine, il eût fallu entendre ma mère, une fois qu'elle abordait ce chapitre-là. Ma mère était, après S. M. l'impératrice, la plus grande dame de la cour de Marie-Thérèse; elle savait à fond tout ce que nous avions été, nous autres, de Jules César à l'empereur Joseph II, et ce que nous étions depuis tant de siècles : princes de Wolfenbuttel, marquis de Ratzbourg, comtes de Werdau, vicomtes d'Erlangen, barons de Reichenbach, burgraves d'Undernach, hauts et puissants seigneurs d'Osterbourg, Gossnitz, Altembourg et autres lieux. A tous ces titres, ma mère avait fait, de l'étiquette, un devoir, que dis-je? une vertu, et j'aurais de la peine à expliquer, moi-même, par quelle suite de révolutions j'ai fini par oublier cette science auguste. Hélas! ce fut un grand malheur pour les princes, quand cette barrière de l'étiquette fut brisée, et qu'on les put approcher à la façon des autres hommes; ce fut une vanité qu'ils payèrent bien cher, quand ils voulurent ressembler à tout le monde. Ici, je reviens à ma mère : elle était une excellente princesse, occupée uniquement de blason, de généalogie, et qui savait par cœur, toute son antique famille. Elle descendait en droite ligne, par les femmes, des princes de

Wolfenbuttel, illustre famille dont la branche cadette occupe aujourd'hui le trône d'Angleterre, et qui a donné deux impératrices à l'Allemagne.

Surtout, ce qui fit le bonheur et le juste orgueil de ma mère, c'est qu'elle vit naître et grandir, et s'épanouir au souffle enchanté de son quinzième printemps, cette jeune et brillante fleur, Marie-Antoinette d'Autriche, qui languit et mourut si misérablement, sous le beau ciel de France! En sa *qualité de parente*, elle avait assisté à l'éducation de cette jeune princesse, dont les premières années furent si complétement triomphantes, qu'il eût été impossible aux plus terribles prophètes de prévoir ces affreux retours de la fortune. Tout entière à sa passion pour la reine future, ma mère avait semblé m'oublier moi-même, un Wolfenbuttel!

On ne sait plus guère aujourd'hui, même en Allemagne, élever des princes à l'ancienne mode, et les plus grands seigneurs vont à l'école des bourgeois; certes celui-là eût été bien malavisé qui eût préparé pareille éducation pour Son Altesse sénérissime, le *Moi*, que j'étais.

A ces causes, je fus élevé comme une créature à part dans la race humaine; heureusement que je me suis élevé tout seul. Je suis mon propre ouvrage, et je n'ai rien pris de personne. Il est vrai que tout d'abord, je me fis une *éducation si hautaine, que ma mère en eût été fière*, et si je ne suis pas devenu le plus insupportable des hommes en général, et des Allemands en particulier, je le dois, en fin de compte, à l'admiration extraordinaire qui me saisit pour Frédéric II, le roi de Prusse, et qui renversa tous les plans de ma mère et tous les projets de son fils. Admirer aujourd'hui le grand Frédéric, c'est chose assez simple et naturelle, même en Allemagne. Aux yeux de ses contemporains, tout au rebours, le roi de Prusse était un révolutionnaire, un athée, un traître envers la royauté qui pesait sur sa tête! A peine on convenait que c'était un grand roi, un héros. Ses familières accointances avec M. de Voltaire avaient perdu le roi de Prusse dans l'esprit des sages de sa nation. Les courtisans blâmaient à outrance un roi descendu jusqu'à imprimer des vers, qu'il avait faits lui-même. Il n'y avait, dans toute l'Autriche (on les comptait), que certains esprits forts qui se fussent permis de penser que le conquérant de la Silésie et l'ami de Voltaire était le plus grand roi de son temps. Je me mis, un matin, au nombre des esprits forts; je renonçai à ma vanité de grand seigneur, pour admirer mon héros tout à mon aise. Alors, me voilà pris de passion pour cet esprit libertin qui faisait affronter au roi, mon héros, les dogmes les plus profonds, les préjugés les mieux enracinés, les passions les plus gothiques. A mes yeux, Frédéric II représentait, sur le trône, la philosophie elle-même. Il était le roi philosophe... un révolutionnaire! eût dit ma mère; — un grand homme, répliquait mon esprit révolté. Voilà comment peu à peu je démentis ma brillante origine, et les espérances que tous les miens avaient fondées sur mon orgueil.

En ce moment, si j'avais seulement soixante ans de moins, ou soixante ans que je n'ai plus, je ne me ferais pas faute ici, à propos de ma jeunesse, de quelques mots de poésie, et j'invoquerais *l'idéal* tout comme un autre. Oui, mais le mot n'était pas inventé de mon temps, et nous ne connaissions guère cette race plaintive de petits jeunes gens qui commencent la vie en regardant le ciel, les eaux, les fleurs, avec des larmes dans les yeux. Fi de ces soupirs étouffés, de ces élans vers le ciel, de ces tristesses indicibles... mais le fait est que je n'ai jamais rien senti de ces extases. J'étais vraiment jeune, actif, plein de passion, plein de tumultes; je me parais, je dansais, je chantais, j'aimais à me produire au milieu du monde, à parler du grand Frédéric, à passer pour un philosophe.

Un philosophe ! Il a lu, bonté divine ! *l'Homme Statue* et Condillac ! Il a lu Voltaire et Diderot ! C'est ainsi qu'à dix-sept ans j'avais déjà rempli de mon nom et de la hardiesse de mes opinions toutes les petites cours d'Allemagne : j'étais redoutable à nos grands-ducs, et l'Allemagne, indécise sur mon sort, se demandait si j'irais voyager au dehors, ou si je resterais dans la principauté de mon père, avec une épouse de mon choix ? Grand sujet de délibérations, même à la cour de Vienne, et sur lequel ma mère n'avait garde de s'expliquer, comme il convenait à la majesté d'une descendante des princesses de Wolfenbuttel.

Je ne saurais dire aujourd'hui ce que j'étais alors, non plus que la nation à laquelle j'appartenais. Je n'étais ni rêveur, ni triste, j'étais jeune et très-curieux de tout savoir. A un homme de ma qualité, il n'était pas de proposition si haute à laquelle il ne pût s'attendre, et véritablement j'étais déjà fort étonné que S. M. l'empereur ne m'eût pas encore appelé à ses conseils.

Marie-Thérèse, ce grand roi, venait de mourir à Vienne agrandie par ses soins, elle-même, cette impératrice, qui à peine avait trouvé dans ses vastes États, une ville pour faire ses couches. Elle était le dernier rejeton de la maison de Habsbourg, la dernière héritière du bonheur de cette grande famille. Joseph II, plagiaire bourgeois du roi de Prusse, venait de transporter dans sa nouvelle cour toute la philosophie et tout le sans gêne qu'il put ramasser en ses voyages. Que fis-je alors ? J'imaginai de le traiter comme on traite un philosophe, un sage, et cela me parut de bon goût d'aller voir, sans être présenté, un empereur d'Autriche... un cousin. J'entrai donc sans façon, avec la foule des courtisans et des sujets de toutes les classes, dans le palais... disons mieux, dans le logis de Sa Majesté.

La foule était grande ; elle observait le plus profond respect. La familiarité des sujets envers le souverain n'était pas encore une habitude, le cérémonial et le silence régnaient aussi despotiquement dans cette foule, que si Joseph II n'eût pas été un roi populaire. Après le premier instant d'étonnement, je trouvai que l'heure était lente, et je me mis à tuer le temps.

Je regardai les visages de mes compagnons, seigneurs et bourgeois, et, dans ma suprême insolence, oubliant que j'étais un philosophe, oubliant les respects que je devais à mon souverain, il me sembla soudain que je n'étais pas à ma place, que l'empereur avait grand tort de me faire attendre, et manquait véritablement à toute espèce de convenances. En ce moment, le Wolfenbuttel l'emportait sur le disciple de Voltaire, et sur le lecteur de l'Encyclopédie ! En ce moment l'humble maison qu'habitait mon maître me semblait humiliante, autant pour moi que pour lui-même ! Attendre autre part qu'à l'Œil-de-Bœuf un autre souverain que le roi Louis XIV, quelle dégradation pour un seigneur tel que moi.!

Tant j'étais, dans le fond de mon âme, un véritable baron féodal !

Cependant chaque homme était appelé à son tour, à l'audience du maître, et je les voyais sortir, l'un après l'autre, du cabinet de l'empereur, celui-ci content, celui-là soucieux; l'un touchait la terre à peine, et l'autre, on eût dit qu'il avait le Brooken sur les épaules ! Ils allaient ainsi du ciel à l'abîme, heureux, déconcertés, radieux, triomphants, et s'inquiétant fort peu de la philosophie de l'empereur.

De son côté, ma propre philosophie était en pleine déroute, et, pour me rassurer quelque peu, moi-même contre l'égalité qui m'opprimait, je regrettais sincèrement (vous m'allez prendre en pitié) de n'avoir pas sous les yeux un vieil arbre généalogique des Wolfenbuttel, que j'avais courageusement et philosophiquement dédaigné dans mes jours d'indépendance et de liberté ! Que n'aurais-je pas donné à cette heure, pour contempler à mon bel aise, avec les yeux de la foi, cette longue pancarte sur laquelle mille noms divers formaient comme un vrai labyrinthe sans issue ! Alors, que d'orgueil à contempler dans leur cours, ce mince filet d'eau, ce torrent, ce fleuve immense et cet océan d'enfants issus de même race, abbés, marquis, princes, comtes et ducs, généraux, cardinaux, évêques, abbesses, duchesses et novices ! Pas un marchand pour entacher la noble souche, et tous ces membres d'une race authentique, et qui remonte à Jules César, étiquetés comme autant de vieilles bouteilles !... J'avais pourtant dédaigné tout cela, ce matin même, avant ma triste visite à l'empereur !

Je possédais aussi, comme pendant à ma généalogie, une carte de mes domaines paternels, et j'avais naguère, comme un héros que j'étais, poussé l'héroïsme à ce point que ces villes, ces châteaux, ces prairies, ces étangs, ces parcs, ces pâturages, m'apparaissaient comme un point dans l'espace... on appelait tout cela ma *principauté*, et ma principauté me semblait ridicule. O vanité ! m'écriai-je, et trois fois vanité de ces possessions, représentées par ces points dans l'espace ! Ici, le printemps n'a plus de zéphyr, l'été plus de beau soleil ! « ma terre » est stérile ! Pas un grain de blé dans ces sillons ! Pas une fleur dans ces jardins ! Ainsi parlant, je traitais ma noblesse impitoyablement, aussi bien que ma fortune.

...En ces moments superbes, je touchais à l'apothéose, ou tout au moins au piédestal !... Voyez pourtant le changement de mon esprit ! Parce que l'empereur ne m'avait pas appelé tout de suite, et parce qu'il faisait entrer chez lui, avant moi, un capitaine, un magistrat, un poëte, eh ! que dis-je ? un laboureur,... je trouvai qu'il agissait mal avec mes aïeux, mal avec mes domaines, mal avec mon génie, et je me demandai si j'étais fait pour être ainsi traité, moi un prince Wolfenbuttel !

« — Monseigneur, me dit un chambellan, S. M. vous attend. Elle ne savait pas que vous vous étiez présenté chez elle ; elle est fâchée que vous ayez attendu... »

A ce mot Monseigneur, à ces excuses royales, je sentis remonter mes bouffées d'orgueil ; soudain, le courtisan redevint un philosophe, et, dédaigneux de cette faveur enviée il n'y avait qu'un instant, j'hésitais d'autant plus à entrer chez Sa Majesté, que cette foule émerveillée ne savait pas comment je pouvais hésiter.

Sur l'entrefaite, une pauvre dame à l'air timide, au regard timide, s'était levée, et se tenait debout contre la porte. Elle était suppliante, et, sans nul doute, sa vie entière était en jeu, dans cette minute formidable. Au moins, en ce moment, mon orgueil fit une bonne action. — Faites-moi l'honneur de passer la première, madame, lui dis-je avec respect : je viens de m'avouer à moi-même que je n'ai rien à dire à l'empereur... Et la dame, à ces mots, se hâta si fort, qu'elle oublia de me remercier, comme c'était sans doute son intention.

Telle fut ma première, et mon unique audience à la cour de S. M. impériale. On peut juger si ce fut un scandale énorme à cette cour, obéissant encore aux lois les plus absolues de l'étiquette... mais, chose étrange, incroyable, inouïe !... il arriva que ma conduite obtint un sourire de ma mère ; elle approuva, d'un signe de main, à la façon d'un Jupiter Tonnant, cette énormité philosophique. — Oui dà ! me dit-elle, notre maître a brisé le premier toutes les barrières, et il appartenait peut-être à un Wolfenbuttel d'apprendre au César, qu'on ne doit rendre au César que ce qui revient au César. Vous voulez être honoré, Sire, honorez votre sceptre. Ainsi je vous loue, et je vous dis sincèrement que vous avez bien fait, monsieur mon fils.

CHAPITRE III

Naturellement je reçus de la cour le conseil officieux de voyager longtemps, pour mon instruction, parce que, disait-on, j'avais beaucoup à apprendre encore, et très-volontiers je m'inclinai devant ce conseil, qui répondait à mes vœux de prince oisif et disgracié. D'ailleurs, quel moment plus favorable à un voyage de longue haleine? En ce moment solennel, où tout s'arrête, où rien ne commence encore, l'Europe inquiète, et pressentant ses nouveaux labeurs, prenait haleine pour les bouleversements à venir. La paix de 1783, pesante à tous depuis déjà longtemps, tenait les peuples sous un joug uniforme. Dans cette Europe que je voulais visiter, tous étaient vaincus également : l'Angleterre avait perdu l'Amérique du Nord, la France était ruinée d'argent et endettée comme un cadet de bonne maison; Gibraltar avait épuisé les forces et l'orgueil de la vieille Espagne; la Russie, accablée à la fois par le luxe de l'Asie et la civilisation de l'Europe, ressemblait à un fruit pourri avant d'être mûr; la Prusse et l'Autriche étaient incessamment occupées, l'une à lier ses conquêtes, l'autre à courir, d'un pas lourd et pesant, aux réformes hâtives que rêvait son empereur, et surtout à maintenir les Pays-Bas, qui commençaient à remuer de nouveau, lassés qu'ils étaient des furieuses leçons auxquelles on les avait soumis. Ainsi, par lassitude ou par misère, par prudence ou par nécessité, tous les États de l'Europe étaient en somnolence à l'heure où j'entrepris mon voyage à Paris... Toute l'Europe était en feu, à mon retour.

Voilà comment j'étais devenu la terreur de la vieille Allemagne, à l'heure où j'étais jeune! Ah jeunesse! est-elle assez belle et charmante! Mais qu'elle paraît plus belle encore aux heures sombres des vieilles années. En ce moment, les moindres faits de ces temps fabuleux sont présents à ma mémoire, et je me vois, moi-même, prenant congé de l'Allemagne. C'était sur le perron de mon vieux château, bâti par mes ancêtres les Burgraves; les arbres avaient encore toutes leurs feuilles, la vigne était chargée du vermillon de l'automne, mes vasseaux étaient aux champs, mes chiens seuls me dirent adieu par un hurlement plaintif. Une incomparable émotion s'empara de mon âme; on eût dit le pressentiment des terribles choses que j'allais voir, des malheurs dont je serais le témoin! — Je partis en toute hâte, et je m'abandonnai à cette ardeur de courir à travers la ville et le désert, à côtoyer tantôt la foule, et tantôt le troupeau; à rêver, à prévoir, à deviner ce qui se passe au livre des hasards d'ici bas.

Je n'avais pas vingt ans encore; en ce moment, la vie et ses fêtes m'apparaissaient en pleine lumière; il n'y avait rien de si grand qui m'étonnât, pas de si beau rêve qui ne fût une réalité pour mon âme, encore enfant.

Au second jour de mon départ, j'avais déjà fait cinquante lieues, en courant la nuit et le jour; mon esprit en avait fait cent mille, et j'en étais arrivé à ma plus belle rêverie... En ce moment commençait une de ces nuits limpides toutes remplies d'ineffables clartés; j'étais placé dans cet état de calme intime que donne le mouvement:

sous vos yeux passe un monde, encore un pas... vous êtes au ciel! Tout à coup l'essieu de ma voiture crie et se brise, et me voilà retombé sur la terre, simple mortel.

Ainsi je me trouvai étendu sur la grande route, après avoir descendu et remonté une ville française, située entre deux montagnes; le choc m'avait jeté à dix pas, sur les bords de la chaussée, et je voyais confusément l'onde couler comme un serpent qui glisse dans le gazon.

— Il paraît, me dis-je à moi-même, que j'allais vraiment trop vite; un grain de sable m'a jeté brusquement dans l'immobilité : profitons-en, reposons-nous. Celui-là est toujours arrivé qui ne sait pas où il va!

— Vous cependant qui passez par ici, bons paysans, relevez un prince allemand dont la voiture a versé dans vos ornières, et qui s'est brisé la jambe droite, en rêvant qu'il escaladait le ciel.

Après une longue attente, on vint enfin à mon aide, et je fus transporté, non loin de là, dans un calme et doux village flamand, et dans la maison la plus hospitalière de cet aimable endroit. Cette humble maison n'avait qu'un rez-de-chaussée; deux lits occupaient cette chambre. L'un de ces lits était pour la vieille Marguerite, et dans l'autre dormait sa jeune nièce, Fanchon. — Quoi! dites-vous, elle avait nom Fanchon? — Vraiment oui, c'était le nom de mon ange gardien, quand on m'apporta sous son toit, semblable au colombier de Wolfenbuttel. De tous les accidents qui peuvent atteindre un jeune homme, un bras fracturé, une jambe brisée, est le moindre accident, sans nul doute. — Il peut prendre encore une pose héroïque et se draper dans son manteau. Votre garde, en parlant de vous, dit très-bien : *le blessé!* beaucoup mieux qu'elle ne dirait : *le malade!* Elle vous traite en enfant...; vous auriez une fièvre maligne, elle vous traiterait en vieillard; bientôt même elle s'attache à vous par les soins qu'elle vous prodigue; elle veille, et vous dormez; vous voyez sur vous, posé, tout le jour, ce doux regard attentif qui vous calme et vous conseille : or, dans cette cabane où j'étais si bien, j'avais deux gardes-malades, la grand'mère et la petite-fille, l'hiver à ma droite et le printemps à ma gauche. — Ami, me disait la vieille, ayez confiance et priez Dieu.

— Jeune homme, aie bon espoir, je veille sur toi, disait la jeunesse. — Ah ! ma petite Fanchon, votre mère m'a pansé, mais c'est vous qui m'avez sauvé, ma Fanchon ! Quand elle vint ainsi, confiante, à mon aide, elle allait sur ses dix-huit ans ; elle était une fille vive et joyeuse, au charmant sourire, au regard plein de pitié. Il était bien convenu qu'elle me veillerait, pendant le jour et que sa grand'mère aurait soin de moi pendant la nuit, mais pendant la nuit dormait la grand'mère, et Fanchon veillait, comme si elle eût dormi tout le jour. Moi, cependant, je la laissais faire, et pour la récompenser de tant de veilles, je m'efforçais de me guérir. Pourtant je guéris lentement, Fanchon fut patiente. A la fin, quand je pus me lever, elle m'offrit son bras, elle m'apprit de nouveau comment l'enfant met un pied devant l'autre, et je fis durer les leçons longtemps. Bientôt, ce fut entre elle et moi une conversation suivie. Elle riait, elle pleurait, elle rêvait ; elle avait des gaietés sans cause et des larmes sans motif, et moi, je veillais sur elle, à mon tour.

Seule pendant trois mois, elle occupa ma vie, et la remplit d'un charme inconnu. En ce moment, je n'étais plus le sage, et le philosophe allemand... j'étais un amoureux. Je l'aimais sans le savoir ; elle-même, elle ne savait pas comment je l'aimais, et qui lui eût dit, là, tout d'un coup : Ma belle enfant, votre femme de chambre est un des plus grands seigneurs de l'Allemagne, il ne l'eût pas intimidée... Elle ne croyait pas qu'il y eût au monde un plus grand seigneur que le bailli, qui demandait sa main tous les trois mois, et qu'elle refusait tous les trois mois.

A tant de séductions ingénues, je résistais vainement. Chaque jour, je me sentais vaincu par ce doux supplice. — Bonsoir, Fanchon, lui disais-je ; et chaque soir elle était endormie avant que j'eusse eu le temps de lui dire encore une fois : Bonsoir !

Dieu ! si les reines de Vienne ou de Paris m'avaient vu dans ce village enfumé, plein de fileuses, et moi filant le parfait amour ! Que de rires ! de sourires ! que d'ironies ! M. de Richelieu finissait mieux que je ne commençais, sans nul doute. M. de Lauzun avait déjà démontré aux marquises qu'il était le digne fils de son père, et déjà, dans toute l'Europe élégante on racontait à son propos de grandes histoires des petits appartements, qui partaient avec elles l'incendie, et que m'avait apprises monsieur mon précepteur. Oui, mais Fanchon était protégée et défendue par son innocence et par ma loyauté. J'étais déjà philosophe en toute chose, et même en amour... Disons tout et ne faisons pas le Scipion : ce qui protégeait Fanchon presque autant que sa propre innocence, à coup sûr, c'était ma timidité naturelle, et que je n'osais pas oser. Voilà comment les hommes décorent leurs faiblesses des noms les plus sonores ! Quand j'avais honte, innocent et furieux contre moi-même, d'être un amoureux si craintif, j'aimais mieux croire en effet que j'étais retenu par la vertu.

Et si loin allait *ma vertu*, que je pensai sérieusement à épouser Fanchon, elle-même. Ainsi le comte d'Olban épousait Nanine ; il est vrai que je valais cent fois le comte d'Olban, mais Fanchon, elle valait mille fois Nanine. Et si, bouleversé par tant d'événements extraordinaires dont je me faisais le héros, je finissais par m'endormir, ce court sommeil était assiégé par mille fantômes. Je voyais tous mes ancêtres féodaux s'élever contre moi ; j'entendais les clameurs de mes chevaleresques aïeux, armés de pied en cap, les malédictions de mes nobles aïeules l'ironie à la lèvre, et le feu au regard ; toute cette noble foule d'inconnus était à mes genoux, me priant, me suppliant les mains jointes, de ne pas déshonorer leur race par une indigne mésalliance. Que vous m'avez coûté cher, ô princes et princesses de Wolfenbuttel !

Un jour (le temps était mauvais, l'hiver commençait à se faire sentir, et les oiseaux de la ferme étaient blottis tristement sous les buissons chargés de neige), je me dis à moi-même : — Allons ! courage ! et qu'importe, après tout, à l'Allemagne ? Il faut en finir, mon bonheur le veut ; il faut que Fanchon sache enfin que je l'aime, et que j'en veux faire au moins une margrave ! Oui ! Fanchon ! loin d'ici les vaines grandeurs ! Loin de moi, même le sceptre ! Et, que l'Europe entière l'apprenne avec frémissement, j'abjure à tes pieds toutes mes grandeurs... J'en étais là de mon héroïsme, et très-étonné que la foudre n'eût pas éclaté dans le ciel offensé de ma résolution sublime...

Survint Fanchon : elle était rêveuse et triste ; elle s'approcha de moi, et s'inclinant : — Voulez-vous poser mon chapeau sur ma tête, monsieur Frédéric ? me dit-elle.

J'obéis ! Je posai le chapeau, un peu de côté, comme elle en avait l'habitude. Je fus remercié par un sourire, et ce sourire m'enhardit : pour la première fois, j'embrassai Fanchon ; elle ne retira pas ses lèvres : au contraire, s'approchant de moi avec un regard caressant :

— Si je vous demande, me dit-elle, un rendez-vous, demain, puis-je espérer que vous y viendrez, monseigneur ?

— Certes, Fanchon, j'y viendrai : mais où donc allez-vous si vite ? « Il pleut, il pleut, bergère... » et c'est bien loin, demain, pour notre rendez-vous !

— Il faut que je parte absolument, me répondit Fanchon. A demain, sur le grand chemin, au banc de pierre, à côté de la fontaine. Elle me tendit la joue, une seconde fois. Je l'embrassai de nouveau, et elle partit, me laissant seul, en proie à mes belles résolutions.

Vint le lendemain! Il faisait encore plus froid que la veille. On peut penser que j'arrivai le premier, au rendez-vous. Dans la nuit, toute une révolution s'était opérée, et le froid, avait fait de la pluie une neige abondante. Hélas! le banc de pierre était couvert de neige; le vieil orme avait perdu ses dernières feuilles; on n'entendait plus le murmure de la source, et les oiseaux ne chantaient plus. Mon rendez-vous était devenu le rendez-vous de la brise et du tourbillon; tout gelait, tout se taisait!... Je sentis une petite main s'appuyer légèrement sur mon épaule: c'était sa main! — Bonjour, Fanchon! et je me sentis plus heureux que je ne l'avais jamais été près d'elle... Embrasse-moi donc, lui dis-je, en la tutoyant pour la première fois.

Alors seulement je m'aperçus que Fanchon n'était pas seule : elle donnait le bras à certain petit valet français nommé Julien, fifre et tambour de son état, qui avait quitté, pour me suivre, un terrible Allemand, le baron de Meindorff, qui le battait comme plâtre, et qui ne lui payait pas ses gages... Que faites-vous ici, Julien? lui dis-je assez mécontent de sa rencontre : allez m'attendre à la maison!

Julien ne partit pas, Fanchon le retint. Avec quel sourire!... un sourire qui lui disait: Julien, tu n'as plus de maître! Ainsi, elle l'affranchit d'un regard, puis, sans autre précaution, et d'un ton qui ne voulait pas de réplique: — « Ayez pitié de ce pauvre garçon, monseigneur! Il est si brave et si modeste! Il va faire un si bon mari pour votre petite Fanchon! » Disant ces mots, elle se retourna vers Julien; elle le regarda, elle lui sourit de nouveau, elle ne fut pas inquiète de ma réponse un seul instant. Quel changement, grand Dieu! L'enfant joueur faisait place à la femme résolue; à présent que je n'étais plus un malade, elle m'abandonnait comme on quitte une tâche accomplie! O mes rêves! ô mon héroïsme! ô mes résolutions!... Ma princesse était servante!... Or, telle fut, bien avant d'avoir habité Paris, ma première leçon d'égalité! C'étaient là mes premières amours : pensez donc si je les ai pleurées, pensez aussi au ridicule qui m'attendait, si quelque beau de la cour de France eût deviné mon idylle!... Ah! je suis vraiment un homme à qui rien n'a manqué, sinon peut-être un brin de vice, un brin de fard, pour faire un grand chemin à travers les grandes corruptions de son temps!

Dans l'histoire de Phédime et d'Agénor, un des petits livres de ma jeunesse, au temps du *Sopha* et des *Bijoux indiscrets*, je me rappelle une phrase qui me revenait bien souvent en mémoire : *Il devait, dans la minute, la retrouver sur une fleur où il l'avait laissée*... Imprudent! quand tu reviendras, Phédime à jamais sera partie, et les fleurs seront fanées, qui lui servaient de lit nuptial. Ainsi j'étais, cherchant à mes tristes amours, un dénoûment où je ne fusse pas ridicule, lorsque, dans le lointain, bien au loin, j'aperçus une voiture arrivant au galop de six chevaux. C'était d'abord comme un point noir; bientôt je distinguai une berline lourdement chargée, armoriée et fortifiée à l'avenant. Trois laquais à cheval étaient lancés à la suite; un chien dogue était assis sur le siége du carrosse... Au premier coup d'œil, averti par un vague instinct, je reconnus les armes et la livrée de ma mère. Dans la circonstance où j'étais, incertain de ce que j'allais devenir, honteux de moi-même, il me sembla que c'était le Ciel qui venait à mon aide, et que le dénoûment de mon vilain petit drame ne pouvait pas descendre d'une plus formidable machine : aussi bien la voiture seigneuriale s'arrêta lourdement à mes pieds.

Je relevai la tête, et je vis ma mère, elle-même, étonnée... elle qui ne s'étonnait de rien.

— Je ne m'attendais guère, monseigneur, à vous retrouver sur cette route en chevalier errant, aux côtés de cette fillette?... Et que faites-vous ici, s'il vous plaît?

L'aspect de ma mère aussitôt me rendit mon courage, et, cette fois, mon parti fut pris sur-le-champ : — Vous le voyez, madame, répondis-je en m'inclinant, je bénis le mariage de monsieur Julien avec mademoiselle Fanchon!

En même temps, je pris la main de Fanchon, et, m'approchant de Julien, que l'apparition de la princesse avait consterné : — Soyez heureuse, Fanchon, lui dis-je d'une voix émue. Et parlant ainsi, je serrais la main de Fanchon; sa main resta immobile et glacée! Ainsi, cette enfant qui m'avait sauvé, que j'avais tant aimée, elle n'eut pas un regard pour S. A. le prince de Wolfenbuttel, et pour ses vingt ans!

Ma mère, au moment où je montais dans sa voiture, m'arrêta, et de cette voix faite pour commander :

— Quand un homme de votre rang, me dit-elle, s'abaisse à bénir le mariage de ses domestiques, il leur donne une dot!

— Vous avez raison, madame, et qu'il soit fait ainsi que vous l'ordonnez. Puis me tournant vers Fanchon :

— Je vous donne, ô Fanchon! mon épée et mes pistolets, mon cordon vert et mon habit brodé, mon chapeau et mon plumet, mes talons rouges et mon point d'Alençon, mon *Candide* et mon *Héloïse*, et mon discours sur l'*Inégalité des conditions*.

Ceci dit, la berline, impatiente, obéissait au triple galop de ses six chevaux.

Je ne m'étais jamais vu, de ma vie, aussi près de ma mère, et j'étais fort troublé, je l'avoue, en pensant au compte que je lui rendrais de ma conduite. Aussi bien je me laissai conduire sans m'informer où nous allions. J'étais comme un homme à demi-éveillé qui cherche à se rappeler un songe qu'il aurait fait, dans la nuit.

La voiture passa devant la cabane à Fanchon. Je revis ce toit de chaume hospitalier, et la longue cheminée d'où s'élevait l'épaisse fumée d'un feu allumé, sans doute, en l'honneur de mon retour. Alors je revins à ma situation présente. Quelle différence entre ce jour et celui d'hier! Hier, l'amour et l'espoir! Aujourd'hui, la honte et le regret! Hier, j'étais le maître absolu de ma vie, et maintenant j'avais retrouvé mon maître, une Welfenbuttel qui était ma mère! Et comme dans ce temps-là l'autorité des parents sur les fils restait intacte, je ne songeai pas même un instant à me dérober à l'autorité maternelle.

En ces temps, si loin de nous, le respect aux volontés paternelles était non-seulement un devoir de fils, mais encore un devoir de gentilhomme et de chrétien.

Je restai plusieurs jours dans cette position équivoque; nous gardions le silence, ma mère et moi, elle irritée et moi revenant par mille détours, à mes folles rêveries.

Quelle que fût cependant ma soumission, le lecteur aura compris que j'étais fort mécontent de moi-même, et que je me plaignais cruellement de ma chaîne. A la fin, lorsqu'à force de courir et de franchir l'espace, il advint que je me sentis plus calme et bientôt tout à fait calmé, alors je commençai à m'inquiéter du spectacle que j'avais sous les yeux. Chaque heure alors nous rapprochait de Paris, et déjà je reconnaissais que nous étions en France, à toutes les misères, à toutes les lamentations du grand chemin. A chaque pas, sur notre route, nous rencontrions des corvées, des receveurs, des marchands de sel, des douaniers, des monastères, des châteaux féodaux, force maréchaussée et force galériens se rendant à leur bagne... évidemment, nous approchions de Paris. Je sentais mon cœur s'agiter à chaque pas que nous faisions vers ces abîmes sans forme et sans nom.

— Voyez-vous, madame, combien ces belles terres sont malheureuses, combien ces paysans sont tristes, et quel silence affreux pèse sur ces contrées! Ce ne sont pas là les joies de notre patrie, ce ne sont point les plaisirs de nos bourgeois, la richesse de nos villes; notre Allemagne est un beau pays!

Ma mère me répondit avec plus de douceur que je n'aurais pensé.

— Oui, l'Allemagne est un beau et riche pays, Frédéric, non pas que je me sois attachée à étudier les mœurs bourgeoises, et à savoir si le paysan est heureux ou malheureux, mais l'Allemagne est un vieux et solide empire, elle compte des princes sans nombre, une noblesse antique et sans mélange. Hélas! mon fils, je ne vous adresserai pas de reproches inutiles; vous avez voulu montrer à l'empereur le danger des familiarités du maître au sujet, c'était bien fait cela, mais partir sans avoir imploré votre pardon! partir sans prendre congé de votre maître! O mon fils! vous le voyez, cependant, votre folle conduite m'a fait quitter cette cour superbe où je vivais en reine d'Allemagne, et quand j'appris que vous étiez parti sans équipage, avec un seul valet, comme un croquant, sans aucun titre et dans la disgrâce de l'empereur, le propre frère de notre cousine la reine de France...; en même temps, quand je me suis rappelé que vous étiez un admirateur de M. de Voltaire, un abonné à l'Encyclopédie, un enthousiaste de ce damné qu'on appelle Diderot, je me suis dit que sans moi vous étiez perdu : alors j'ai quitté ma charge à la cour, j'ai renoncé à mes emplois, à ma grandeur, et maintenant que je vous ai retrouvé, me voilà résolue à demander à S. M. la reine Marie-Antoinette, à notre jeune et bien-aimée archiduchesse, du service à sa cour pour moi,.. et pour vous!

Ainsi parla ma mère. Dans mes idées de philosophe indépendant, ce mot *service!* était assez malsonnant. J'avais adopté à ce sujet les opinions nouvelles.—*Service?* avez-vous dit, madame, eh! qui vous y force? N'êtes-vous pas la souveraine de deux comtés? N'avez-vous pas, à vous, assez de paysans pour faire la fortune de deux puissantes maisons? Mon père ne vous a-t-il pas laissé, en douaire, de vos biens propres, un château sur les bords du Rhin? Ou, si vous aimez mieux habiter sur l'Oder, n'êtes-vous pas encore, de votre chef, reine et maîtresse d'une terre presque royale? Que parlez-vous d'aller prendre du *service* à la cour de France?

J'aurais pu parler longtemps encore, la comtesse ne m'entendait plus. Elle, abandonner la cour! ne plus hanter avec des rois et des reines! elle, en un mot, ne plus servir! C'était l'exil que je lui proposais, c'était la mort! Le plus grand philosophe, et Diderot lui-même, Diderot, le premier, aurait eu pitié de cette douleur muette, et de l'effroi qui se peignait sur la figure de cette majesté désespérée! Elle ne voulait pas pleurer, mais ses yeux étaient gonflés de larmes! A la fin, et parlant tout bas, sur un ton solennel :

— Frédéric, me dit-elle, vous me ferez mourir de chagrin, avec ces opinions et ces discours de l'autre monde. Ayez pitié, monsieur, d'une mère au désespoir, qui vous aime et qui vous honore, en dépit de tant d'affreux paradoxes dont vous m'assassinez. Je ne sais par quelle fatalité les doctrines des philosophes ont gâté votre cœur, mais votre cœur est gâté sans retour. Vous aussi, vous, un prince de la confédération germanique, un Wolfenbuttel, vous rêvez l'égalité sociale, vous méprisez votre couronne, vous êtes prêt à renoncer au nom de vos aïeux, vous n'avez plus de foi à la royauté, vous, le dernier descendant de tant de princes, dont la famille a fourni des reines à deux trônes!

Sa voix, en ce moment, trahissait toutes les angoisses de la noble dame; elle tomba dans un profond accablement; la désolation et la terreur étaient gravées sur ces traits superbes : à l'aspect de ce désespoir, je sentis toute ma faute, et j'attendis que ma mère consentît à m'entendre, pour lui demander grâce et pardon !

— Hélas ! hélas ! reprenait-elle, mon propre fils m'a tuée sous le déshonneur ! Jetez-moi sous les pieds de mes chevaux, faites-moi épouser un homme de finance, de roture ou de robe... Je suis perdue ; les rois me méprisent, les reines m'évitent, désormais je n'ai plus qu'à vivre, abandonnée et sans crédit, au fond de mon manoir ! Ainsi elle parlait, désolée, et pourtant elle ne pleurait pas, elle serait morte plutôt que de pleurer ; mais elle priait tout bas le Dieu des bons conseils et des sages consolations.

Ce noble cœur, dont l'orgueil même était une vertu, représentait tout à fait ces obstinés sublimes qui ne comprendront jamais que le monde a changé. Le monde entier peut s'écrouler, ils restent immobiles sous les débris de l'univers.

Voilà comment, rêvant beaucoup et parlant peu, nous arrivâmes à Paris, ma mère et moi, vers la fin de décembre, par une nuit d'hiver, à l'instant même où toutes les petites maisons des faubourgs profanes s'éclairaient, l'une après l'autre, de feux mystérieux.

Quand je fus bien assuré d'être à Paris, je me sentis mieux. Un somptueux hôtel était retenu pour ma mère, dans le beau quartier de la ville, au faubourg Saint-Germain ; c'est là que nous descendîmes. Le lendemain de notre arrivée, la comtesse était déjà tout entière aux longs préparatifs de sa présentation à la cour de Versailles ; moi, je sortis à pied, afin de m'orienter dans ce rendez-vous de tous les étonnements.

Paris offrait alors un spectacle incroyable, un Paris tout neuf, et qui pourtant n'a duré qu'un jour. C'étaient trois à quatre villes en une seule ; c'étaient plusieurs peuples sous un seul nom. Peuple étrange et divers ; en même temps emporté par une extrême jeunesse, et frappé d'une horrible décrépitude ; à la fois poussé en avant et retenu dans l'ornière ; indécis dans ses volontés, inconstant dans son amour. Ce qu'il y avait de plus nouveau, de plus attrayant, de plus repoussant, de plus louable et de plus joli dans cette cité des merveilles et dans cette *cour des miracles*, c'étaient, aux deux extrémités de la ville : le Palais-Royal et le faubourg Saint-Antoine. Le nouveau propriétaire du Palais-Royal, qui, tout d'abord, était le *Palais-Cardinal*, ne voulant plus se contenter des apanages d'un prince, avait fait de son palais une boutique; il avait caché sous ses vieux ombrages, un abominable assemblage de boutiques et de maisons infâmes, consacrées au jeu et à la prostitution. Le faubourg Saint-Antoine, enivré de révoltes, et murmurant sa joie et sa menace aux murailles de la Bastille, avait le pressentiment de sa prochaine délivrance. A la voir de près, la Bastille tombait en ruines, et non-seulement la Bastille, avec ses sept tours et ses canons de fer, mais encore les monuments les plus solides et les plus consacrés dans cette ville souveraine : la Sorbonne et l'Archevêché, Notre-Dame et le Louvre, tout ce qui se tenait debout, depuis des siècles, était croulant, tout ce qui vivait était mort ! Ceux qui semblaient vivre encore... autant de fantômes qui ont oublié de s'enfuir le matin, au premier chant du coq. Entre ces vieux monuments qui croulaient, entre ces grands hôtels chargés d'armoiries vermoulues, dans ces rues traversées de tant d'équipages, duchesses se rendant à la cour, petits-maîtres allant se battre à Vincennes, filles d'opéra qui ont dormi chez le ministre, abbés de cour allant à l'Académie, un peuple entier vivait d'une vie active, ardente, impitoyable, et l'on comprenait, à le voir agir, que ce grand peuple était vraiment fait pour toutes les conquêtes de l'avenir.

Le bourgeois de Paris, au temps dont je parle, il n'avait rien conservé de l'ancien bourgeois de la Ligue;

il était riche, impassible, et tenant à ses franchises, mais dévoué et fidèle à son roi. Le peuple de Paris, une heure avant 1789, était un beau jeune homme en guenilles, oisif, moqueur, prêt à tout, terrible, habitué à voir toutes les grandeurs, à les voir de très-près, et à les saler au sel des chansons les moins équivoques. A un peuple ainsi fait, on pouvait, sans craindre un refus, tout proposer. — Allons! peuple, et portons à bras la chaise où se tient souriante Mme de Pompadour; allons! bon peuple, et couvrons de boue et d'injures le cercueil de ton maître. Ami-peuple, il s'agit de traîner Beaumarchais à Saint-Lazare... et le lendemain, tu renverseras, tu pilleras, tu briseras Saint-Lazare, et tu ouvriras ces cachots à la douce lumière... O peuple! interrogé par tous les doctes, sollicité par toutes les révoltes, plein de chefs-d'œuvre et plein d'espérances! Il était prêt à toutes les hardiesses, il était préparé à toutes les réformes! Tout ce qu'on lui commandait (pour peu que l'on sût s'y prendre), il l'exécutait sans remords, par plaisir ou par vanité. Il se jouait également du temps présent et du temps passé; il sentait, dans sa misère, que l'avenir appartenait à son génie; il ne s'inquiétait ni d'opprobre, ni de gloire, il attendait. Il sentait confusément que la ruine de ses maîtres était partout; que le trône avait été miné sans retour, et il s'en remettait, sur une douzaine de filles de joie et de malheur, dont il était le père et le conseil, le fauteur et le complice, pour renverser le peu qui restait debout en France : Église, Université, noblesse. Il était, ce peuple, un roi déchu, qui se disait : demain je règne à mon tour!

Pourtant cette force irrésistible était encore une force ignorée! Elle obéissait, somnolente, en attendant l'heure de sa révélation suprême; elle obéissait (l'habitude!), au sceptre, au bâton, à la crosse, à la corde, à la Bastille, au Châtelet, au bon plaisir; et celui-là eût été, certes, un mortel prévoyant, qui eût compris et deviné, sous cette obéissance inerte et de pur instinct, que cette obéissance, en effet, cachait une révolution !

Ces premiers moments de mon étude et de ma curiosité, au milieu de la ville, étaient pleins d'intérêt pour moi. J'aurais dit, à voir tout ce mouvement, que chaque jour était un nouveau jour de fête ; il y avait pour chaque heure de la journée une nouvelle joie, un divertissement tout nouveau : la fête commençait, dès le matin, au premier rayon de beau soleil qui dorait les places publiques. On riait, on chantait, on vendait, avec mille cris divers, mille denrées diverses ; on ne soupçonnait pas le travail, dans cette capitale aux mille têtes sans cervelle, où le peuple était maître en l'absence du roi. Versailles, en effet, a beaucoup travaillé pour la liberté de Paris, pour la perte du trône de France. En ce Versailles des mystères, la royauté s'était exilée, et elle ne comprit pas qu'elle s'était exilée en même temps de la confiance et des respects de la cité souveraine. — Et vraiment il n'y pas de roi, pas de prince, et pas de poëte et pas d'artiste, et pas même une femme à la mode et jalouse de sa beauté, qui se soient éloignés de Paris sans y laisser un morceau de leur sceptre, un peu de leur génie, un peu de leur gloire ou de leur beauté.

Ce que j'aimais surtout dans cette ville à tout glorifier, à tout briser, c'était cette profusion d'ironie et de bel esprit que le Parisien jette à pleines mains, à droite, à gauche, et sauve qui peut ! Dans chaque taverne, au coin de la rue, et partout où ce peuple est oisif, vous rencontriez une assemblée éloquente, intelligente et superbe de beaux esprits, d'artistes en chaussures trouées, sans feu ni lieu, mal nourris, peu vêtus, qui se consolaient de leur misère présente par la parole et par l'espérance. Ils brisaient, ils renversaient toute chose, en leur improvisation furibonde, et maintenant je ne comprends pas que la royauté de France ait résisté si longtemps à ces Platon de tabagie, à ces Montesquieu de café ou de cabaret, à ce pêle-mêle irrésistible de législateurs en haillons, à ce peuple affamé de pauvres diables vivant de leur génie, au jour le jour, sans inquiétude et sans lendemain, barbouillant au hasard une toile ou une feuille de papier pour payer leur hôtesse; hommes d'un sens profond, toutes les fois qu'il s'agissait d'art et de poésie, intrépides railleurs du pouvoir, ne croyant à rien, pas même à leurs doutes les mieux prononcés; ces hommes-là représentaient, énergiques et passionnés, le peuple éclairé, superbe et mécontent, un peuple à part, acceptant un bienfait sans songer au bienfaiteur, à qui tout semblait dû, qui ne devait rien à personne, et qui disait volontiers, dans son orgueil et sa toute-puissance à venir : le sol que je foule est à moi!

On les voyait ces sophistes, ces philosophes, ces déclamateurs que l'éloquence attendait avec la liberté, déjà délivrés de l'épée et de la perruque, de la poudre et des manchettes, et de la broderie à l'habit, de la boucle au soulier, en bas de laine, en chapeau tout uni, sans dentelle et sans jabot, s'asseoir insolemment à la table des grands, occuper les premières places, s'emparer de la conversation, parler de tout, décider de tout, commettre avec leurs mépris, mal déguisés, mille insolences chez leurs imbéciles Mécènes, puis, quand ils étaient bien repus, et que la dame de céans leur avait donné un rendez-vous nocture, ils quittaient ces salons serviles, ces maisons tremblantes de la peur que l'esprit inspirait, sans saluer personne. A peine ils rendaient son salut au duc et pair... En revanche, ils tutoyaient amicalement son maître d'hôtel... Et voilà ce que le riche ou le noble avait gagné à faire, du métier d'artiste et de la profession d'écrivain, un métier de mendiant! On les forçait, ces pauvres diables, à plier le genou pour dîner, mais une fois repus, le rôle changeait, et c'était au tour de l'amphitryon à s'abaisser.

Croyez-moi, seigneurs, mes frères, respectons l'artiste, honorons l'écrivain, et, qui que nous soyons, prenons garde à ces hommes si disposés à prendre une rude et cruelle revanche! Hélas! je l'ai appris, à Paris même, il n'en faut pas douter, le poëte est plus fort que le ministre qui le gouverne, et l'artiste est le maître absolu du riche qui le paye. Il est plus fort, parce qu'il est plus patient. Voyez tout ce siècle, il flétrit, de toute sa force et de tout son dédain, le poëte, l'artiste et le philosophe! Il en fait son jouet, son esclave et son martyr! Ah! siècle idiot! royauté insensée! et grands seigneurs stupides! Ces méprisés, ces déshérités, ces mendiants, ces parasites, quelle revanche ils sauront prendre! O mes frères, les seigneurs féodaux, croyez-moi, n'humilions personne et surtout le talent, car il se venge!

Or, voilà ce que Louis XIV avait mis en pratique, voilà ce que le fameux roi Louis XV n'avait jamais voulu comprendre; il ne l'a jamais compris!

CHAPITRE IV

Ainsi mon instinct ne me trompait guère, lorsqu'il me poussait à envisager tout d'abord, comme le plus digne objet de mes études, ce monde à part de littérateurs et d'artistes qui a laissé tant de traces. Aujourd'hui ces apparitions dansent autour de moi, confusément enveloppées d'ombre et de lueurs.

Visions étranges ! Que de misères ! que d'envie ! Eh ! que de gloire et que d'injures ! Voyez tout ce siècle animé de ces tristesses formidables, obéissant à ce suprême ennui ! Le malheur a courbé sa tête légère, la misère a chargé ce front riant de rides précoces ; mille tyrannies ridicules l'ont torturé à coups d'épingle, ce XVIIIe siècle doué, à son berceau, des dons les plus heureux de la fée : intelligence, esprit, courage, ardeur à tout comprendre et génie à tout produire ! Il est semblable à l'enfant flétri par la férule, à l'esclave écrasé sous le joug, au mendiant couvert d'humiliations par le premier gentilhomme, condamné à la gêne par le parlement, au feu par l'archevêque ! Alors, comment vouliez-vous qu'il ne se vengeât pas ? Ce beau siècle est occupé à tout souffrir ! Souffrance héroïque et pleine de fièvre ! O misère et désespoir des grands travailleurs, qui ont été l'honneur de cet illustre moment dans la vie et dans le labeur de cette nation ! J'en ferais, au besoin, un de ces tableaux tout chargés de l'histoire et de ses principaux acteurs que l'on expose aux regards du passant.

Ce tableau, le voici, vous le pouvez contempler tout à votre aise et non pas sans d'intimes frissonnements.

Et pour commencer le tableau de ces misérables, savez-vous quel est cet homme anéanti sous les mépris des gens de sa race et de sa caste, qui suit le convoi de sa femme, seul et sans un ami pour l'accompagner au cimetière, où la fosse commune attend *cette infortunée* !.. Hélas ! la pauvre femme était jeune et belle, elle s'est noyée avant-hier, sans donner d'autre raison que l'ennui à son suicide ; son époux, qui la suit, n'est pas assez riche pour acheter son deuil, c'est l'auteur de *Mélanie* et de *Warwick*. Voyez, au sommet de la rue Saint-Jacques, ce petit abbé qui s'échappe en riant de ces murailles où il habitait un grenier qu'il appelait *sa Chartreuse*... Allons, place à ce grand poëte... il fuit ces sombres murs, sa mansarde et sa chartreuse bien aimée ; il fuit sans retourner la tête, et le voilà dans le grand monde, oracle du jour, maître de la Comédie, applaudi au théâtre, enivré de gloire... Le lendemain, honteux de ses incroyables succès, fatigué de sa gloire, il se retire, en Parthe, de la vie active ; il reprend les graves fonctions du pédant, et il se flagelle enfin pour se châtier d'avoir eu tant de grâce et tant d'esprit en vers français. Il avait nom Gresset, cet homme-là, et sa gloire, un instant, inquiéta Voltaire... Et cet autre, au sommet de cette maison, qui soupe à sa fenêtre, à côté d'une ignoble servante !... Encore un peu, le monde est à ses pieds ! Chacune de ses paroles est un arrêt ; chacune de ses plaintes est une menace... Attendez qu'il soit repu de gloire ! Il s'empoisonne, un jour d'été, et sa femme légitime devient la Marton d'un palefrenier ! O quelle misère en tout ce monde littéraire,

4.

à la fois si triste et si puissant! Diderot apporte en courant dix écus à sa femme, et sa femme renvoie à l'instant ces dix écus au libraire : elle a peur que le libraire ne soit volé. Marmontel invite à dîner un ami très-pauvre, et, pour obtenir de la laitière un crédit supplémentaire, il fait ce qu'il ne ferait pas pour Mme de Pompadour, il adresse à la laitière une belle épître en vers harmonieux. Celui-ci était né poëte, il comprenait et traduisait Virgile, il s'appelait Malfilâtre!... Il meurt dans la misère, et d'un mal honteux, en tendant la main.

Ce grabat qu'on transporte, et que deux sœurs de charité attendent sur le seuil de l'Hôtel-Dieu... ô malheur à ces temps égoïstes, malheur à ces crimes de lèse-poésie! Il était vraiment un poëte, un vrai poëte, et le Juvénal de son temps, ce malheureux que l'on porte à travers la rue, étendu sur cette civière abominable... il s'appelait Gilbert. Voilà mes fantômes... En même temps paraissaient, et sous mes yeux éblouis, que dis-je? épouvantés, dans les phases diverses de leur fortune, tous les satellites subalternes de cette gloire active, intelligente et remuante... à l'infini. Voici Marmontel en sabots, voilà Marmontel dans le carrosse à Mlle Clairon! Par la barrière d'Enfer entrait Grétry, nouveau venu d'Italie, et portant ses pauvres hardes sur son dos; Rétif de la Bretonne et Mercier se disputaient un coin de la borne où ils écrivaient leurs tableaux de mœurs. M. Dorat, poudré, musqué, porté, pomponné, saluait à droite à gauche, et les gens de qualité ne lui rendaient pas son salut; dans une riche berline attelée de deux excellents chevaux, Beaumarchais traversait la ville et brûlait le pavé; on l'eût pris pour son patron lui-même, Pâris de Montmartel. M. de Buffon croisait M. de Montesquieu; La Chaussée en pleurant toujours, s'enivrait sans cesse avec Piron, qui riait toujours. Écoutez ces pleurs, ces grincements, ces cris de joie, et ces calomnies atroces, athéisme, ovations, clameurs étranges, joies d'ivrogne, anathèmes et cantiques, odes et chansons, pots-pourris, pont-neuf, stances, *Tristes Nuits*, scandales, chiffons, persiflages de l'Œil-de-Bœuf, financiers, revendeuses à la toilette, harengères, sages-femmes, appareilleuses, duchesses, marquises, et danseuses, et Saint-Lazare et la petite maison, la coulisse et les petites maisons, académiciens, cuisinières, philosophes, racoleurs, coquines et coquins, bateleurs, joueurs, maîtres d'armes, inventeurs, souffleurs, escamoteurs, magnétiseurs, guérisseurs, dégraisseurs, comédiens, comédiennes, rapins, bondrilles, franciscains, capucins, béguines, confesseurs, bouffons et nouvellistes, journaux et bouts-rimés, Encyclopédie... et petits livres, chez la petite Lolotte, à l'enseigne de *la Frivolité*, c'est tout ce siècle ! Il porte à la fois le sceptre et le crochet, la hotte et l'éventail, la pourpre et la bure, il est ivre, il est fou, il est... tout... il est l'abîme, et pire encore, hardi jusqu'à la folie, insouciant jusqu'à la bêtise, avare à faire honte, égoïste et prodigue à faire peur.

Et tout au pied du grand escalier de la grand'chambre, je vis monsieur le bourreau en petit costume, allumant un joli petit bûcher en miniature, où de sa main blanche il brûlait des *missels*, des *oremus*, des thèses de théologie, aux lieux et place des livres que le magistrat avait condamnés à être lacérés et brûlés vifs, le magistrat lui-même ayant grand soin de sauver ces livres du bûcher, et d'en parer les rayons de sa bibliothèque. O mensonge ! ô flamme absurde et ridicule ! ô pensée impérissable et défiant la flamme et le bûcher !

Pour l'observateur sans passion, c'était pitié de comparer la violence de ces principes qui marchent, et la faiblesse des digues qu'on leur oppose ; c'était pitié de songer que ces lettrés, ces hardis philosophes, persécutés à ce point-là qu'ils étaient devenus populaires comme des rois, vont disparaître de la face du monde réel, pour faire place à quelque chose dont la littérature n'avait pas d'idée, à l'éloquence, à une autre force encore inconnue, à la philosophie, à la politique! Or, ces deux forces, sorties tout armées de la littérature, elles ont eu pour dernier résultat, la libre pensée et la libre parole... un monde au delà des mondes créés.

Eh bien, ce monde à part dont on n'a jamais vu le pareil, cet empire absolu des fantaisies, des libertés, des rêves, des utopies, des colères et des satires, si vaste et si grand, devait finir avec le vieux marquis et frère capucin de Ferney, quand il rentra, le sublime vieillard, riant d'un sourire ironique et triomphant dans ce Paris, qui était aussi sa capitale. Il revenait pour mourir dans ce Paris, sa proie et sa conquête, malgré la cour et malgré l'Église, deux forces vaincues. Voltaire fut le dernier roi qui triompha de Paris. Il entra dans sa bonne ville, en dépit du roi qui croyait régner alors; il entra seul et l'arme au bras, content d'avoir gagné la bataille à lui seul, que lui seul il avait livrée! Il arriva donc, vainqueur comme vint Henri IV, mais sans entendre la messe : au contraire, en brisant le prêtre et l'autel. Alors Paris s'est prosterné sous les mains du vieillard, comme se prosterna le fils de Franklin. « Dieu et la liberté! » disait Voltaire, et c'est pourquoi depuis ce temps, Paris ne s'est plus prosterné devant personne, et pas même devant le génie... Il avait adoré Voltaire, et désormais il se crut dispensé de toute autre adoration.

Dans ce Paris, qui, vu de loin, est semblable à la fournaise, aux temps dont je parle, il advint que le maître absolu, même avant le roi, même avant M. de Voltaire, était, qui le croirait? un vieil et fidèle ami du peuple français, le fameux Polichinelle, enfant de l'Italie, et bourgeois de Paris, sur le Pont-Neuf. Si quelqu'un eut jamais plus d'esprit que Voltaire, à coup sûr c'est Polichinelle.

Il riait de toute espèce de pouvoir, à commencer par le préfet de police! Il jetait à pleines mains l'ironie et le mépris; il annonçait confusément à ce peuple, voisin de tant de libertés incroyables, la première de toutes les libertés, la parole! On l'écoutait bouche béante, et chacun, lui voyant renverser le trône et l'autel à coups de pied, se demandait si la Bastille était un rêve, et si la lettre de cachet était encore en honneur dans ce pays du bon plaisir? Quel tumulte en ce Polichinelle, et quelle orgie incroyable de paradoxes, de railleries, de sarcasmes publics, dans les carrefours, encore imprégnés du sel âcre et montant de la comédie ancienne! Où donc était maintenant ce peuple obéissant à ses rois, et qui, les voyant passer, se mettait à genoux comme pour le bon Dieu? En même temps la halle et la place Maubert étaient remplies de toutes sortes de tribuns sans nom, qui s'essayaient à tous les bruits de l'émeute, aux tempêtes les plus terribles des révolutions. Vous auriez dit une ville déchaînée, à la voir, à l'entendre, et que Paris était déjà à cent lieues de Versailles, tant l'abîme était vaste et profond qui séparait le roi du peuple, et la cité de Voltaire du palais de Louis le Grand.

Tout autre à ma place eût été grandement épouvanté de ces fièvres et de ces symptômes, mais, Dieu merci! j'étais un philosophe, un poëte, un rêveur. La rêverie allemande m'a sauvé dans ce Paris du dernier siècle; elle m'a rassuré dans les tristes angoisses dont j'ai été le témoin et la victime. Ainsi grâce à mes rêves, toutes les visions cruelles qui ont assailli mon âme, elles me sont arrivées émoussées et sans force. Ainsi l'idéal m'a protégé longtemps, il est vrai; mais j'ai pensé mourir, quand il m'a rejeté de ses bras. J'ai donc porté ma rêverie en tout lieu, parmi le peuple, au palais du roi, au milieu des enfants qui grandissent, imprévoyants de l'avenir. Vraiment, tel était aussi ce grand peuple en ses bouleversements; il offrait un grand spectacle... horrible et charmant, aimable et furieux.

Et le soir, après mes rêves du matin, je rêvais encore. J'allais au théâtre en curieux : je m'abandonnais en poëte aux illusions de la scène, et j'écoutais le vieux drame à la façon d'un homme de l'autre siècle. Au fait, j'avais des rires et des larmes véritables, durant ces représentations des vieux chefs-d'œuvre. J'étais le seul qui fût sérieux et attentif, car c'était la mode alors de ne plus partager les émotions qui avaient fait la gloire des grands auteurs du grand siècle. En effet, déjà la passion s'était pervertie, et le drame avait changé de but. La déclamation remplaçait sur la scène l'amour, la terreur, les larmes, tout ce qui faisait la tragédie au temps de Corneille et de Racine. Je suis le dernier homme en France qui se soit plu aux chefs-d'œuvre nationaux. Je les ai regrettés, je les regrette encore, malgré mes deux fameux compatriotes, Goëthe et Schiller.

Quelquefois, las d'être en dehors de la scène, j'arrivais sur le théâtre au moment où le drame était à sa plus éclatante période, et je me mêlais aux comédiens, à l'instant le plus vif de leur passion. Les voilà tous! Silence à ces rois, et respect à ces héros! Approchez-vous, entrez pleinement dans la vieille histoire ou dans l'anecdote d'hier. Pendant trois heures vous avez sous les yeux une reine, une ingénue; elle rentre en vain dans les coulisses, elle vous parle encore en reine, en ingénue. Ah! que de fois cela m'est arrivé, de prendre au sérieux cette passion de commande, et d'écouter ces soupirs, de pleurer sur ces malheurs. Alors on n'eût pas été le bien venu à me dire que tout cela était un jeu; non! non! Cette illusion et cet enivrement ne pouvaient pas être une feinte, quand j'étais près de ces grands talents d'autrefois, quand de cette âme à moitié épanchée, je savourais le reste. Hélas! hélas! la toile baissait aux applaudissements, aux murmures du parterre, et tout était dit pour ce soir-là. Alors ma déesse devenait plus calme, sa robe de reine faisait place à la robe vulgaire, ses bijoux disparaissaient sous un chapeau fané, cette suite de serviteurs à galons dorés la laissait dans le désert, elle renfermait dans sa toilette le coloris de son visage, la blancheur de ses mains, la majesté de sa taille, sa passion, son âme et tout elle-même. Je la voyais partir avec dédain, et sans regret.

Ce Paris, mon charme et mon épouvante, était semblable à ces contes des Mille et une Nuits, qui bercent notre enfance; on dirait une ville de l'Orient, qui, le soir venu, ouvrirait soudain tous ses harems. Croyez-moi, jeune homme, enivré du mystère de vos vingt ans, attendez le soir, quand l'air est chargé de parfums, quand les chanteurs des carrefours jettent l'harmonie à tous les vents, quand mille lueurs solitaires, comme autant d'étoiles, nous font comprendre que la vie est partout avec l'amour; alors, perdez-vous dans cette foule, au milieu de ces piéges charmants, des rires et des surprises: pour peu que vous ayez vingt ans, vous la rencontrerez la déesse errante et vivante, que le roi Louis XV emportait au château de Luciennes, et faisait reine à son tour.

J'ai donc bien choisi mon heure et mon jour, en arrivant dans la ville-maîtresse, au moment le plus dramatique de sa chute, au milieu de cette émeute du passé contre l'avenir, dans cette rencontre ardente de tout ce qui voulait vivre, opposée à tout ce qui devait mourir.

Surtout, parmi ces souvenirs de ruine et de dévastation, je me rappelle un jour (ce fut la première et la dernière fois) où j'eus l'honneur de conduire ma mère au Théâtre-Français. On y devait représenter un drame étrange, une incroyable comédie, et il fallut de vives protections pour nous procurer une loge; nous fûmes rendus au théâtre de bonne heure, c'était la première fois que ma mère attendait. Quand nous entrâmes, la salle était remplie du parterre au sommet, c'était une attente universelle. On eût dit les Israëlites dans le désert, quand la baguette de Moïse demande au rocher le fleuve qui va désaltérer tout un peuple.

Je vois d'ici ma mère, auguste, imposante, et que rien n'étonne. On eût dit une reine, et quand la toile enfin se leva sur ces abîmes, son regard impassible et clair ne témoigna ni surprise ni étonnement.

Que vous dirais-je? Elle et moi nous assistâmes à un drame inouï que nous n'avions pas soupçonné, même dans les songes de la fièvre. Apparut d'abord à nos yeux incrédules un valet doré, fringant, beau parleur, amoureux. Amoureux... un homme en galons! Ce valet parlait de toute chose et se moquait de tout le monde, et de son maître plus que de personne; il fronde, il intrigue, il ne respecte rien, pas même sa maîtresse; effronté faiseur de quolibets de la plus vile espèce, hâbleur, moraliste; libertin jovial, osant tout, prêt à tout, même à l'adultère; orateur et poëte, diplomate et musicien, ancien journaliste et médecin de cavalerie, toujours sautant, riant, gambadant, le héros de la pièce, en un mot; une étoile, un sphinx... Vous le menacez de la justice, il s'en moque, il rit au nez du magistrat qui l'interroge en bégayant: Ah! le traître, et le brigand! qu'il était gai, joli, jovial, ami de la joie, et serviteur de toutes les licences! un philosophe! un enfant trouvé!

Cependant, ma mère attentive, épouvantée, osait à peine entendre et comprendre! On aura changé, se disait-elle en rougissant sous son rouge, la langue française, et les mots aujourd'hui n'ont plus le sens d'autrefois.

Bientôt quand monseigneur le valet avait fait la roue, et papillonné tout à son aise, monsieur son maître arrivait à sa suite. Or, ce nouveau venu dans cette comédie, il n'était rien moins qu'un imbécile! Au contraire, il était un grand seigneur, un Espagnol, noble même pour un Espagnol, un bel esprit, élégant, affable et sachant le prix d'une belle femme, excellent maître d'un excellent château, ayant le droit de justice haute, et n'en abusant pas quand il est sans passion, en un mot un bon seigneur. C'est justement ce maître excellent qui va devenir un jouet, un bouffon sous la main de son valet. Son valet l'attaque, le presse et le pousse, et le réduit à rien; son valet lui dispute jusqu'à une servante dont le pauvre homme a quelque envie, et sous ce bon prétexte que lui, le valet, il est le fiancé de cette fillette. O temps! ô mœurs! — Quoi donc? à entendre l'impertinent, vous n'avez eu *que la peine de naître,* Monseigneur. *La peine de naître*... Quelle phrase, et quel contre-sens pour une princesse de Wolfenbuttel!

Ma mère était hors d'elle-même... Et la soubrette aussi dédaigne Monseigneur, la soubrette qui redit tout à son époux futur! Vassale indocile, espiègle, insolente; élégante comme une dona, belle parleuse aussi, folle d'amour et ne le cachant guère. Quelles mœurs chez un grand d'Espagne, chez un seigneur de la Toison d'or! Quelle maison, et comment tenue? Hélas! ma mère n'en revenait pas.

Mais son épouvante et sa profonde horreur furent portées à leur comble, lorsqu'au milieu de l'intrigue elle vit arriver un grand homme habillé de noir, en longue soutane, et coiffé d'un chapeau de prêtre, le rabat blanc, l'œil creux, l'air hébété, les cheveux huileux, la tournure ignoble, le sourire méchant, la démarche hypocrite, un petit-fils de ce Tartufe que ma mère appelait le crime unique du grand roi Louis XIV... O ciel! (peu s'en fallait que ma mère, ainsi parlant, ne fît un signe de croix), ils n'ont pas même respecté leur Église, et les voilà qui traînent dans leurs gémonies le dépositaire et le représentant de l'antique foi! Lui-même, ce profane chapelain, ce prédicateur de salon, ce courtisan de toutes les heures, le faiseur de bons mots du Maître, il est le complaisant de Madame, le serviteur des valets de la maison, le flatteur en titre, le compagnon du petit chien, le proxénète universel!... Au même instant, léger et brillant, comme un papillon à son premier vol, se posant à peine, insouciant et volage, un printemps qui chante, une fleur qui s'ouvre, un rêve ignorant et naïf, ah! mon Dieu! voilà un adolescent plus dépravé qu'un chambellan de l'empereur, un enfant qui raconte aux nuages, aux arbres, aux fleurs, à la source limpide, et même à une vieille femme les premiers battements de son cœur.

Un enfant... dites-vous? Prenez garde à cet enfant, Mesdames! Redoutez son premier feu, ses lèvres de flamme, ses caresses incertaines; redoutez son sourire, son regard, sa voix, son geste et sa vague passion. Voyez: la soubrette l'embrasse avec joie et remords. Voyez madame la comtesse; une comtesse, une femme mariée à un grand seigneur... elle le regarde en soupirant. Voyez, comme on le dépouille, en hontoyant, dans le boudoir, comme on admire, avec un grand soupir, sa main blanche et son bras charmant. Voyez, ce bel enfant, on l'adore; il a des envieux, des ennemis, des jaloux, mais on l'adore. Ah! ces femmes qu'il enveloppe, amoureuses, dans ses naissantes amours, elles n'osent pas lui apprendre ce qu'il apprendrait avec tant d'ardeur; mais aussi si tu savais cela, Chérubin, *Chérubin d'amour!*

Cependant à côté de ce Chérubin il existe un être encore plus ignorant, une petite fille qui ne sait rien, qui se laisse instruire, et qui n'apprendrait rien toute seule. Avec toi, petite Fanchette, avec toi, Chérubin répète hardiment les leçons qu'il dérobe à Suzanne; avec Fanchette il est hardi comme un homme. Il prend à celle-ci tous les baisers que celle-là lui refuse. Esprit, chansons, rêves brûlants, tant de passions qui jasent et se taisent, se montrant, se cachant tour à tour; hardies et craintives, ces passions confondues, mêlées, pressées l'une contre l'autre, arrivent enfin à ce que ma mère appelait *l'abomination de la désolation*. C'était vraiment la fin du monde; il n'y avait plus rien, au delà, que l'abîme! Allons! c'en est fait, plus de trône et plus d'autel.

Dans ce drame infernal, animé de la verve et des mépris de Satan lui-même, et tout rempli de sa voix stridente et de son rire affreux, tout l'édifice était ruiné de fond en comble, toutes les vertus publiques et privées étaient vouées au plus affreux ridicule. Ici, le valet est hostile à son maître; ici, le mari trahit l'épouse, et l'épouse est la honte de l'époux. Le déshonneur, le déshonneur complet, sans réplique et sans rémission, est l'hôte assidu, féroce, implacable, de ces demeures mal hantées. Cette mère et ce père ont exposé cet enfant, le triste fruit de leurs banales amours; cependant la mère absolument veut épouser son fils, le fils, de son côté, insulte à la fois son père et sa mère... Eh! dit-il pour s'excuser : « C'est le bon sens, ma mère! » Dans cette débâcle énorme le juge est vénal, le paysan raisonne, la petite fille fait l'amour, le jeune enfant est libertin avant toute science du bien et du mal, l'homme d'église est un entremetteur; dans cette Babel immonde, chacun raisonne à la façon des démons de l'encyclopédie, et chacun parle hautement de ses droits et de ses devoirs. Là, on se tâtonne, on se coudoie, on se tutoie, on se prend au hasard dans la nuit, on ne se choisit pas, on se saisit, on se mêle; il y a des cabinets sombres, des bosquets nocturnes, des pères crédules, des valets fourbes! Tout est mystère et confusion, pêle-mêle, hasard, dilapidations; c'est tout le siècle agonisant! Tout se meurt, tout se perd; tout est mort, tout est perdu! Maintenant la livrée est régnante, et la seigneurie obéit au laquais. Ce sont les valets qui font les passions et qui les font à leur usage; ils forment pêle-mêle toutes sortes d'intrigues pour leur propre compte, avec l'argent du maître et dans son habit... et si parfois quelqu'un de ces bandits qui ont plus d'esprit que Voltaire, prend encore la livrée, à coup sûr, c'est par orgueil!

Telle était la fête, horrible, abominable, impie, à laquelle ma mère s'était conviée elle-même!... et pourtant, miracle étrange, la ville et la cour applaudissaient à ce spectacle impossible. Le peuple, auditeur actif et passionné, s'amusait, à en mourir de joie et d'orgueil, de ce grand seigneur cruellement bafoué; le peuple était heureux de voir enfin arriver sur le théâtre le tour, non plus de l'avare, de l'hypocrite ou du misanthrope, du ridicule et du vicieux, mais bien cette fois le tour du fort et du puissant. La comédie avait fait de singuliers progrès, à cette époque. Elle s'attaquait au trône, aux croyances, à la force, à la justice; elle brisait, en se jouant, des sceptres et des couronnes; elle renversait des châteaux forts; elle marquait ses victimes au fer chaud, elle les marquait au front, afin de reconnaître, au besoin, toutes ses victimes. Ainsi l'enseignement de tous était devenu la flatterie adressée au pauvre aux dépens du riche, au faible aux dépens du puissant; le peuple alors jouait le beau rôle; l'habit de cour s'éclipsait devant l'habit bourgeois; le marquis, fustigé par Molière, était frappé au cœur par Beaumarchais; mais aussi le peuple applaudissait à outrance; il avait, à la fois, le fanatisme et l'instinct de ses justes perversités contre le monde féodal; sa joie était sérieuse à la façon d'une vengeance où d'un châtiment.

Hélas! c'est au pied de ce théâtre incendiaire que va s'ouvrir, tantôt, ce sentier des révolutions qui mène à l'échafaud!

Qui le croirait? Pas une réclamation dans cette salle où vivait Molière, pas une voix dans ces échos du passé ne se fit entendre en faveur d'autrefois! Aux premières loges, les femmes étaient attendries ; elles suivaient, la bouche entr'ouverte, haletante, les mœurs dissolues de ces cinq femmes, elles les accompagnaient de leurs vœux. Les femmes de ce temps-là ne voyaient que l'amour ; l'amour était la grande affaire ; et comme elles sentaient que la fin des temps était proche, elles se hâtaient d'aimer.

Hâte immense ! hâte incroyable ! On eût dit ces villes dévastées par l'Etna ! Chacun se remue, afin d'échapper à la lave ardente, emportant ce qu'il a de plus précieux. Ainsi, pendant que les femmes se hâtaient sur les chemins de l'amour, l'ambitieux se hâtait sur le chemin de l'ambition. — Allons ! disaient les jeunes gens, hâtons-nous, l'heure approche ! — Hâtons-nous, disaient les vieillards. Seul, le peuple était patient. Il savait confusément pourquoi !

Le peuple disait tout bas, comme Figaro : *Et moi, morbleu !*

Les grands seigneurs, saignés à blanc, par ce barbier maudit, imaginèrent de sourire à ces piqûres. Cela leur parut beau de ne pas sentir le supplice ; il est vrai que les petits marquis de Louis XIV, plus prévoyants et plus sages, s'étaient plaints à outrance quand le roi eut ordonné à Molière de les fustiger. Ainsi, par vanité, et pour montrer qu'elle ne craignait rien des *petits esprits* et des *petites gens*, la cour se plaisait à ce spectacle, elle riait à gorge déployée du comte Almaviva, plus spirituel, plus habile, plus aimable et plus fin, à lui seul, que toute la cour. Voilà qui est bien ! Puis cette piquante réunion des plus jolies femmes de la comédie ajoutait une grâce nouvelle à toutes ces licences. En ce moment la fête était double, et pendant que les grandes dames des premières loges s'obstinaient à faire, de Chérubin, un jeune homme, le parant à loisir d'élégantes dentelles, de riches broderies, des plumes légères et des éperons d'or d'un jeune page, les hommes du parterre dépouillaient Chérubin de son habit de cour, ils voulaient que don Chérubin ne fût qu'une femme. Ils lui rendaient, comme au troisième acte, sa cornette, son jupon, sa couronne de fleurs, ses fines dentelles attachées au bonnet de la nuit. Être double et dangereux hermaphrodite, il peuplait la ville de Chérubins de quinze ans, mais ceux-ci... *osaient oser*. Quant aux hommes, n'est-il pas dit dans cette fameuse comédie : *Il n'y a que les petits hommes qui s'effraient des petits écrits?*

On voyait aussi, étalés aux places les plus apparentes, et prenant leur part de ces scandales, des abbés, des monseigneurs, des prélats qui s'amusaient de Basile : en effet, le moyen de reconnaître l'Église de France en ce cuistre abominable échappé, tout au plus, des cuisines du cardinal de Rohan?

Ainsi, les uns et les autres, le prince et l'abbé, le seigneur et le bourgeois, la duchesse et la grisette, ils s'enivraient de cette poésie, ils tournaient sans peur autour de l'abîme, ô fantômes!

Seule en ce monde éperdu, ma noble mère était une créature intelligente de ces tortures. Elle les sentait au fond de son cœur, et jusqu'aux moelles.. A chaque instant elle était sur le point de crier : à l'incendie! au meurtre! Longtemps elle attendit une réaction à tant d'infamies, une peine à tant de forfaits; longtemps elle appela le spectre, emportant don Juan dans les flammes vengeresses... le spectre ne vint pas. La pièce se termina par un tranquille mariage, et par des chansons obscènes... Madame la princesse de Wolfenbuttel cacha sa figure dans ses mains.

Elle pensait à ce que dirait l'Allemagne, si l'Allemagne venait à savoir qu'elle était venue à ce spectacle, en pleine loge, et parée de l'ordre de Marie-Thérèse, avec son jeune fils!

Puis elle me regardait en rougissant, avec un air indicible de regret et de pitié. Son regard suppliant avait l'air de me dire : Pardonnez-moi !

Elle attendit que la foule se fût retirée, avant de se retirer elle-même. Elle qui marchait toujours le corps droit et la tête haute, à la façon d'une noble dame, il me fallut l'entraîner hors de la salle ; on eût dit à son attitude humiliée, à l'indignation de ce noble visage, qu'elle avait été insultée et que je ne l'avais pas défendue ; moi-même j'étais honteux de voir à ma mère tant de honte sans pouvoir en demander raison à personne.

En rentrant chez elle, elle chassa son majordome qu'elle ne trouva pas assez respectueux : elle tenait beaucoup à cet intendant.

Je la reconduisis, ce soir-là, jusque sur le seuil de sa chambre à coucher, et je lui présentai mes plus humbles respects.

Elle ne me dit que ces mots, avec un soupir de terreur : « Je le dirai à la reine ; la reine le saura demain ! »

En effet, je ne crois pas que jamais terreur ait eu une cause plus juste que la terreur de ma mère... et j'ai vu où l'on arrivait, en partant du *Mariage de Figaro !*

CHAPITRE V

Je sentais bien que j'étais en dehors de ce siècle, et que je ne le comprenais pas. Je pensais souvent que la raison de ce désordre était en deçà ou au delà de mon intelligence, et qu'à ce mouvement terrible il devait y avoir une cause apparente ou cachée, et que cette cause, il fallait la savoir! Quel était le héros, quels étaient les dieux de ce chaos politique? Où se tenait véritablement la cause de cette décadence? Je l'ignorais entièrement. Je n'étais alors qu'un futile jeune homme, insouciant de ma nature, et fort peu jaloux de creuser bien avant dans les choses humaines! Enfin je m'inquiétais fort peu, quand je voyais marcher une machine, des fils qui la faisaient se mouvoir. Pour moi ce monde était un spectacle amusant, auquel cependant j'aurais préféré, si l'on m'eût donné à choisir, une simple promenade avec Fanchon, sous notre arbre favori. Voilà pourquoi je veux qu'on m'excuse, si, malgré le hasard qui m'a favorisé au point de me jeter sur la voie des secrets politiques de ces tempêtes sans égales, j'ai eu si peu d'intelligence des faits et des hommes. Encore une fois, ceci n'est rien moins qu'une histoire... à peine est-ce un vieux conte, à mon usage! Ces événements qui représentent le chapitre le plus intéressant de ma jeunesse, je les ai vus, bien plus que je ne les ai compris; ces hommes dont je vais parler, je n'ai connu que leur visage ; il m'a fallu refaire et deviner le reste. Mon peu d'intelligence va jusque-là, que je n'oserais pas les nommer tous, d'abord parce que je tiens à faire un vrai conte, de la présente histoire, ensuite parce que je suis l'homme de l'anachronisme et de l'erreur; je serais très-malheureux s'il fallait me fatiguer à ne confondre aucun nom, aucune date, aucun fait; je laisse toutes ces peines aux écrivains de profession.

Le lendemain du jour funeste où ma mère avait été à la Comédie, elle dormait profondément, fatiguée qu'elle était des pénibles émotions de la veille. L'appartement, contre l'usage, donnait sur la rue, et du côté opposé à ce logis provisoire était une joyeuse taverne où naguère les jeunes gens à la mode avaient coutume de s'enivrer. L'histoire de ce cabaret serait longue à écrire. Il avait commencé par être un rendez-vous de beaux esprits. Il s'était fait, en ce lieu, plus de poésie et de bons mots qu'on n'en fit jamais à l'Académie ! Après les gens d'esprit étaient venus les gens d'épée; enfin, les philosophes avaient remplacé les soldats autour des brocs écumants. Au temps où je parle, la politique avait envahi cette maison, reine, à son tour, dans ces lieux hantés par tant de pouvoirs souverains. Donc aujourd'hui le gai cabaret avait pris une teinte sombre, un air superbe; il ne jasait plus, il déclamait; l'éloquence avait remplacé la chanson joyeuse; où régnaient Collé et Piron naguères, se montraient Puffendorf et le président de Montesquieu. Ce cabaret était une humble image du royaume de France, et je finis par trouver qu'il serait un digne sujet d'étude et de curiosité.

Chaque soir, c'étaient, dans cette étrange maison, des cris joyeux, des chansons bachiques, des propos d'amour, de cruelles médisances, un jeu brutal.. : voilà pour les buveurs! C'étaient des dissertations sans fin, des projets inouïs, des accusations incroyables, des républiques imaginaires, des utopies de toute espèce, une révolte intelligente contre tout ce qui était l'autorité : voilà pour les politiques! Plus d'une fois, que le club l'emportât sur le cabaret, et, réciproquement, le cabaret sur le club, toutes ces disputes se terminaient par des coups d'épée, et par l'intervention de la maréchaussée! Ainsi, ma mère et moi, nous pouvions nous vanter d'un voisinage assez fécond en tristes discordes, et en clameurs insupportables aux amis de l'ordre et du repos. Pour ma part, le voisinage ne me déplaisait pas; j'aimais ces bruits étranges, ces subites clameurs, ces joies sans frein, ces dissertations lugubres dont le bourdonnement arrivait à mes oreilles, comme l'écho d'un canon d'alarme; j'aimais ces exercices oratoires, cette élégante ivrognerie où perçait le bel esprit et le bon sens; même, plus d'une fois, j'avais envié ces divertissements de chaque jour; mais ils fatiguaient étrangement ma mère, et ils lui auraient été tout à fait odieux, si d'ordinaire les matinées n'eussent pas été calmes, et favorables au sommeil du quartier.

Donc, ce matin-là j'étais dans ma chambre, rêvant encore et regrettant, dans mon rêve, mon Allemagne si tranquille et si réglée, quand je fus réveillé par d'horribles clameurs qui partaient du cabaret voisin. Au premier abord, le bruit était effrayant. C'étaient des hurlements, plutôt que des cris. On jurait, on chantait, on appelait à haute voix le maître de la maison; en un instant, tout le repos du quartier fut troublé, les laquais eux-mêmes se réveillèrent, comme au bruit d'une assemblée nationale... Or, ces messieurs se réveillaient de trop bonne heure, et ils se remirent paisiblement à dormir, quand ils se furent assurés qu'il ne s'agissait guère que d'une dispute entre quelques jeunes seigneurs pris de vin, et qui faisaient plus de bruit qu'ils n'avaient le droit d'en faire, à six heures du matin.

Malgré le bruit, ma mère dormait encore. Elle avait si grand besoin de repos, son sommeil était si précieux pour moi ! J'envoyai donc un de mes gens à la taverne, priant ces messieurs de faire, à leur plaisir, un peu moins de tapage... une dame habitant dans l'hôtel voisin ; elle dormait, elle avait passé une mauvaise nuit, et son fils priait ces messieurs d'avoir quelques égards pour son sommeil.

L'instant d'après mon messager rentrait effaré : son message avait été reçu avec des cris de fureur : on l'avait rappelé *à l'ordre ! à l'ordre !* Même il avait été menacé du bâton, s'il ne se retirait pas sur-le-champ : c'était donc une insulte à ne pas supporter.

Je pris mon épée, et, sans quitter mon habit du matin, je me rendis à la taverne : j'étais de sang-froid ; je vois encore l'enseigne de ce lieu. Elle représentait un trompette de régiment vidant sa bouteille avec une fille de cabaret ; au bas de l'enseigne étaient écrits ces mots : *Au Trompette blessé*. J'entrai d'un pas très-calme dans la chambre haute du *Trompette blessé*.

Naturellement, je m'attendais à trouver en ce lieu quelques jeunes militaires de bonne volonté, et à terminer mon affaire à l'antique façon : on se pique, on s'explique, et tout est dit... mais quel fut mon étonnement !... Je cherchais des mousquetaires... je rencontrais des législateurs ! Je venais l'épée à la main, j'étais reçu par une exorde en : *Quousque tandem ?* Mes spadassins étaient occupés à reconstruire l'édifice social ! Mon cabaret était une chambre des députés ! Bref, j'arrivais au beau milieu d'un combat de paroles sonores, au moment où s'agitaient les plus terribles et les plus brûlantes questions.

C'était la première fois, certes, que j'entendais parler avec tant d'audace et de licence de ces choses à part que toute l'Europe était encore habituée à respecter : du roi, de la reine, des nobles, des prêtres, du gouvernement, de la Bastille, des lettres de cachet, de la liberté moderne, de la lâcheté des anciens temps. Tout brûlait, tout croulait dans ces discours de la ruine et de l'incendie. A peine, au premier abord, mon apparition fut-elle aperçue, et j'eus ainsi le temps de considérer cette réunion tout à mon aise. Or ce fut un grand étonnement pour moi quand j'entendis parler, dans cette France obéissant à tant de lois confirmées par tant d'années de soumission et de respect, de tant d'institutions formidables, avec toute cette véhémence haineuse, par les hommes audacieux en présence desquels le hasard m'avait conduit.

Ces hommes nouveaux, ces porteurs de torches ardentes à travers les gerbes, étaient jeunes, pour la plupart, et de conditions très-différentes. Le plus grand nombre était vêtu très-simplement et sans recherche. Il y en avait d'autres habillés à la façon de M. de Lauzun lui-même, et qui ne songeaient guère plus à leur habit brodé d'or, que ceux-ci à leur bure, à leur linge tout uni. Si bien qu'au premier abord, il eût été difficile de dire à quel ordre de l'État appartenaient ces gens-là. C'était à la fois l'air du commandement et la raillerie éloquente des hommes faits pour obéir ; il y avait sur ces figures, animées de la même passion, le doute mêlé à la croyance, l'espoir à la peur, le sentiment de la révolte et l'épouvante même de ces émeutes ; on les eût pris pour des conspirateurs légaux, si je puis parler ainsi. Dans le nombre, il y avait de douces figures et des physionomies terribles, puis d'horribles faces partant de haut en bas, comme celui de la brute... surtout celui qui présidait l'assemblée, avait une de ces têtes pleines d'énergie et d'intelligence, et façonnées de telle façon qu'elles vous poursuivent jusqu'au tombeau.

Je vivrais mille années que jamais je n'oublierais cet homme et son premier aspect. Figurez-vous un gros corps assis à l'aise sur un fauteuil de la taverne; il avait de grands bras, de larges mains, une poitrine vaste et sonore, et sur les épaules d'un portefaix, cette tête énorme, heureusement dessinée, une bouche où le sarcasme avait posé ses tabernacles, un sourire à la Voltaire, des yeux d'escarboucle étincelants de malice et de génie, le regard soucieux d'un débauché, le front olympien d'un poëte! Déjà mille passions avaient ravagé ce visage étrange; à ces ravages du corps et de l'âme, la petite vérole avait ajouté sa grêle implacable; elle avait sillonné dans tous les sens ce formidable ensemble de courage et de vice, de despotisme et de liberté; tout était miracle, abîme, épouvante en cet homme extraordinaire... Il était la lave ardente, il était la fumée, il était le volcan. Sa voix retentissait comme un tonnerre, et tout en l'écoutant parler vertu ou liberté, avec la véhémente conviction de l'orateur, vous ne saviez pas ce que vous deviez croire, ou de la probité de ses paroles, ou du vice et de la dégradation superbe imprimés à tous ses traits.

Dieu merci! je le vis tout à mon aise, et, cloué sur le seuil de la taverne par cet étonnement voisin de l'épouvante, il me fut permis de comprendre à quel point s'embellissait ce visage intelligent, à la clarté soudaine qui brillait sur ce front, sur ces lèvres, dans ces yeux; son attitude même elle lui avait été révélée, et, silencieux, il semblait parler encore. Ah! mystère! Il avait le doigt appuyé sur son front, comme s'il eût voulu s'enfoncer le crâne, et il disait en montrant sa tête, en secouant ses cheveux semblables aux anciennes forêts de la Gaule dans les commentaires de César : *Voilà une tête dans laquelle il y a de quoi réformer les empires...* En même temps, il vida d'un geste énergique un grand verre de vin de Champagne ; et ses yeux noirs se tournèrent vers moi avec un sourire où respirait tout ce que le grand seigneur, le bel esprit et le titan pouvaient contenir d'ironie et de mépris.

— Messieurs, s'écria-t-il un air singulièrement effronté, regardez la bonne fortune qui nous arrive, et rendons grâces au ciel de nous divertir de si bon matin... A sa parole, ajoutez le geste et le regard ! Voyez-le, ce débraillé qui me toise et qui m'insulte, et moi cherchant en vain une parole, un geste, un mépris... J'admirais !

— Holà ! l'ami, reprit-il, en m'apostrophant, quel étrange accident te pousse, et t'amène en nos conciliabules de la nuit ? Qui es-tu ? D'où viens-tu ? Que nous veux-tu, fantôme ? Esprit d'autrefois, Seigneur des temps féodaux, que diable viens-tu faire ici avec ta casaque bariolée, ton ruban vert autour de la tête, et tes cheveux dans ton bonnet, comme une fille de soixante ans ? As-tu donc perdu au jeu ton dernier justaucorps ? As-tu entendu des voleurs à ton chevet, ou bien, malheureux époux, viendrais-tu me redemander ta femme à main armée ? Ah fi !... Au moins, si tu veux qu'on te la rende, telle qu'elle est et se comporte, dis-nous le nom de la belle, et ton nom à toi-même, ombre immobile ?... Ou plutôt, reprit-il, en s'adressant à ses amis, j'imagine que c'est là un avertissement d'en haut, Messieurs ; un fantôme arrive tout exprès des sombres bords, et des temps féodaux, pour nous avertir que nous ne sommes plus jeunes, et qu'il faut mettre un terme à la vie errante, aux songes lointains, aux vaines espérances, aux vastes pensées. Néanmoins, si ce fantôme vous inquiète, qui de vous sait, par hasard, en quelle écurie, en quel boudoir l'abbé Maury a couché cette nuit ? J'enverrai un garçon de cuisine lui emprunter son missel à exorciser !

J'étais toujours immobile, écoutant, contemplant, attendant! J'avais certes un grand intérêt à laisser tomber sans les relever ces plaisanteries cruelles, et je me résignai au silence. Pendant un moment ce silence eut son effet; j'étais livide; habillé d'une façon bizarre, armé, je puis le dire, à la légère! Les pâles lueurs du jour, jointes aux clartés vacillantes de la lampe, me jetaient dans une fausse lumière qui me grandissait d'une coudée.... En ce moment, je suis sûr qu'un visage moins hardi eût pâli, à me voir ce visage de l'autre monde, et que plus d'un fidèle, aux alentours de Saint-Merry, eût crié : *Vade retro!* Je sentais bien que le Satan qui m'interrogeait n'eut pas pris tant de peine, si je n'avais été qu'un fantôme à ses yeux.

Quand il eut cessé de parler, je fis deux pas en avant, je pris place à table sur un siége vacant, je plaçai mon épée entre mes deux jambes, et je m'appuyai sur la poignée.... Au milieu de ces mouvements, tout solennels qu'ils étaient, ma robe de chambre s'était entr'ouverte, ma poitrine était nue, et l'homme pouvait voir que si j'étais étonné, je n'étais pas un poltron.

Je m'inclinai d'un signe de tête : — Messieurs, leur dis-je, je suis Allemand; on m'appelle encore avec respect, en tout lieu, Messieurs, S. A. Sérénissime le prince Frédéric. Ma mère est cousine de la reine de France, et descend des princes de Wolfenbuttel.

A ces grands noms, que je prononçai, j'en conviens, avec un peu d'emphase, il me semblait que tout le monde allait au moins me saluer.... J'étais loin de mon compte avec ces gens-là... Ils me regardèrent! Plus d'un même se prit à sourire, et le gros homme, en frappant sur la table à tout briser : — Et nous autres donc, nous prenez-vous pour des croquants, Monseigneur? Tope-là! je suis Français; je m'appelle Gabriel Honoré. Mon père est marquis de Sauvebœuf et de Biram, comte de Beaumont, vicomte de Saint-Mathieu et premier baron du

Limousin; mon frère est vicomte; moi, je suis mieux que tout cela, je suis peuple. Encore une fois, fantôme, que nous veux-tu?

Alors je me levai. — Monsieur, dis-je, tout à l'heure, ici même, quand vos clameurs ont commencé, réveillant en sursaut toute la ville, j'ai eu l'honneur de vous envoyer un de mes gens pour vous prier, très-poliment, au nom de l'hospitalité la plus vulgaire, de faire un peu moins de tapage, et de respecter le sommeil d'une dame étrangère; non-seulement vous n'avez pas tenu compte de mon message, mais encore vos cris ont redoublé avec plus de force, et vous avez insulté mon domestique. Or, vous le savez, Messieurs, cette insulte est la mienne. Je viens donc à vous, comme c'est le droit d'un gentilhomme, vous demander raison de vos injures, et puisque c'est vous qui m'avez interpellé le premier, M. Gabriel Honoré, fils de marquis, de comte, de vicomte et de baron, je vous somme de me rendre raison!

Mon homme ne se déconcerta pas : — Monsieur, me dit-il presque en souriant, vous êtes un bon fils; on voit bien que votre père et madame votre mère ne vous ont pas fait jeter seize fois de suite dans les divers cachots du royaume. Le commandement de Dieu, *père et mère honoreras*, vous portera bonheur, Monsieur, car si vous n'étiez pas un étranger, vous sauriez que je ne me bats plus depuis longtemps, et vous auriez honte de votre puéril et misérable défi. Sachez donc, Monsieur le fils de prince allemand, que désormais le peuple est mon père adoptif; je suis le frère du forgeron, le cousin du tailleur de pierre, le commensal du porteur d'eau, le compère de toutes les commères de la halle. Il n'y a pas une échoppe, une taverne, une boutique, un charnier, une nippe, un comptoir, une hotte, un éventaire, une flûte, une jupe, un violon, une trompette, un pet-en-l'air, une charrette, un tombereau qui ne soient de ma suite, et votre aimable épée, est-ce donc qu'elle daignerait toucher mes crochets et mes écuelles? Çà, mon prince, on a d'autres chiens à fouetter que de croiser le fer avec vous! Est-ce aussi notre faute, si vous êtes logé au-desuss de nos révoltes? Réveiller une Wolfenbuttel! dites-vous..., laissez-nous faire, on en réveillera bien d'autres; tous les Bourbons, tous les Césars, tous les rois; les trônes et les dominations, les baillis et les sergents, les maréchaux de France et les maréchaux-ferrants, l'entendront avant peu de temps, la trompette éclatante, la trompette du dernier jugement. Jugez donc si cela nous inquiète et nous dérange, réveiller une princesse en voyage! Enfin, si Monsieur veut se battre absolument, s'il est friand de la lame, et qu'il en veuille à tout prix, il peut s'adresser à monsieur mon frère, le comte de Mirabeau, un grand cœur,... un estomac immense... une épée... un tonneau!...

Notre homme, à ces mots, frappa la table d'une voix délibérée en criant : *la séance est levée!* Alors sans me laisser le temps de lui répondre, il me prit par le bras, avec un geste familier, charmant, et qui touchait au respect. — Mon prince, me dit-il, rengainez votre épée et soyez indulgent pour un homme amoureux de popularité, un gentilhomme écrasé longtemps par la force injuste, et qui se venge, à la fois, de son père et de son roi! Rien qu'à me voir, vous avez bien compris que je ne suis pas homme à éviter la lutte. Attendez, et vous verrez si le comte de Mirabeau sait se battre! Attendez, vous verrez un duel... qui n'aura pas assez des deux mondes, pour parrains et pour témoins. Encore un jour, et je veux vous montrer une rencontre à laquelle l'Europe entière servira de champ clos. Cette fois, véritablement, ce sera l'arrêt de Dieu, quand descendu dans la lice, armé de tous les droits du genre humain... moi, le champion de la liberté, je me trouverai tout seul contre un despotisme de tant de siècles. Ainsi, vous le voyez, j'attends, sans remords et sans peur, tous les siècles féodaux pour les étouffer de la main que voilà, pour les écraser du pied que voici. Croyez-moi, cependant, ne portez pas si haut vos défis, et regardez à deux fois, afin de savoir avec qui vous voulez vous battre. Eh quoi! à peine en France, vous voulez vous battre en duel avec moi, le champion du peuple? Allez, allez, Monseigneur! vous n'êtes pas ambitieux, en vérité! Mais soyez tranquille, ce n'est pas de votre main, ce n'est pas d'une main mortelle que je suis destiné à mourir. Si je meurs je serai tué par une idée; si je suis vaincu, je serai vaincu par un principe; si je succombe enfin, je succomberai sous des ruines amoncelées par moi-même, et par moi seul. Encelade est mon nom de guerre, et Typhée et Minas sont mes frères. Vous voyez qu'entre nous deux la partie n'est pas égale, et que je suis invulnérable pour tous les princes de la Confédération du Rhin. Donc votre défi est ridicule, eh bien! faites-moi le plaisir de le retirer; faites plus, faites mieux, soyez, s'il vous plaît, un de mes amis, ce sera, quelque jour, un titre de gloire pour ceux qui osent l'être, aujourd'hui surtout, Monsieur! Dans tous les cas, et quoi que vous décidiez, cessez, à ma prière, de vous croire injurié, car les épées et la bravoure vulgaire ne manqueraient pas ici; mais je n'aime point cette espèce de sang. Soyez donc le porteur de nos regrets et de nos respects à Son Altesse madame la princesse votre auguste mère, et, ceci dit, rentrez dans le fourreau votre épée et votre colère, placez votre petite main royale dans cette large main plébéienne, et vous comprendrez, j'en suis sûr, que vous avez bien agi.

Cet homme était à présent si différent de ce que je l'avais vu d'abord, il y avait tant d'autorité dans sa voix, dans son geste, avec tant de bienveillance en son regard, d'ailleurs l'assemblée avait été si pleine de courtoisie et de réserve envers moi, que je me sentis vaincu tout à fait. Je pris la main qu'on me tendit, nous bûmes tous à ma santé, et tout fut oublié.

— Aussi bien, reprit l'homme à la grande voix avec le plus aimable sourire, savez-vous, Messieurs, que c'est un charmant cavalier ainsi accoutré. Ce costume est le dernier habit de ma seconde jeunesse ignorée, ignorante, quand j'étais le jouet des lettres de cachet, la victime des lieutenants de police, l'hôte le plus assidu des Bastilles du royaume, et la terreur des usuriers et des maris. O mes bonnes aventures en robe de chambre et légèr vêtues, qu'êtes-vous devenues? O mes pantoufles! O ma nudité nocturne, quand je fuyais sur les toits, à la voix de l'exempt! Riantes vallées de Pontarlier, bois épais du fort de Joux, bonnes filles, qui me cachiez tout tremblant dans votre couche enrubanée! O Sophie! et vous toutes, mes chères amours! Qu'est devenu tout cela? Mes amis! mes amis! bénissez la robe de chambre, et la conservez mieux que la robe d'innocence et la feuille de figuier! Vêtement doux, commode, heureux, usé si tôt, quitté si vite! Hélas! moi qui vous parle, oui moi-même, autrefois j'en avais une, et je l'avais achetée au petit-fils de M. Dimanche, le tailleur de don Juan. Ce troisième Dimanche était fripier au pilier des halles, non loin du pilier de Poquelin, l'historien de don Juan.

Un jour que je me glissais, comme un serpent, à travers ces boutiques ou se cache assez volontiers plus d'un trésor de grâce et de beauté, je fus frappé par cette triste enseigne : *Au prince déguenillé, Dimanche, fripier de la cour.* J'entre, et je trouve un bonhomme accroupi dans son comptoir, sur le fauteuil du *malade imaginaire.* — Holà!... Eh! m'écriai-je, est-ce vous, M. Dimanche, un vrai Dimanche, héritier du nom et des armes du tailleur du seigneur don Juan? — C'est moi-même, répondit une voix asthmatique... un petit Dimanche; oui, c'est moi, un innocent ruiné par M. le duc de Richelieu, comme mon grand-père avait été ruiné par le seigneur don Juan. Je suis Dimanche, et mon grand-père était un grand tailleur ! Mon père ne fut plus qu'un ravaudeur, moi je suis à peine un fripier ; et, pour peu que M. de Lauzun soit à M. de Richelieu ce qu'était don Juan à ce dernier, mon fils ne sera plus qu'un chiffonnier ! Ainsi parlait ce brave homme, et, parlant ainsi, ses yeux étaient pleins de flamme... Il était furieux, mais sa colère était impuissante ; et bien vite, à l'aspect de ces loques, de ces taches, de ces lambeaux, de ces friperies immondes, tristes jouets des vents, il retomba dans son silence et dans sa méditation.

J'en eus pitié ! — Voilà pourtant, me disais-je en moi-même, ce que nos ancêtres, et nous autres, leurs pires enfants, avec cette rage de vivre en pressurant nos vassaux, de ne pas payer nos dettes, et d'abuser du crédit, nous avons fait du bourgeois de Paris ! Louis XIV en avait fait le roi de la bonne ville, et nous en avons fait un paria. O fils de M. Dimanche !... et petit-fils de Mme Jourdain, prends patience encore : un jour viendra, le jour des châtiments et des vengeances... alors, ami Dimanche, alors tu prendras ta revanche, alors tu verras les petits Lauzun, les petits Richelieu, les petits don Juan entrer humblement dans ta boutique glorifiée, et, le chapeau à la main, te demander ton suffrage, au nom même des libertés populaires. Quels serments ils vont te faire, ami Dimanche, et quels respects te prodiguer ! Mais toi, leur rendant mépris pour mépris : — Hors d'ici, hors d'ici, traîtres, félons et menteurs, je ne veux pas de vous, pour représenter ma volonté suprême, et je donne ma voix à Riquetti, mon confrère, à *Riquetti, marchand de draps !*

— Prenez garde, Monsieur le marchand, dis-je à Mirabeau, que vous voilà déjà bien loin du vêtement dont vous me parliez tout à l'heure, et permettez que je vous y ramène ; on ne renonce pas si vite à une histoire qui commençait si bien.

— Le fait est, reprit Mirabeau, que j'eus grand' pitié de ce malheureux Dimanche : — Eh ! lui dis-je, avez-vous au moins quelque habit qui ait appartenu au seigneur don Juan ?

— Je n'ai, reprit-il, qu'un habit du matin ; il l'avait commandé à mon grand-père, afin de s'en parer, pour célébrer ses noces avec dona Elvire... Ah ! le mécréant, l'habit n'était pas cousu que dona Elvire avait changé de nom, et s'appelait l'*abandonnée !* Aussi bien mon père fut cruellement puni, lorsqu'il apporta cet habit du matin à don Juan. — Que diable veux-tu que j'en fasse à présent (disait-il) ? Dona Elvire aimait la couleur tannée, et la petite Charlotte ne peut pas la souffrir. Et voilà comment cette relique est restée entre les mains de mon père, qui la coucha sur son mémoire, où elle dort depuis cent ans.

— Nous la réveillerons, dis-je à Dimanche IIIe, à coup sûr, nous la réveillerons, et elle sera portée au compte définitif... Mais cependant, ne voudriez-vous pas vous en défaire en ma faveur ?

Or, le croyez-vous, Messieurs, Dimanche IIIe, quand il m'eut toisé de la tête aux pieds, hésita à me confier cette guenille. — Hum ! disait-il, vous m'avez tout à fait l'air, monsieur le marchand de draps mon confrère, d'appartenir à l'ancien régime, et je ne sais pas si je dois vous accorder ce que j'ai refusé à M. Diderot. Je sais bien que c'est un chiffon, cette robe à la don Juan, chiffon tant que vous voudrez, mais c'est tout ce qui me reste de l'héritage de mon grand-père... Enfin, soit, à la grâce de Dieu ! Emportez le laisse-tout-faire et l'habit de combat du seigneur don Juan !

Comme en ce moment l'éloquent nous vit encore attentifs, et fort persuadés que son histoire avait une fin, qu'il ne disait pas. — Ah! pauvre de moi (s'écria-t-il en se frappant le front)! malheureux Dimanche et cruel Riquetti, je me rappelle, en ce moment, que je n'ai pas payé à Dimanche IIIe la robe de chambre que Dimanche Ier avait faite pour don Juan!

Ce qui prouve absolument, Messieurs, qu'il est impossible que nous ne fassions pas une révolution!

C'est ainsi qu'il était tour à tour sublime et bouffon, gai jusqu'à la folie, et triste jusqu'à la mort! Il allait de la naïveté même à la rêverie, et sans cesse et sans fin il touchait aux extrémités les plus violentes; il riait, il jurait, il pleurait, il s'enivrait, il attirait, il repoussait, il charmait, il étonnait, il enchantait! Pendant ces dissertations, de l'autre monde... et du monde à venir... la ville entière était réveillée, et la rue, à chaque instant, se peuplait... Je demandai à mon nouvel ami la permission d'aller mettre un habit plus décent. — Allez! allez! disait-il, allez vite; et moi, je vais me coucher. Criez-moi : *bonsoir!* je vous dirai : *bonjour!* J'espère au moins que nous nous reverrons bientôt; partout où *tu* voudras, à l'Opéra, au cabaret, au bal, à la taverne, au jeu, chez Mesmer, chez la Fillon!... Bref, il me tutoyait.

Si bien qu'en me retirant, j'étais sur le point d'aimer cet homme, que j'aurais tué de si bon cœur il n'y avait qu'un instant.

Je m'aperçus, en descendant l'escalier, que j'étais suivi; à vingt pas de là, je m'entendis appeler par un jeune homme de cette société joyeuse dont j'avais remarqué les yeux noirs, le beau visage, et la taille élégante. Celui-là était un homme à coup sûr mieux élevé que tous les membres de cette réunion politique. — Monsieur, me dit le jeune homme, voulez-vous me permettre de vous reconduire jusqu'à votre hôtel?

Arrivés à la porte : — Merci, Monsieur, lui dis-je, de ces bonnes façons d'agir, et tenez-vous pour assuré que je saisirai volontiers les occasions de me rencontrer avec vous.

CHAPITRE VI

A la fin, arriva le jour de notre présentation à la cour de la reine Marie-Antoinette, ce jour impatiemment attendu par ma mère. Elle s'était parée extraordinairement pour cette cérémonie imposante. Jamais ses vastes paniers n'avaient été plus chargés de dentelles, jamais elle n'avait poussé sa chevelure à de plus hauts sommets, et rarement autant de perles et de diamants avaient brillé autour de sa personne. En un mot, ma mère avait pris, ce jour-là, toute la vieille parure allemande, avant Marie-Thérèse. Autant que je puis m'en souvenir, c'est la dernière fois que j'ai vu ce noble et riche costume en toute son ampleur : ainsi faite, et le visage honorablement couvert de mouches et de rouge, une grande dame était vraiment inposante. On eût dit une citadelle imprenable ; à peine le bras, à demi-nu, était-il libre d'agiter un éventail. Ma mère fut longtemps à sa toilette, et rien n'y manquait, lorsqu'elle monta dans son carosse, en me faisant toutes sortes de recommandations sur la manière de me conduire à cette nouvelle cour.

— Votre fuite de Vienne, me disait-elle, m'a accablée de

douleur; un instant j'ai tremblé de n'avoir enfanté qu'un philosophe. Il faut laisser, Monsieur, à plus grand que vous, ce funeste travers. Notre empereur n'en est pas innocent, mais ce sont des folies d'empereur. Pour nous, soyons les premiers à respecter notre rang, si nous voulons qu'on nous respecte. N'assistons plus, sans protester de toutes nos forces, au hideux spectacle de dégradation sociale que nous avons trouvé partout en ce royaume, oublieux de l'ancienne croyance et de l'ancien respect. C'est un crime... une impiété pour un gentilhomme, de déchirer les titres de ses aïeux et de ses petits enfants; ces titres sacrés représentent un dépôt inviolable dont nous devons compte au passé, aussi bien qu'à l'avenir. Croyez-moi, l'esprit d'égalité est une contagion funeste, et par respect pour ce que nous sommes, gardons-nous d'imiter les malheureux qui se dépouillent de leur dignité en échange d'une gloire populaire, sous laquelle ils finiront par succomber.

Ma mère ajoutait : Enfin songez, Monsieur, que nous allons voir la première cour du monde et le premier roi de l'Europe; songez surtout que c'est à S. M. la reine Marie-Antoinette elle-même, que nous allons présenter nos respects, à la fille de Marie-Thérèse et de tant de rois!... On ne saurait imaginer toutes les recommandations que me faisait ma mère. Au souvenir de mon irrévérence passée, elle entrait en épouvante. Pour moi, bien résolu à ne plus lui déplaire, effrayé de toute la philosophie à l'abandon que j'avais déjà apprise, en ce plaisant pays de France, effrayé de l'égalité qui débordait de toutes parts, je me sentais tout disposé à écouter respectueusement ces sages conseils. Hélas! dans le doute où j'étais, je m'abandonnais toujours à la dernière voix qui frappait mon oreille, à la dernière pensée qu'entendait mon esprit, que comprenait mon cœur. J'étais, tour à tour, dévoué aux droits du peuple, aux priviléges du trône, homme indécis, s'il en fut. Ce qui fait qu'en revenant aujourd'hui sur les opinions de ma jeunesse, je me trouve assez souvent coupable d'avoir manqué tantôt d'espérance, et tantôt de charité... comme si ce n'était pas assez d'être à plaindre, et comme s'il dépendait de nous-mêmes d'avoir une opinion.

Que voulez-vous? Dans cette lutte ardente des pouvoirs qui s'élèvent, contre les pouvoirs qui s'en vont, il arrive un instant de gêne pendant lequel il est bien difficile de savoir où s'arrêter. Retenu, d'un côté, par l'habitude et le soucides traditions, emporté, d'autre part, à l'enthousiasme, à l'admiration, pour les théories nouvelles et persécutées, il est bien difficile, en ces années ignorantes du mal et du bien, du faux et du vrai, de choisir entre le passé auquel on appartient, et le présent auquel on voudrait appartenir. Ainsi j'étais. Ah! sur la route même de ce grand Versailles, vis-à-vis de ma mère, si grande dame et si parée, orné de mes ordres et paré fabuleusement de mon habit de cour, vaincu comme je l'avais été déjà, deux fois, à mon premier amour, par un valet, à ma première excursion dans le monde réel, par ce hanteur de clubs, ce fauteur de révolutions et ce chercheur d'utopies qui s'appelait tantôt Riquetti le marchand de draps, tantôt le comte de Mirabeau, ou, plus fièrement : Mirabeau, et dont le nom véritable était *Légion*..; honteux de ma nullité, à une époque et dans un pays où chaque citoyen commençait à compter par sa valeur réelle, je me surpris, plus d'une fois, regrettant, au fond de l'âme, et Fanchon, et mon mariage avec elle, sur le banc couvert de neige, sous le toit de chaume éclairé par la lune, dans une belle nuit d'hiver.

La voiture allait lentement, mes réflexions étaient profondes.

— Et quel besoin, me disais-je, après tout, quel devoir pourrait m'arracher à mon doute, à mon rêve, à ma curiosité de chaque jour? De quel droit, irais-je interrompre violemment ce repos de mon âme, cet innocent loisir de mon esprit dans lesquels j'ai vécu jusqu'à présent? Que me font à moi, les révolutions étrangères? Suis-je attaché à ces révolutions qui grondent? Suis-je un Parisien, ou suis-je un Allemand qui voyage et veut s'instruire? Et si la route enfin me paraît longue, n'ai-je pas, toujours le moyen de faire verser ma chaise au milieu du chemin, à côté d'une chaumière, ou de l'arrêter à la porte de mon château, sur les bords du Rhin, par exemple, dans les grandes herbes qui les bordent, sous les arbres qui l'ombragent?

Je me sentais tranquillisé, m'étant dit tout cela.

— Oui, me disais-je encore, et vraiment je serais une bonne dupe de perdre ici mon plus beau privilége : un étranger qui voyage, et qui n'a pris parti pour personne. Oui, j'aurais grand tort de m'inquiéter, ici, d'ordre ou de désordre, et je n'irai point, non certes, tirer l'épée contre des idées; je ne déclarerai point la guerre à des faits, je ne m'intitulerai pas un héros, à propos de systèmes politiques, je ne prendrai point mon rêve au sérieux, ou tout au rebours. Club, taverne ou palais, que m'importe? Mon rôle, à moi, c'est d'être un témoin futile, et ne jurer par aucun maître. Avant tout, je suis le poursuivant de l'inconnu, sous toutes ses formes, le hardi défenseur des passions innocentes, le chevalier errant des petits faits de la vie humaine. Enfin, n'ai-je pas, pour me guider, l'exemple de ma mère elle-même? Elle est impassible, elle est calme, elle attend... Faisons comme elle, attendons. Tels étaient mes raisonnements d'égoïste, et voilà par quels moyens je m'éloignais de la vie active, en ces temps douteux, à l'heure où plus que jamais c'était mon droit et mon devoir de me mêler hautement et sans crier : Gare! aux passions de mon siècle, à ses batailles, à ses hasards!

La voiture allait toujours : nous parcourions la route

éternelle (on le disait) qui conduit de Paris à Versailles. La route est bordée, hélas, de chaumières, de masures, de petits jardins entre deux remparts de boue, en hiver; entre quatre murailles de poussière, en été. Voilà donc le chemin des géants? Voilà l'unique sentier qui mène aux honneurs, au crédit, au pouvoir? Par ce sentier mal pavé et plein d'abîmes, a passé tout le grand siècle. O grande époque de l'histoire et du monde, vous avez foulé cette route abominable dans tout l'éclat de la gloire des lettres et de la vertu guerrière! O sentiers du soleil, traversés par tant de passions, par tant de vertus, par tant de pouvoirs, par tant de revers! Voici pourtant le chemin de Louis XIV et de madame de La Vallière, du grand Condé et de Bossuet, de Jean Bart et de Racine!... Où donc êtes-vous, trace auguste de tant de grandeurs? Demandez à cette voie, à ce soleil, à cette poussière, à cette fange, combien a pesé le grand siècle, et si la roue, en tournant, s'est brisée au contact de la borne olympique?... Un seul arbre, un seul des grands ormes qui avaient vu passer tant de merveilles dans leur plus splendide appareil, restait debout sur la route... Il avait été frappé de la foudre, et de toutes les choses qu'il avait vues il avait perdu le souvenir.

Cette route où courait le tonnerre, où roulait la victoire, où se jouait la fortune insolente, elle a été parcourue, à son tour, par le siècle des philosophes : insouciants voyageurs, ils vont à pied, ils dédaignent les chevaux fringants de la cour, ils marchent lentement, toujours sûrs d'arriver. Alors, quand le XVIIe siècle eut accompli sa tâche, et quand le roi Louis XV eut remplacé le régent d'Orléans, le voyage à Versailles recommence avec le même ordre, mais l'heure du voyage est changée, les voyageurs ne sont plus les mêmes; et le but seul est resté le même but : fortune et pouvoir. C'en est fait; le grand siècle a fini son voyage, il s'est arrêté haletant sous la gloire et n'en pouvant plus, et maintenant nul ne songe à voir que ce chemin sillonné d'éclairs soit le chemin de Versailles. En ce moment la nuit succède au grand jour. Les voyageurs se rapetissent, le poëte fait des vers à Chloris, le prosateur écrit des contes, le chrétien dépouille la foi de ses pères. Voyez! dans l'art tout est rose et joli. Qui reconnaîtrait ce chemin de l'ancien Versailles, parcouru à grands pas par des géants? Était-ce donc pour si peu, quand la royauté de France fit cette halte misérable entre la vieillesse d'un roi et la jeunesse de l'autre, que le régent d'Orléans avait donné à la France le temps de réparer cette route effondrée? Quand Philippe se tenait à Paris, fuyant Versailles, était-ce donc qu'il eût peur, ou qu'il respectât le palais du grand roi, le trouvant trop difficile à remplir par sa majesté viagère et d'un jour, majesté de second ordre et faite à sa taille à lui, le spirituel rhéteur, le sceptique et l'audacieux qui met en doute même la monarchie, et qui rit sur le volcan? En même temps répondez : qu'êtes-vous devenues, passions françaises si correctes, même dans vos écarts? Le siècle est là chancelant sous l'ivresse! Il s'est gorgé d'esprit, de doute et de paradoxes sous cet imprévoyant gouverneur, et sous son digne disciple, traîtres à la royauté, tous les deux. Hélas! hélas! la France en est réduite à se parodier elle-même. O honte! le Bossuet de ce temps perverti entretient des filles d'Opéra; madame de Maintenon s'en va dans les champs, la gorge haletante et les cheveux épars; Philippe et madame de Parabère, Louis XV et madame de Pompadour, le duc de Richelieu et le lieutenant de police ont infecté cette route consacrée par tant de grands rois, de grands poëtes, où d'élégantes amours avaient laissé leur trace honorable ou charmante. Ils ont indignement sali les sentiers pleins de fleurs; ils les ont indignement jonchés de honte, de terreur, d'égoïsme et de fausse gloire; ils les ont dégradés de toute la force de leur caducité et de leur déshonneur!

Non, ce n'est pas le grand chemin, le sérieux chemin, le vrai chemin de Versailles : je suis, tout au plus, sur le chemin de traverse à l'usage des filles perdues, des ministres prévaricateurs, des goujats et des voleurs. Voie immonde et funeste, entremêlée horriblement de mille pas rétrogrades, et de mille sentiers qui se croisent, et qui finissent par se rencontrer, au bord des abîmes! Que d'âmes errantes sur ces bords! que de génies éplorés dans ces forêts! Que la danse des morts doit être solennelle en ces carrefours de chasse, où tous les vents se sont donné rendez-vous... au sommet des grands arbres, à l'heure où l'étoile du soir jette en silence sa pâle clarté sur les gazons desséchés, foulés par des ombres muettes! Ainsi je rêvais, et cependant notre carrosse allait toujours.

Les règnes qui finissent, les opinions que le temps abolit, les croyances qui se détruisent, toutes choses immatérielles et sans forme, laissent pour moi des ruines visibles et pleines d'intérêt ; je les vois, je les touche, et je les consacre aussi par mes regrets et par mes larmes ; bien plus, je les ranime à mon usage et pour moi seul. Quand je le veux, aujourd'hui même, à soixante ans de distance, je rends la vie aux palais, aux héros, au jeune roi, aux jolies femmes, aux beaux jours d'autrefois. J'entends de nouveau le son du cor dans les échos de la forêt, je revois la nymphe errante sur son cheval, agaçant le roi des chasseurs ; je me figure aussi la prostituée arrachée à son boudoir mercenaire et sortant, souillée un peu plus, du lit royal. Si je le veux, j'assiste à une prise de voile, au banquet des noces, au carrousel des rois. Je réunis, à mon bon plaisir, ces temps d'amour et ces temps de débauche, je me promène à la fois entre les jets d'eau de Chantilly et les malheureuses filles du Parc-aux-Cerfs. Parlez-moi des contrastes, pour donner la toute-puissance aux souvenirs! Parlez-moi des longs règnes et des saturnales de la royauté; des vieux palais, des anciennes amours, des grands noms, voilà pour le passé; et si vous joignez à ces poussières, à ces échos dans le temps présent, des craintes folles, des inquiétudes sans cesse renaissantes, des révolutions qui menacent, une jeune reine, belle et à ce point malheureuse, certes, vous comprendrez quel fut mon premier voyage à Versailles.

Une rencontre inattendue vint m'arracher à mes étranges réflexions.

CHAPITRE VII

Nous entrions dans la dernière avenue, à la nuit tombante. Le ciel était sombre et pluvieux, et j'avais peine à distinguer, dans ces longues rangées de maisons attristées, quelques-uns des hôtels de la ville ; la façade même du palais m'apparaissait comme une masse imposante : à peine quelques lueurs arrivaient jusqu'à nous. Dans cette circonstance de la nuit et de l'orage, le cocher avait retardé sa course, cherchant du regard à quelle porte il devait se présenter ? Tout à coup un homme passe en courant, l'habit en désordre et la tête nue ; il était tout souillé de pluie ; un instant je le vis courir, bientôt sa course se ralentit, puis enfin je le vis chanceler et tomber tout à coup dans un fossé... On eût dit qu'il était mort. Aussitôt je m'élançai au secours du pauvre diable, et bientôt je fus près de lui, malgré les exclamations de ma mère, qui ne comprenait pas que l'on s'arrêtât pour si peu.

Quand j'arrivai près du fossé où l'inconnu était tombé, le digne homme s'était déjà relevé, il souriait doucement ; sa tête était belle et calme ; il était dans la force de l'âge, et dans son regard il y avait pour le moins autant de passion que d'égarement; j'ai entendu peu de voix d'un accent plus doux.

— Grand merci, Monsieur, me dit-il; grand merci de votre pitié; je me suis trop hâté, j'ai couru, je suis tombé dans ce fossé; mais, par le ciel! dites-moi donc si je suis près du château? Hélas! hélas! il fait nuit, la promenade est sombre, et je ne verrai pas la reine aujourd'hui, je suis venu trop tard.

Le malheureux se tordait les mains; désolé, il reprenait :

— Voyez-vous, quand ces arbres sont couverts de feuilles qui frémissent, quand ces plates-bandes sont en fleurs, quand la mousse est là, recouvrant de son manteau les blanches épaules de ces statues, je n'arrive jamais trop tard; je dors où je suis, peu m'importe, et partout, sous le ciel. Et le matin, tous les matins, je vois de loin Marie-Antoinette; elle se lève avec l'aurore et comme elle. Le soleil vient de ce côté toujours, moi je tourne le dos au soleil, et je la vois, elle admirant le ciel empourpré. Mon Dieu, je fais alors ma prière, à genoux devant elle, et je prie avec ardeur pendant six mois de l'année. Hélas! jamais je ne prie en hiver. Elle ne sort pas l'hiver; il n'y a pas de soleil et je ne vois plus rien, pas un coin de sa robe ou de son chapeau. On dirait que tout est mort, autour de ma reine qui n'est plus. Ah! tristesse! Ah! terreur!

J'eus en pitié le pauvre fou; ma mère, en poursuivant sa route, me fit signe qu'elle allait m'attendre au château; je pris mon fou sous le bras, et le menai chez le concierge, qui le reconnut sur-le-champ.

— Pauvre homme! dit le concierge. C'est l'amoureux de la reine, Monsieur! La reine a bien défendu qu'on lui fît du mal!... Entrez, Messieurs.

Nous entrâmes. Un grand feu éclairait l'appartement; tout était reluisant et calme en cette demeure : un vrai royaume, moins les chagrins, les douleurs et les veilles de la royauté.

Quand mon fou eut senti la douce chaleur du foyer domestique, et qu'il eut repris quelque force à la table du concierge : — Oui, me dit-il, en me regardant avec un profond sentiment de conviction, je l'aime, et de toute la force de mon âme ! J'ai tout perdu pour elle, et ma raison, pour commencer. Quand je la vis, mon Dieu ! mon Dieu, quand je la vis pour la première fois, elle entrait dans une tente, sur les frontières de l'Allemagne et de la France, vêtue en simple Allemande;... elle sortit de l'autre côté, habillée en reine de France ! Elle a voulu rire de son fou, sans doute ; et pourtant, quand je pense qu'au milieu même de cet abri d'un instant, il y eut plus qu'une archiduchesse d'Autriche, et plus qu'une reine de France, il y eut une fiancée... Allons, allons, calmons-nous ! Tout beau, mon cœur !...

L'instant d'après, j'eus l'honneur de saluer S. M. la reine, à la tête de ma compagnie. Eh ! tel que vous me voyez, j'ai été magistrat, j'ai porté la robe de magistrat ; j'étais du parlement de Besançon, c'est moi qui portai la parole, et, ne sachant comment l'appeler, je l'appelai tout simplement : *Madame !* Elle parut me sourire, et elle me regarda ;... elle me parla même, et la veille...

La veille de ce jour glorieux, j'avais condamné aux galères un malheureux paysan qui avait tué un lapin dans une forêt ecclésiastique. J'avais condamné ce malheureux : sa femme était venue à mes pieds, me priant et me suppliant en grâce, en pitié, avec ses enfants, ses tout petits enfants ! Dans la nuit, nuit de remords et de confusions, j'avais revu en songe le condamné, sa femme, ses enfants, le lapin, le furet... ; j'étais bourrelé ; c'était ma première sentence, et je pleurais, me sentant chargé d'un grand crime. Ah ! Dieu ! si j'étais las à jamais de cette magistrature abominable !... Eh bien !

ma reine à moi, elle m'a absous de mon crime, elle m'a délivré de mon remords, elle a dit à mon condamné : Sois libre! A la femme : ayez confiance! Aux petits enfants : je vous adopte! O grâce! ô bonté! Elle a donné un démenti à ma sentence, à ma justice, à ma loi, voilà ce qu'elle a fait pour moi, cette reine, à son premier instant de royauté. Depuis ce jour, je n'ai plus eu de mauvais rêve, je n'ai plus vu de misérables pendant mon sommeil, je n'ai plus porté de robe sanglante, je n'ai plus de remords. Aussi, depuis ce jour de clémence et de pardon, je n'ai plus pensé qu'à la reine, je n'ai plus appartenu qu'à la reine, je n'ai plus porté que sa livrée, et je lui appartiens; si elle meurt, je meurs... Mon Dieu, je l'aime tant!

Disant cela, il était calme et son front était radieux.

— Hélas! lui dis-je, Monsieur, quel dommage de porter si haut son rêve et de mourir, jeune encore, d'un amour sans espoir!

Il me répondit ainsi, et je crois bien qu'en ce moment il avait toute sa raison : — J'avoue, en effet, Monsieur, que voilà une téméraire entreprise : aimer cette dame!... Eh! ne croyez pas que je sois tombé, tout d'un coup, dans le gouffre. Au contraire, j'ai vu le précipice, et j'en ai sondé toute la profondeur, avant d'y tomber! Mais, plus j'ai réfléchi, plus j'ai vu que cet amour impossible était ma vocation sur la terre. Que voulez-vous donc que je fasse ici-bas, si je ne l'aime pas? Qui, moi? moi seul je serais sage, quand tous sont insensés? moi seul je vivrais sans passion, en ce siècle de passions sans bride et sans frein? Laissons aller le siècle, et le laissons se ruer dans le néant. Allons, courage, insensés, jouez sur une carte la fortune de vos pères! Insensés, prostituez votre écusson au char de Phryné! Insensés, profanez le saint ministère de Dieu dans vos orgies nocturnes! En même temps refaites les lois du pays; jetez le trône dans la poudre, arrachez de votre chapeau ducal la dernière plume qui le pare, épousez vos servantes, et quand tout sera dit, brûlez-vous le crâne !... Or, dans ce dévergondage universel, je serai tout d'un coup raisonnable à moi tout seul ?

N'avez-vous pas entendu dire aussi qu'il y avait chez nous des gens qui faisaient la guerre à Dieu le fils ; qui, de leur propre autorité, retranchaient deux parts de la Trinité sainte, et qui criaient : victoire ! quand le Dieu était blessé ?

Quoi donc ! tout cela, moi vivant ? On escalade, en blasphémant, le ciel tombé de la nue, on tue à plaisir des dieux immortels, on détrône, en hurlant, des rois, dont la race n'avait pas son égale sous le soleil : à ce prix, on est un grand homme, on est promené dans la ville aux acclamations du peuple, on est couronné au théâtre, on meurt au milieu des hymnes solennels, et moi je suis un fou... un fou, un pauvre fou !

Un fou, parce que je l'aime, et parce que j'ai fait mon bonheur de l'entendre et de la voir, mon bonheur de suivre ses traces charmantes, mon bonheur de la guetter à travers le bosquet chargé de neige, à travers le buisson chargé de fleurs, mon bonheur de prononcer son nom, tout bas, quand je suis seul, un nom qui me charme et me fait pleurer, je suis un fou ! Que vous êtes injustes, vous autres, les hommes sensés. Vous défendez jusqu'à l'adoration ! Vous ne savez pas être superstitieux, vous n'osez pas ; vous vous tracez une ligne, et vous dites : Tout ce qui n'est pas nous, n'est rien ; tout ce qui passera au delà de cette ligne est folie !... Oh ! vous me faites pitié !

Voilà comme il me parla ; cependant, il finit par se calmer aux douteuses clartés de cette lune d'hiver qu'il avait prises pour le crépuscule du matin. — Silence, dit-il, voici l'heure : elle se lève... En même temps, il prêtait l'oreille et redoublait d'attention : — Non, dit-il, elle n'ira pas dans la forêt ce matin; elle va venir sur sa terrasse. Et, l'instant d'après : — Voici la nuit, il fait nuit, elle va venir!... au bas du palais, vis-à-vis de ces eaux qui murmurent, sur ces gazons peuplés de statues immobiles... Déjà vous voyez la terrasse éclairée... Écoutez! Entendez-vous, dans le feuillage, ces concerts invisibles, qui viennent du ciel en chantant les louanges de la reine?... Oh! qui me rendra ces nuits d'été, ces mystères vaporeux sous un ciel étoilé, cet air chargé de parfums et d'harmonie, et tant de jeunes femmes, silencieuses et ravies? Où êtes-vous, belles soirées d'autrefois, quand pour moi toute femme pouvait être Marie-Antoinette elle-même? J'étais, comme elle, sur cette terrasse, et moi, vivant comme elle, et respirant le même air, écoutant les mêmes sons, sur ce banc, adossé au *Gladiateur*; même une fois, j'étais si près d'elle... elle a parlé... j'ai entendu sa voix, elle m'a parlé; elle m'a parlé du ciel, des fleurs, des eaux jaillissantes, du calme de la nuit, de quoi m'a-t-elle parlé? Puis, avant que j'eusse pu répondre un mot, elle s'est levée, elle m'a salué, elle a repris sa promenade, et tout... a disparu pour moi, la terre et le ciel!

Ce malheureux m'intéressait vivement : — Venez, me dit-il, en baissant la voix, venez là-bas, à gauche, sur le bord de l'avenue, et vous comprendrez ce que je souffre; j'ai un secret à vous dire, au *Bain d'Apollon*; un grand secret, ajouta-t-il en mettant son doigt sur sa bouche, et je ne le dirai qu'à vous; c'est mon secret et le sien, c'est moi qui l'ai découvert, moi seul. Je vous dirai mon secret, ce soir, après le soleil; ou demain avant le soleil, ne manquez pas de venir... Vous êtes de son pays; eh bien! vous reverrez l'Allemagne demain. Je vous conduirai dans les lacs, dans les montagnes de votre nation... je sais un sentier qui y conduit, je vous guiderai dans les gras pâturages de vos génisses; n'oubliez pas de venir...

Il me prit la main, il me dit adieu; je lui promis de me rendre à son rendez-vous, il m'intéressait trop vivement pour que ma parole ne fût pas sincère. Enfin, je me demandai si tout cela était un mystère aussi simple que le mot *folie?*... Ainsi rêvant, je rencontrai un *valet bleu* apportant l'ordre que l'on m'ouvrît la porte du château... Il était onze heures du soir, et ma mère, entrée avant moi, avait été introduite aussitôt dans les petits appartements.

CHAPITRE VIII

Ce palais de Versailles, ce *favori sans mérite*, au dire de M. le duc de Saint-Simon, était pourtant, à le bien voir, un monument digne du monarque auguste qui l'avait construit, pour y loger sa monarchie. Il est difficile d'imaginer une profusion plus royale d'or et de peintures; les plafonds en sont surchargés, les portes, sculptées avec le soin d'un ouvrier chinois faisant une pagode, représentent un entassement de chefs-d'œuvre; les salons sont vastes et pleins de magnificence; et partout sur les murs, sur les corniches, sur le marbre et sur les cuivres, sur l'or, sur le fer, sur le bois de cèdre et sur la laine des tapis, on retrouve à profusion le soleil de Louis XIV. Certes, le grand roi vivait encore, en ce palais de Sa Majesté, le jour où nous y fûmes admis ma mère et moi. Tout était silence et repos, à cette heure. Au sommet de l'escalier de marbre, un garde-du-corps du roi se promenait à pas comptés; dans le grand salon, quelques seigneurs de la chambre du roi se livraient à un jeu effréné; dans la salle des gardes, de vieux officiers réunis autour de l'âtre immense parlaient de batailles et de philosophie, et un peu plus loin, de jeunes gardes cadençaient des vers, ou se promenaient l'arme au bras.

Alors nous traversâmes l'Œil-de-Bœuf, cette antichambre du grand siècle où se pressait la plus belle cour de l'univers; en passant, nous jetâmes un coup d'œil dans la vaste galerie où Lebrun a représenté tout le règne; la galerie était déserte, les ombres du foyer s'allongeaient sur le mur attristé; les héros paraissaient se battre encore; les tentes étaient agitées par le vent du nord; les armes s'ébranlaient, et le Rhin, notre Rhin, enflait son onde menaçante; la grande France allait, à grandes enjambées, enseignes déployées, toute brodée et chargée à profusion de plumets et d'ornements, comme à un tournoi. Voilà vraiment la bannière antique, et voici les belles écharpes, les couleurs des dames, le bruit des poëtes, la grâce accorte des comédiennes : Racine et Despréaux, Molière et Mlle Béjart, les fantaisies et les poëtes qui courent les camps, voilà le bel âge! Arrêté sur le seuil de cette vaste galerie, il me semblait que tout à coup ces géants allaient descendre de la muraille, que ces chevaliers et ces nobles dames allaient se mouvoir de nouveau,... j'étais prêt à tomber à genoux!

A cette heure, autrefois si bruyante et qui résonnait de tout l'esprit, de toutes les musiques, de toutes les ambitions de Versailles, le nouveau roi disparaissait, la cour se taisait, le bruit rentrait dans l'ombre, et cette vaste demeure était en proie au silence! Ainsi quand j'eus réparé le désordre de ma toilette et retrouvé ma mère : — Ah! mon fils, me dit ma mère, n'oubliez pas que nous habitons le toit même de celui qui disait : « J'ai failli attendre!... » Il est vrai que voilà bien longtemps qu'il est mort.

La reine était absente, et ma mère avait été introduite, par la volonté de Sa Majesté, dans l'appartement même de la reine. C'était une vaste chambre, un appartement royal.

On y voyait le portrait de l'infortuné roi Louis XVI, il était entouré de Mesdames, filles de Louis XV ; ces portraits étaient empreints d'une sévérité inaccoutumée, et représentaient les princesses dans les habitudes de leur vie, à l'ombre, en même temps que l'accessoire adoptait le goût le plus moderne. Il y en avait une qui lisait un livre pieux appuyé sur les ailes d'un amour, l'autre tenait entre ses genoux une lourde basse dont elle paraissait jouer solennellement ; il y avait dans les autres portraits, des petits chiens et des vases de fleurs. Ma mère, au moment où je vins la rejoindre, était occupée à considérer le portrait de Marie-Antoinette. L'artiste avait placé cette aimable et noble figure au fond d'une rose épanouie, élégant et diaphane compliment à la Dorat.

C'était, dans ce beau lieu, une exquise élégance, une richesse intelligente et pleine de goût. N'eût été l'aigle aux deux têtes de la maison d'Autriche, et la couronne de France, qui éclataient de toutes parts, on eût plutôt soupçonné dans ces retraites la jeune femme que la reine. Ma mère, plus heureuse que moi, l'étiquette et le respect me retenant sur le seuil de la chambre à coucher, put contempler à son aise cet intérieur plus que royal. Ma mère se souvenait encore, il y a vingt ans, de tous ces détails du coucher de la reine ; elle me les a racontés bien souvent. Chaque fois que nous parlions de la reine, elle me racontait qu'elle avait vu, le soir dont je parle, un spectacle inattendu, charmant et d'une simplicité qui ne pouvait se pardonner qu'à une reine de cette grâce exquise et de cette auguste beauté. En même temps, ma mère, enchantée et chagrinée à la fois, racontait tout ce qu'elle avait entrevu dans ces ténèbres éclairées : les simples préparatifs de la toilette du soir, le manteau pour la nuit, la longue camisole blanche et boutonnée du corsage au menton, simple et chaste vêtement du sommeil, le simple mouchoir et la longue coiffe qui devaient envelopper cette tête royale; au pied du lit, sur un tapis des Gobelins représentant un paysage allemand deux pantoufles, dignes d'une grande dame chinoise, attendaient le plus joli pied qui fut en France. — Ah! je me vois encore en la chambre de notre jeune archiduchesse, reprenait ma mère en soupirant, tant il y avait de simplicité et de goût autour de cette couche d'une reine que la France salua avec tant de transports d'amour et d'orgueil, quand elle lui donna son premier dauphin!

Souvent, depuis ce temps, en résumant mes souvenirs, j'ai cherché à me figurer quel dut être l'effroi et l'étonnement du premier brigand qui pénétra, l'horrible nuit du 6 octobre, dans la chambre de Sa Majesté. La porte se brise, et la reine, en sursaut réveillée, échappe, à demi-vêtue, à ce brigand, resté seul dans ce sanctuaire, épouvanté et comprenant à peine son audace! Indigne populace! Ah! l'indigne! Elle ne sait pas s'arrêter aux rideaux de l'alcôve royale! Elle a impitoyablement foulé à ses pieds sanglants le sommeil du roi, le silence de sa demeure, l'alcôve de la reine et son lit, fouillé par les baïonnettes de ces misérables!... L'invasion de Versailles! Elle a plus déshonoré ce peuple affreux que l'échafaud du 21 janvier sur la place de la Révolution!

Certes, nous comprenons Marie-Antoinette allant à la mort, sur une charrette, au milieu de l'injure et des respects; mais la reine, enfermée à Versailles et vouée aux tortures de l'émeute, entre les têtes coupées de ses gardes-du-corps... Voilà ce qui va au delà de toute espèce d'invention!... Ce sont là de ces enseignements qui ont manqué à Bossuet.

A ma première entrée au chateau de Versailles, j'étais loin de prévoir toutes ces ruines; je jouissais de tout ce que je voyais, en vrai jeune homme, et je tâchais de deviner, à force de passion, tout ce que je ne voyais pas. Je portais envie à ma mère, qui me laissait sur le seuil de la chambre royale; naguère j'étais entré dans la chambre du grand Frédéric, je m'étais agenouillé devant le lit de camp sur lequel il était mort, j'avais posé mes lèvres sur la table où il écrivait ses histoires, ses musiques, ses lettres à Voltaire, les épitaphes de ses chiens et ses plans de bataille. Eh bien! les murs habités par ce grand homme, les lieux où il rendit le dernier soupir, les meubles consacrés par cette pensée royale, ont produit sur moi, Allemand et encore enfant, moins d'effet que n'en produisirent le salon de la reine, son portrait si moderne au milieu des portraits de la famille royale déjà si gothiques; j'aurais donné l'épée et le sceptre de Frédéric le Grand pour le miroir de la reine; Dieu sait pourtant si j'admire, en mon par dedans, le roi de Prusse, moi qui admire jusqu'à ses vers!

Vous croirez peut-être que ce fut ici l'effet des influences secrètes, des invisibles parfums, des traces indicibles que laisse une femme aux lieux qu'elle habite, jetant à pleines mains je ne sais quel charme ineffable qui la fait reconnaître; non, à coup sûr, ce n'était ni le même parfum, ni l'élégance et le goût; malgré moi, malgré la reine peut-être, je me sentis dans une atmosphère plus élevée, et dans un air plus vaste et plus pur. Qu'on me pardonne ces folles paroles, l'expression me manque; hélas! je suis forcé d'aller au delà de ma pensée, il m'est impossible de la dire exactement... Un grand poëte se tirerait de cette peine avec une ode, et l'orateur chrétien se réfugierait sur les hauteurs de l'oraison funèbre... Que de fois, songeant à ces visions, j'ai regretté de ne pas être, un jour, un seul jour, Tacite ou Juvénal, Pindare ou Bossuet!

Nous attendîmes ainsi longtemps, ma mère et moi; ma mère, en s'étonnant qu'une reine de France pût n'être pas chez elle, à cette heure; et moi, en me hâtant de comprendre l'inconcevable bonheur qui m'avait amené du fond de l'Allemagne, en ce lieu splendide, où la plus grande dame et la plus vraiment royale du monde entier allait venir.

DEUXIÈME PARTIE

CHAPITRE I

La reine (et ma mère ignorait cette habitude) passait la plupart de ses soirées chez la surintendante de sa maison, madame de Polignac, en compagnie des seigneurs les plus spirituels et des femmes les plus aimables de la cour. C'était l'heure où, délivrée enfin de l'étiquette et maîtresse à son tour de sa parole et de son geste, elle jouissait des douceurs de l'intimité. La maison de la comtesse Jules de Polignac occupait une aile du château de Versailles, à côté même du grand escalier, et la maîtresse de céans, pour plaire à sa souveraine, s'efforçait de donner à son logis la grâce et le sans façon d'une simple maison bourgeoise ; c'étaient l'abandon, la grâce facile, les conversations interrompues, les rires éclatants, les récits burlesques, les superstitions populaires, les bons mots d'une maison bourgeoise, hantée royalement, réunis à l'esprit, à l'élégance, à l'envie de plaire, au ton exquis des plus grands seigneurs. Dans cette société de son choix, la reine était une jeune femme, la première de la société, parce qu'elle était la plus belle et la mieux écoutée, uni-

7.

quement pour la vivacité, le charme et l'entrain de son bel esprit.

Le soir dont je parle, en vain son monde accoutumé s'était empressé pour complaire à la reine, elle avait témoigné de vives impatiences; que dis-je? elle eût été maussade, si jamais elle avait pu l'être. Il faisait au dehors un de ces silencieux orages d'hiver, parsemé d'éclairs sans tonnerre; une pluie abominable battait contre les murs, les oiseaux de nuit volaient en poussant leur cri funèbre; le roi, qui était à causer géographie et voyages lointains (ses rêves!) ne s'en allait pas. La présence du roi (si voisin de Louis XV!) jetait toujours un peu de contrainte dans cette société intime. Il fallait être absolument plus grave et moins rieur, quand le prince était là; c'était, de sa nature, un époux plein de soins, un bon maître, mais un homme accablé de soucis cuisants et de tant de malheurs, dont il avait le pressentiment.

— Que cette aiguille est lente, et que l'heure est lointaine, ma princesse, dit la reine à demi-voix, nous ne serons jamais à minuit; avancez, s'il vous plaît, cette aiguille inerte; on se meurt d'impatience et d'ennui.

La princesse avança l'aiguille, et la reine avec un regard triste et doux :

— A présent, dit-elle, voilà que l'heure va trop vite; puis, se penchant vers une jeune femme assise à ses pieds: — Allons, Thaïs, l'heure approche et le sorcier va venir. Es-tu fâchée, et veux-tu bien me permettre de retrancher quelques minutes à ta belle vie? Enfin, que voulez-vous, c'est un caprice de reine, princesse de Montbarrey.

Pour toute réponse la princesse de Montbarrey leva ses grands yeux noirs du côté de la reine, avec une singulière expression d'enthousiasme et de dévouement.

— On voit bien, reprit madame de Lamballe, que la reine a des jours et des printemps devant elle! Puisque vous le voulez, Madame, faites un geste, ou soufflez sur l'hiver. Le vieil hiver remportera ses glaçons et ses tempêtes, faisant place au jeune printemps qui dit en nous frappant de sa tiède haleine : Me voilà !

— Non pas, non pas ! ma jolie veuve, reprenait la reine, en parlant à madame de Lamballe, non pas encore le printemps. Ne chassons pas le vieil hiver, par amour pour votre amoureux que voici, M. de Bezenval. L'hiver et ses glaçons ont leur charme aussi bien que des cheveux blancs sur un front cicatrisé ; attendons le printemps patiemment. Mais quoi ! le printemps ramène, entre autres fleurs, ces pauvres et modestes violettes qui te font tant de mal. Eh quoi ! s'évanouir à l'aspect de cette humble fleur? La violette est timide, elle se cache, elle exhale de douces odeurs, tu es pâle comme elle ; et pour quoi donc en avoir si grand peur, je te prie? Or çà, nous ferons en sorte de t'y accoutumer ; un peu de courage, et la fleur proscrite va reparaître en nos jardins réjouis ; je veux que Bezenval, lui-même, t'en apporte un bouquet, au premier jour du mois d'avril.

Madame de Lamballe, entendant parler de violettes, pencha la tête et ferma les yeux, ses beaux cheveux se répandirent sur ses épaules, on eût dit qu'elle allait mourir... — Ne parlons plus de ces maudites fleurs ; reviens à toi, Marie ! Il n'y a plus de violettes ici que toi-même, ô beauté ! disait la reine, en l'embrassant.

La pendule, avancée d'un quart d'heure, sonna onze heures... Alors, le roi, toujours ponctuel, se leva ; il baisa la reine au front, en jetant un coup d'œil d'intérêt sur la princesse évanouie : *Ce ne sera rien !* dit-il ; puis, saluant la maîtresse de l'appartement, il retrouva quelques-uns de ses gentilshommes dans le salon voisin, la moitié du service ayant manqué, justement par cette pendule avancée un instant.

La reine suivit son mari du regard, avec un doux sourire, puis se tournant vers la comtesse Jules : — Nous avons fait une grande faute, ce soir, ma mignonne, nous avons oublié les respects... Eh bien! pour nous châtier, renonçons à ces curiosités malséantes, et renvoyons à sa caverne le sorcier qui doit venir sur le minuit.

— Si Votre Majesté veut me permettre un conseil, reprit le marquis de Vaudreuil, je serais d'avis en effet de renvoyer ce magicien; la soirée est funèbre, et tout annonce au dehors une tristesse abominable. Ainsi le sorcier aura tort, et nous dirons, s'il vous plaît, des vers de Voltaire ou du nouveau poëte, M. de Parny; cela sera plus sage et plus amusant. Ainsi parla M. de Vaudreuil. Ici la princesse de Lamballe sortit de sa léthargie : — Ne verrons-nous donc pas le sorcier? dit-elle avec cette air penché qu'elle avait mis à la mode, et qui lui allait si bien.

— On m'a conté cependant que la lune et les astres étaient favorables, reprit la duchesse de Fitz-James, en faisant sa grosse voix, et la princesse de Tarente vient de me dire à l'oreille, qu'elle serait inconsolable si elle ne voyait pas le magicien nous arriver, comme un fantôme, à l'heure fatale de minuit.

— Je voudrais savoir, à ce sujet, l'opinion du prince d'Esterhazy, reprit la reine; car vraiment, s'il n'y a pas trop d'obstacles, il serait douloureux de renoncer aux délicieuses terreurs que nous nous sommes promises depuis si longtemps.

— Je n'ai rien à dire, Madame, reprit le prince d'Esterhazy; seulement je ferai observer aux plus poltrons que l'homme attendu n'est pas absolument à nos ordres, et même il n'a pas été facile de le décider à venir ce soir; c'est un homme atrabilaire et quinteux, et je puis assurer à Sa Majesté qu'il m'en a coûté bien des arguments pour en venir à bout.

— Du moins, reprit le marquis de Vaudreuil, on ne lui a pas dit en quel lieu il devait être amené, quelle société l'appelait, à quel auguste personnage il parlerait ce soir! Vous vous êtes bien gardé de compromettre la reine, M. d'Esterhazy?

La reine reprit : — Vous voilà bien toujours, prudent et bon Vaudreuil, dévoué à ma très-imprudente majesté, plein de précaution et de minutieuses prévenances! Pourriez-vous cependant me dire comment se porte madame la marquise de Vaudreuil?

Cette question imprévue interrompit toute conversation. Le penchant de la reine pour M. de Vaudreuil, et la noble résolution du marquis, lorsqu'il échappa, par un mariage, à son fatal amour, n'étaient un secret pour personne. Madame de Polignac et madame de Lamballe se jetèrent sur les mains la reine. La reine, comme si elle en eût trop dit, avait le regard baissé et plein de larmes; le marquis de Vaudreuil seul garda son courage et son sang-froid... Il était difficile aux amis de la reine de sortir de ce silence inquiétant.

A la fin, madame de Châlons, se rappelant à propos la visite de ma mère, et voulant donner aux idées un autre cours :

— S'il plaisait, dit-elle, à Votre Majesté, de recevoir en ce moment votre cousine, madame la princesse de Wolfenbuttel; elle attend, là-haut, dans les petits appartements, le bon plaisir de Votre Majesté.

A ces mots, la reine soulagée d'un grand poids : — Amenez-là tout de suite, ma bonne Châlons, s'écria-t-elle; j'ai oublié que j'avais donné ce soir même un rendez-vous à ma cousine... Hélas! le roi est rentré, madame de Wolfenbuttel peut venir sans être présentée, et vous, Mesdames, honorez d'un bon accueil ma chère compatriote, même quand vous la trouveriez encore un peu trop Allemande pour nous.

Une dame du palais vint, en effet, nous chercher, ma mère et moi; elle nous fit traverser les petits appartements de la reine, sa demeure intime, sa bibliothèque et son boudoir orné des plus belles glaces que Venise ait biseautées. Ce réduit caché lui plaisait par sa solitude, et faisait un contraste heureux avec le reste du palais, retraite austère et profonde où la reine était cachée à tous les yeux.

Dans ces cachettes, Marie-Antoinette se dérobait aux fracas du palais, aux lignes droites de ses jardins, au murmure impatientant de ses eaux. Elle était seule, inaccessible aux lâches, aux intrigants, aux flatteurs, aux courtisans. Très-souvent la reine disparaissait tout à coup de ses appartements, et c'était un bonheur pour elle d'échapper un instant aux hommages, aux respects, aux demandes, aux adorations.

Un escalier dérobé conduisait, de ce réduit, à l'appartement de madame de Polignac ; ainsi la reine pouvait voir son amie à toutes les heures. Ma mère descendit cet escalier à grand'peine, embarrassée qu'elle était dans l'ampleur de sa robe. J'ignore ce qui se passait dans l'âme de ma mère, mais cette réception nocturne et cachée; et cet escalier difficile, étroit,.. bourgeois, l'heure avancée de la nuit, toutes ces choses si peu semblables à l'étiquette d'une cour, devaient la jeter dans un indicible étonnement.

Tout à coup s'ouvrit une porte, et nous nous trouvâmes, ma mère et moi, dans un salon moderne, faiblement éclairé, en présence de plusieurs femmes en négligé, qui me parurent, les unes et les autres, d'une éclatante beauté. Je n'ai jamais vu un assemblage plus choisi de jolies têtes ; elles étaient groupées dans un coin du salon, les yeux ouverts, la bouche ouverte, curieuses, empressées, avec un sourire à moitié commencé, qui n'attendait qu'un signal pour devenir ironique ; au fond du salon toutes ces têtes formaient un bloc de beautés de toutes sortes, blondes et brunes, joyeuses, tristes, graves, riantes; toutes ces formes se confondaient d'une façon ravissante ; au premier coup d'œil, à la première émotion, il eût été impossible de faire un choix dans cette masse enchantée ; on ne distinguait personne et pas même la reine ; car c'était, parmi ces dames, à qui l'approcherait de plus près ; la reine était assise sur un tabouret ; les unes étaient à ses pieds devant elle, d'autres à genoux lui servaient d'appui comme les bras d'un fauteuil ; plusieurs étaient derrière elle, penchées sur elle, l'abritant sous leurs poitrines de vingt ans ; les hommes se tenaient dans un coin opposé du salon ; ils s'étaient levés pour nous recevoir.

Ma mère se tira bien de cette inquiétante présentation. Elle avait été belle et sa démarche était naturellement pleine de noblesse et d'aisance. Elle avait connu Marie-Antoinette enfant ; elle fut donc reçue avec bienveillance, en dépit de sa robe à vastes paniers et de ses diamants gothiques. D'ailleurs, la reine se levant brusquement, et se faisant un passage à travers le groupe qui l'entourait, alla au-devant de ma mère et la baisa à deux reprises : — Soyez la bienvenue, ma cousine, dit-elle à ma mère, soyez la bienvenue à ma cour ; je vous rends grâces de vous être souvenue de moi.

Puis, se tournant vers moi, qui suivais ma mère : — C'est donc vous, Monsieur, me dit-elle, qui vous êtes enfui si brusquement de la cour du roi mon frère ? Nous avons ici de vos nouvelles, Monsieur, vous êtes un philosophe dangereux, un esprit fort qu'il faut dompter et que nous dompterons, soyez-en sûr, si vous voulez y mettre un peu de bonne volonté.

Disant ces mots, elle se tourna vers les dames de son intime compagnie. — Or çà, dit-elle, on vous dénonce ici une jeune demoiselle d'honneur qui garde un secret mieux que personne. Et c'est à vous que le compliment s'adresse, à vous, la mystérieuse Hélène de Salzbourg. — Vous ne m'aviez pas dit, comtesse Hélène, que nous avions un cousin de cet âge et de cette tournure, ajouta la reine en souriant.

Cette beauté, que la reine interpellait si vivement, était, en effet, une aimable et charmante personne de l'antique maison de Salzbourg, alliée aux Wolfenbuttel; elle avait nom Hélène, et, jusqu'à l'âge heureux de quinze ans, elle et moi, nous avions étudié dans les mêmes livres, joué aux mêmes jeux enfantins, et chanté les mêmes chansons. Puis, à l'heure des noces royales, la jeune Hélène de Salzbourg était partie avec la jeune archiduchesse, qui l'avait amenée avec elle à Versailles, promettant chaque jour de la rendre à la cour de Vienne, et chaque jour la jeune reine et la jeune comtesse étaient plus nécessaire, celle-ci à celle-là. Cependant Hélène avait rougi aux paroles de la reine, puis, s'avançant en tremblant, elle vint embrasser ma mère, et elle répondit à mon profond salut par une révérence aussi cérémonieuse qu'amicale, pour le moins. En Allemagne, elle m'appelait son frère; à la cour de France, elle ne me traitait plus qu'en étranger !

Après les premières salutations, la reine fit asseoir ma mère; elle revint à sa place ordinaire, et m'ordonna d'un geste de me placer à ses côtés; j'étais debout, à sa gauche, ma cousine Hélène était assise à sa droite; la reine avait passé son bras autour de ce cou charmant, et jouait avec ces beaux cheveux.

— Dites-moi, ma cousine, dit la reine à ma mère, vous avez laissé l'empereur, mon frère, travaillant au bonheur de ses peuples, parlant beaucoup de liberté et de finances, plus souvent vêtu en bourgeois qu'en monarque, invitant à sa table tous ceux qui lui plaisent, dînant à ses heures, parcourant la ville à pied, la canne à la main, jouissant de l'incognito, jusque sur le trône, et sans gardes, sans aumônier, sans médecin, sans courtisans ?... Ah ! l'heureux prince ! Ah ! la délicieuse cour ! Puis, se tournant vers moi :

— Comment se porte mon professeur, Monsieur ? Comment va l'abbé Métastase, mon élégant écrivain, mon poëte favori ?

— Madame, le professeur chante son élève, l'Allemagne l'applaudit et répète ses chants; nous avons tous partagé la joie de Métastase quand il a vu ses vers imprimés à l'imprimerie du Louvre, aussi bien que les chefs-d'œuvre de la langue française : il n'y a que Votre Majesté qui sache honorer, et récompenser comme cela.

— J'aime, en effet, ce Métastase; il est le seul qui m'ait appris quelque chose, et, sans lui, je n'aurais pas même su l'italien. Quand j'étais petite fille, et que, par hasard, je dînais à la table de ma mère, vous ne sauriez croire tout ce que faisait l'impératrice pour faire valoir ce qu'on appelait mes talents. On m'apprenait des longs discours par cœur, on distribuait précieusement des dessins que j'avais faits, disait-on; c'était à qui vanterait ma prose et mes vers; j'ai parlé latin, moi, qui vous parle... Hélas ! de tous mes précepteurs, il n'y a que l'abbé Métastase qui ait été fidèle à sa mission.

— Mon Dieu, ma cousine, disait ensuite la reine à ma mère, vous devez bien vous souvenir de mes espiègleries de petite fille, de nos longues promenades dans le parc, de mon départ pour cette belle France, où je suis si heureuse, et qui me faisait tant de peur; mais n'ayez crainte : si je suis Française avant tout, je suis Allemande aussi, je n'ai pas oublié mon pays, ma famille et mes jeunes années; nous en parlerons, n'est-il pas vrai ? D'abord, je ne veux pas que nous nous séparions; je veux que vous soyez de ma famille; je vous présenterai au roi mon époux, je vous montrerai mes enfants, mon dauphin, d'une si belle et si sérieuse figure; mon petit Louis, si joli, ma fille, un ange...; enfin, vous verrez tous mes trésors. Je sais que vous n'aimez guère les fêtes. Ce n'est plus le temps des fêtes chez nous; il fallait venir quand je n'étais que dauphine, et quand vivait le roi Louis XV.

Cependant, Monsieur le comte, ajouta Marie-Antoinette en se tournant vers moi, rassurez-vous, nous allons encore au bal.

Ma mère ne savait que répondre à tant de grâce et de bonté. L'impératrice Marie-Thérèse elle-même n'avait jamais été plus loin dans ses familiarités les plus aimables. D'ailleurs, c'était une grande étude pour ma mère de reconnaître aux traits de la reine de France le joli enfant qu'elle avait tenu si souvent dans ses bras. La reine était tout simplement d'une beauté royale. On ne pouvait qu'admirer sa taille aérienne, on était séduit par son sourire; elle était d'une admirable blancheur. Rien n'égalait la forme éclatante de son cou et de ses épaules; il n'y eut jamais des bras aussi beaux, des mains aussi belles. Ajoutez qu'avant tout, même en ces instants où elle aspirait au bonheur de n'être que jolie, elle avait la figure et la majesté d'une reine; enfin quoique brillante d'une grâce toute française, à l'attitude un peu fière de sa tête et de ses épaules, on reconnaissait toujours la fille des Césars.

Il fallait toute la majesté de la reine Marie-Antoinette pour éclipser madame la princesse de Lamballe, si bien faite, et jolie à ravir; elle était toute semblable à la fleur qui penche sur sa tige; elle avait des yeux tendres qui avaient déjà beaucoup pleuré, tant ils avaient pleuré de bonne heure... Elle était apparue à sa royale amie, un jour d'hiver, dans un rapide traîneau, enveloppée de fourrures, éclatante de sa fraîcheur de vingt ans; on disait : Voyez le printemps, couvert de l'hermine et des martres de l'hiver!

Nos regards s'arrêtèrent sur madame de Polignac. Après la reine, elle était la plus belle; elle portait, ce soir là, un négligé blanc comme la neige; elle avait une rose à ses cheveux relevés sur les tempes; elle était légèrement posée au-devant d'une glace qui reflétait son image; elle ressemblait à un émail de madame de La Vallière... On eût dit une reine qui allait jouer un rôle de bergère dans un opéra de Monsigny.

Quelquefois, à la dérobée, et redoutant déjà de la compromettre, je regardais ma cousine Hélène; elle était belle, elle était fière et charmante; elle avait, dans ses traits réguliers, quelques-uns des traits de la reine elle-même, et que Dieu me punisse si je mens!

La reine s'aperçut de l'émotion de ma mère. Pour bien juger de la beauté des femmes, pour la sentir complétement, il faut être une femme... Alors, Sa Majesté se penchant à l'oreille de la comtesse : — Eh! fit-elle, avec un petit cri joyeux, croiriez-vous, ma cousine, que toutes ces dames que vous voyez, et bien d'autres encore de notre société, moins intimes, mais aussi belles, se sont réunies, il n'y a pas longtemps, pour tirer au sort à qui embrasserait les grosses joues rubicondes d'une espèce de rustre appelé Benjamin Franklin, qui est venu du fond de l'Amérique pour nous demander des armes, des vaisseaux, des canons et la liberté des peuples de là-bas?

Bientôt la conversation devint générale. En ce moment, les hommes se rapprochèrent des dames, on parla beaucoup des affaires, des ministres, et des princes, chacun selon ses antipathies ou ses amitiés particulières: d'où je compris que c'était la conversation de chaque jour, puisque, tout frondeur et dénigrant qu'il était, s'attaquant au pouvoir et le heurtant de front, cette espèce d'entretien avait même gagné les plus secrètes retraites du palais, dont le frivole écho répétait encore, à la façon de l'oiseau moqueur, le fameux mot du grand roi : l'*État, c'est moi!*

Telle était cette intime société; elle n'avait pas eu d'exemple avant la reine, elle ne trouva pas d'imitateurs. Cette réunion de femmes charmantes et d'hommes aimables autour d'une si grande princesse, et qui font toute leur étude d'être ses égaux, était un spectacle étrange et plein d'intérêt. Dans ce lieu chéri par la fantaisie, le palais de la reine était à peine une maison bourgeoise; les courtisans étaient des amis, les dames d'honneur des compagnes; l'abandon remplaçait l'étiquette; l'heure fuyait sur une aile rapide, oubliant la cour. Quant aux plaisirs, au langage, aux délassements de ce monde à part, il eût été difficile d'imaginer plus de grâce et de goût, de finesse et de science exquise en toutes choses de la causerie et du maintien. Sous ce rapport, comme sous bien d'autres, Marie-Antoinette était vraiment une Française; elle en eut l'activité, l'intelligence, la répartie avec une gaieté très-naturelle, une âme bien égale, et qui savait le prix de l'amitié.

Il eût été impossible de trouver, quelque part, plus de fatuité sans morgue, plus de préjugés sans malice et de rancunes sans colère; plus d'admirations imprudentes, de médisances cruelles, de projets en l'air, de plans singuliers pour le bonheur du royaume, de décisions burlesques, comme aussi nulle part, dans tout le monde, on n'eût rencontré plus d'esprit, d'incrédulité, d'ironie et de jeunesse qu'on n'en mettait dans ces entretiens oisifs, qui touchaient pourtant aux doctrines les plus respectables, aux fondements les plus sérieux de l'État.

Tout à coup l'horloge, au bruit de sa roue intérieure avait sonné minuit... Et minuit fut répété par toutes les horloges de ce pays des fables, où chaque heure apporte avec soi une résolution sérieuse. Au bruit strident de ces vibrations souveraines, soudain l'assemblée resta immobile, comme si l'heure eût sonné pour la première fois. L'instant d'après, nous entendîmes frapper à la porte... un léger frisson saisit l'assemblée... en ce moment, on ne songeait déjà plus au sorcier.

CHAPITRE II

Au même instant un des gens de madame de Polignac parut dans le salon. Cet homme, voyant la pâleur sur tant de visages, devint pâle à son tour. Il annonçait M. le prince de Tarente, qui menait en laisse un homme inconnu et dont les yeux étaient bandés.

Le silence était profond dans cet auditoire, habitué à tant de grands spectacles. — Votre Majesté veut-elle, en effet, entendre cet homme aujourd'hui? murmura tout bas madame de Polignac.

— On dit que sa prédiction est infaillible, reprit la reine; tout ce qu'il a prédit au duc d'Orléans est arrivé.

— D'ailleurs, Mesdames, reprit gaiement Adhémar, que risquez-vous? Vous ne voyez déjà pas trop de sorciers, pour refuser d'en voir un ce soir. Quoi qu'il vous dise, il ne vous empêchera pas de danser demain. Fiez-vous à votre jeunesse, aux astres cléments qui ont éclairé votre berceau; fiez-vous aux célestes influences de votre vie; essayez du magicien, s'il vous amuse ou s'il vous fait peur: qu'il entre; seulement je porte envie au maraud à qui vont être présentées, ouvertes, toutes ces belles mains.

Le marquis de Vaudreuil était naturellement triste, et

la gaieté du comte Adhémar fut impuissante auprès de ce beau ténébreux. — Ces jeux-là ne sont pas de mon goût, dit-il; je ne suis pas un esprit fort; j'ai vu d'étonnants effets de la magie, et je sais d'incroyables révélations; même j'ai connu, en Écosse, une femme douée de seconde vue; elle voyait distinctement ce qui se passait dans la chambre de Louis XV, quand il est mort; et puisque vous parlez des mains de ces dames, comte Adhémar, je voudrais que la vieille eût seulement touché votre main de ses doigts gluants, tout votre bras se serait paralysé d'horreur. Ne jouons donc pas, je vous prie, avec les sorciers, ils ont de mystérieuses et inquiétantes paroles qui font frissonner les plus braves. Enfin, l'avenir est si plein de nuages... Ne touchons pas, croyez-moi, à ce fer chaud qui a nom l'*avenir*.

En ce moment, le même personnage annonça que l'inconnu s'impatientait, qu'il ne voulait pas attendre, et qu'il menaçait de se retirer...

— Allons, dit la reine, le Rubicon est passé; qu'on introduise le sorcier, je le veux. Si Vaudreuil a peur, il se cachera derrière moi. Vous, Mesdames, en avant les éventails; qu'on enlève une grande partie des lumières. Messieurs, soyez forts. Vous, ma cousine, vous êtes étrangère, vous ne risquez pas d'être reconnue, non plus que M. votre fils. Quant à toi, ma chère Hélène, il me plaît que nous nous cachions sous le même voile. Tu es de ma taille, on dit que tu me ressembles, va! va! nous embarrasserons le sorcier.

En même temps, la reine, à demi-rieuse, à demi-pensive, jetait précipitamment un voile sur sa tête et sur celle d'Hélène : on les eût prises pour les deux sœurs.

Tout à coup, précédé du prince de Tarente, dont l'air était plus solennel que d'habitude, apparut au milieu de nous un homme étrange, d'une équivoque beauté : sa taille était au-dessus d'une taille médiocre; sa figure était immobile; quand on eut débarrassé ses yeux du bandeau qui les couvrait, ils se portèrent hardiment sur l'assemblée, et il ne parut pas fâché de voir tant de femmes effrayées à son aspect. Des femmes, son regard se porta sur les hommes; la contenance de ceux-ci était moins favorable à la sorcellerie. On voyait cependant, sous ce froid maintien, un vague et puissant intérêt.

Le sorcier se tenait debout, attendant que quelqu'un l'osât interroger... — Je m'exposerai le premier, dit Bezenval. Seigneur sorcier, lui dit-il, à l'inspection des lignes de ma main, pourrez-vous me dire à moi, et à ces dames, de quelle mort je dois mourir?

Le sorcier. — « Si vous échappez aux influences de « l'habit rouge, vous ne mourrez que d'une indigestion. »

Il y eut quelques sourires dans l'assemblée, et M. de Bezenval : — Le sorcier a du bon, dit-il, c'est un sorcier jovial; j'accepte volontiers ton augure, mon ami.

On se rassura quelque peu. La fin prédite à Bezenval n'avait rien de triste. M. de Vaudreuil qui tremblait, voulant en finir tout d'un coup avec les prédictions : — Voilà ma main, sorcier; dites-moi quel est mon sort à venir, à quels malheurs je suis réservé; car, je le sens, si je vis, c'est assurément pour le malheur. Ici la voix de M. de Vaudreuil était douce et pleine de charme. Le sorcier, avec le ton du respect, et après un instant de silence, répondit en ces termes :

— « Cette main est la main d'un franc gentilhomme, « un noble cœur bat dans cette poitrine, une âme géné« reuse anime ce regard; mais le cœur et l'âme, la pas« sion a tout usé. Homme faible, ton grand malheur est « d'avoir joué avec ta passion, de t'en être méfié, d'avoir « eu peur de top bonheur, d'avoir reculé devant ta for« tune. Ta fortune! elle eût fait envie à tous les rois de « la terre; ton bonheur! il eût dépassé tous les rêves de « l'ambition la plus forcenée! Malheureux, tu n'as pas

« osé être heureux. Ta main a tremblé, ton regard s'est « troublé, tu as voulu donner le change à ton amour; tu « l'as perdu dans une liaison fatale; tu l'as profané dans « un lien coupable; meurs de chagrin et de repentir; « meurs, victime de tes regrets!... depuis longtemps tout « est fini pour toi! »

A mesure que cet homme parlait, sa taille et sa voix semblaient grandir... Il y avait dans cette voix autant d'émotion que de terreur. Le prophète lui-même était ému. Quant à M. de Vaudreuil, accablé, muet, épouvanté, il jetait un regard d'effroi sur l'inflexible visage du magicien... dans cet état, c'était pitié de voir M. de Vaudreuil.

— « Pour vous, dit le sorcier au prince d'Esterhazy, « vous, simple et bon, vivant d'amitié et de dévouement, « votre vie est attachée à celle d'une autre créature... « Ainsi, veillez sur cette tête si chère, protégez-la, défen- « dez-la contre la calomnie et l'injure... Où elle ira, vous « irez; si elle meurt, vous êtes mort! »

Adhémar qui voyait que la sorcellerie allait au noir: — Sorcier, mon ami, tu es obscur comme feu l'almanach de Liége, et je ne croirai pas un mot de ta science, ou bien tu nous diras un peu mieux que tu ne fais à quelles destinées nous sommes clairement réservés.

Donc parlons sans métaphore, et dis-nous ce que tu veux dire avec *cet habit rouge* qui est un signe de mort.

— « N'êtes-vous pas tous gentilshommes, reprit le « sorcier. Eh bien! malheur à vous! Malheur à vous qui, « par vos folies, vos prodigalités insolentes, et par vos « injustes priviléges, avez lassé la patience éternelle du « peuple! Malheur à vous, qui avez élevé des Bastilles, à « vous qui peuplez les bagnes! à vous qui baignez les « échafauds du sang des misérables! Vous êtes gentils- « hommes, et vous demandez ce qui vous menace? Écou- « tez les cris des filles que vous avez séduites; voyez les

« pleurs des maris déshonorés ; regardez, *au pharaon*, la « capitation de vingt villages ; rappelez-vous les lettres « de cachet, les corvées, les justices secondaires, les « exécutions seigneuriales, les pigeons de vos colombiers, « les sangliers de vos forêts, et vous comprendrez quel « est l'habit que vous portez, quelle est la couleur qui « vous désignera aux coups du peuple dans les jours de « sa justice ; or, comprenez-vous, Messieurs les gentils- « hommes, mon énigme ou ma révélation, comme vous « voudrez l'appeler ?

A ces mots du sorcier, Adhémar s'emportant : — Tu mens, dit-il, de quel droit, misérable, viens-tu porter l'effroi dans un salon paisible, où tu n'as été introduit que comme un simple amusement ?

— « Ah ! reprit le sorcier, vous y voilà donc. Ceci est « un jeu, à votre sens, *un jeu !* Vous avez voulu vous « amuser de ma crédulité ; vous avez cru qu'on pouvait « dire à un homme : Viens çà, laisse ton livre au milieu « de sa page commencée ; viens, que l'hiver, la nuit, le « bandeau placé sur tes yeux ne t'arrêtent pas dans ta « marche, et tu nous amuseras comme un bateleur, « comme un histrion. C'est très-bien dit, Messieurs, mais « je ne suis pas un bateleur. Je suis ici parce que vous « m'y avez appelé ; je suis ici pour vous dire, à vous, Mes- « sieurs, à vous, Mesdames, quelques-unes des menaces « de l'avenir ! Vous l'avez voulu, vous m'avez cherché, « vous ne m'éviterez pas ! »

Ma mère, à ces mots, pour en finir avec cet homme, imagina de lui confier sa main loyale et ferme... Elle était peut-être la seule femme de cette assemblée qui n'eût pas peur.

— « Voici, dit le sorcier (l'interrogeant à peine), une « heureuse main ; mais je n'ai rien à vous annoncer, « Madame ; votre main et le visage de votre fils sont même « chose. Si la mer est calme, et si le vent se tait, celui-là

« est un plus grand sorcier que moi, qui annonce orage et « mauvais temps. »

Ma mère, avec un geste de mépris, retira sa main, toute honteuse, et déjà elle congédiait le sorcier, quand celui-ci s'arrêtant devant la princesse de Lamballe, à peine remise de son effroi : « Hélas ! dit-il, hélas ! que de mal-« heurs empreints sur cette noble tête ! Ah ! quels orages « dans cette jeune et frêle existence !... » Il y avait, en ce moment, des larmes dans les yeux, des larmes dans la voix de cet homme... Il se parlait à lui-même, il n'était plus de ce monde ! « Infortunées, disait-il, à l'aspect de « ces beautés, de ces jeunesses ! Malheureuses ! la pri-« son, le sang, l'exil, la nécessité, la ruine et la mort ! »

A ces mots qu'elle devinait, entrecoupés de mystères et de sanglots, madame de Polignac se leva épouvantée, et comme si elle obéissait au vertige, en jetant un cri effroyable.

— « Consolez-vous, Madame, lui dit le sorcier, vous « mourrez dans un lit, vous seule ici, vous seule aurez « un tombeau digne de votre rang, avec les armes de « votre famille, une urne en marbre et des anges de « pierre pour vous pleurer... ô victime innocente de l'exil « éternel ! » A ces mots, madame de Polignac restait immobile ; elle était roide et froide à faire peur ; on eût dit le marbre même qui pose, à Vienne, sur son tombeau.

La scène en ce moment devenait effrayante ; le silence et la terreur étaient à leur plus haut degré ; la duchesse de Fitz-James et la comtesse Diane cachèrent leur tête bouclée entre leurs mains tremblantes, et se plièrent en deux pour échapper à cet œil fascinateur. Restaient la reine et la comtesse Hélène, cachées toutes deux sous le voile noir ; le voile en ce moment tremblait, mais c'était un tremblement inégal, comme deux émotions diverses, comme le battement de deux cœurs... deux épouvantes.

Les reines ont des peines faites pour leur âme : les autres terreurs ne sont rien, comparées à celles-là.

L'homme alors approcha lentement. Sous ce voile uni deux mains lui étaient tendues, deux mains agitées. Il en prit une, et les considérant toutes les deux : « Je vois, « dit-il, deux mains allemandes. La main que voici ap- « partient à une jeune femme destinée à tous les cha- « grins, à tous les plaisirs, aux folles joies, aux vives « douleurs, aux fugitives amours, dont le plus grand « malheur sera le veuvage, peut-être. Cessez donc de vous « flatter, Madame l'inconnue, et ne pensez pas que je « confonde, aujourd'hui ni jamais, ces doigts charmants « avec cette main superbe... Et vous, Madame (en même « temps il se mit à genoux), à Dieu ne plaise que jamais « vous soyez confondue avec personne ! Il n'y a là- « haut qu'une étoile, elle est vôtre ! Une destinée... une « seule est semblable à la vôtre !... Cependant, Madame, « agréez mon silence, agréez mes respects !... »

Ici la reine rejeta son voile, et relevant la tête : — Je veux que vous parliez, Monsieur, je veux tout savoir. Puis voyant que M. de Vaudreuil était tout ému : — Du courage, et soyez un homme ! Allons, Monsieur de Vaudreuil, mettez-vous à mon ombre, et voyez si j'ai peur.

— « Madame, reprit le sorcier, debout devant la reine, « il y a deux portraits, dans ce palais, qui méritent toute « votre attention. Vous avez le portrait de Charles Stuart, « acheté pour Louis XV par Mme Dubarry. Ce portrait, il « faudrait le regarder souvent, reine, c'est un des ou- « vrages les plus intéressants du grand peintre Van Dick.

« Quant à votre image à vous, Majesté, le tableau dans « lequel madame Lebrun vous a représentée assise au « milieu de vos enfants, ne trouvez-vous point qu'il res- » semble au portrait d'Henriette de France? Étudiez-le « avec soin, de grâce ! et demandez-vous d'où peut venir « tant de mélancolie, à propos d'un si aimable sujet ?

« Reine, il existe de grands noms dans le monde. Ces « noms résonnent comme un tonnerre au fond des âmes « faibles ; ils nous poursuivent dans nos rêves, ils nous « réveillent en sursaut, ils nous obsèdent ; ils s'interpo- « sent entre nous et le sommeil ; nous avons beau faire, « il n'est rien qui puisse imposer silence au murmure « effrayant de ces noms qui se dressent en notre âme « comme la flèche de Saint-Denis aux yeux de Louis XIV, « et quand nous murmurons tout bas les noms de Lau- « zun, de Coigny ou de Vaudreuil, l'inflexible écho nous « renvoie, avec des larmes et des cris funèbres, les noms « de Cromwell et de Mirabeau ! »

Vous eussiez vu, en ce moment, le désordre universel. Tout tremblait, tout frémissait ; la reine accablée eût voulu rentrer sous terre ; au même instant les courtisans tiraient leur épée, et c'en était fait du magicien, si le prince de Tarente ne l'eût protégé. Cependant, l'effroi de la reine, la colère des seigneurs, ni son propre danger n'épouvantèrent l'inconnu ; sous les glaives nus, son visage était immobile ; après la prédiction fatale, il se retira lentement, sans avoir donné aucun signe d'épouvante ou de pitié.

CHAPITRE III

Le départ du sorcier fut suivi d'une immense angoisse; évidemment sa prédiction touchait à toutes les fibres de ces cœurs dévoués et malades; sa voix retentissait encore, et ces pauvres femmes, éplorées, entouraient la reine, muette de terreur; les hommes gardaient un profond silence... et la reine était au désespoir :

— Vous l'avezentendu! disait-elle. Il a nommé Coigny, Vaudreuil, Lauzun! puis Charles Stuart et sa femme! Ces Stuarts qui occupent le roi, nuit et jour... puis Cromwell et Mirabeau! Mirabeau, cet homme déshonoré, que je n'ai pas voulu acheter! Ah! Marie! ah! Thaïs, mes amies que je traîne aux abîmes, je ne le sens que trop, le sorcier a dit vrai; nous sommes perdues, le trône est croulant, le peuple est roi, la royauté s'efface à jamais; ces grands noms de reine et de roi se perdent chaque jour, nous sommes perdus, moi la reine, et vous, les amis de la reine!... Ah! meurtres! exil! prisons! supplices!... Charles Stuart!... lord Cromwell!

— Madame, reprenait madame de Lamballe, ô ma reine! écoutez-nous! calmez-vous! Ah! tant pleurer les vains discours d'un fanatique! N'êtes-vous donc pas la reine du beau royaume de France, la fille de l'impératrice Marie-Thérèse, l'épouse du roi, la sœur de l'empereur?

— Hélas! disait la reine, hélas! Vaudreuil avait raison. Ces paroles ne sont pas vaines. Ce n'est pas la première fois que j'en ai fait l'affreux essai. Fiez-vous aux tristes pressentiments. Je suis née malheureuse, et je mourrai malheureuse. Je vins au monde un jour... le jour même du tremblement de terre de Lisbonne; j'ai été vomie par le volcan, le volcan viendra pour me réclamer. Enfant, mille terreurs accompagnèrent ce triste présage. L'empereur François, mon auguste père, partait pour Inspruck; il était déjà sorti de son palais, il partait, quand s'arrêtant tout à coup (madame de Wolfenbuttel vous le dira, car c'est elle-même qui m'a portée à mon père), l'empereur voulut embrasser sa fille encore une fois: Ma fille, disait-il, je veux la voir! Quand je fus arrivée au niveau de son cœur, l'empereur tendit les bras pour me recevoir; il m'embrassa tendrement: — Ah! dit-il, me voilà mieux! vraiment, j'avais besoin d'embrasser encore une fois cette enfant de ma tendresse... Hélas! les pressentiments de mon père ne l'avaient pas trompé; la mort l'atteignit dans sa route, et sa fille ne le revit plus!

Mais voici bien une autre misère. Écoutez-moi, Quand l'empereur Joseph II perdit sa femme, ma jeune sœur Josèphe, un ange par la beauté, un ange par le cœur, venait d'être accordée au roi de Naples; elle partait le lendemain. L'impératrice, avant le départ de Josèphe, ordonna que la jeune princesse irait prier sur le tombeau de sa belle-sœur. La jeune reine, à cet ordre, devint tremblante; l'idée horrible de s'agenouiller seule sur ce cercueil, dans ce caveau funèbre, et de joindre les mains sur ces restes d'une horrible maladie, était une idée insupportable... O mon Dieu! J'en mourrai, j'en mourrai, ma sœur! me répétait Josèphe... Il fallut obéir.

Ce fut moi qui la rassurai, moi qui l'encourageai, moi qui la conduisis jusqu'à la porte du caveau fatal; bien plus, j'y voulus entrer, afin de l'encourager par ma présence... elle priait... elle pleurait... et lorsqu'enfin nous quittâmes le cercueil, je fus obligée de soutenir ma pauvre sœur. Vous le savez, ma cousine, trois jours après elle était morte, et cette fois elle redescendit dans le caveau funèbre pour n'en plus sortir. Alors la couronne préparée pour Josèphe retomba sur la tête de sa sœur... On eût dit la pierre même du tombeau.

Il y avait à Vienne un savant docteur, un homme simple et poli, dont la voix était touchante, et qui ne cherchait pas à faire peur. Il passait pour un saint : sa parole était prophétique. A peine étais-je appelée au trône de France, ma mère, à son tour, voulut consulter le docteur. — Ne sera-t-elle pas bien heureuse? Est-il un plus bel avenir dans le monde que le sien? — Majesté, reprit-il gravement, sans répondre aux instances inquiètes, au regard suppliant de ma mère, Majesté, il y a des croix pour toutes les épaules. — Vous le voyez, ils s'accordent tous dans leurs présages. Faut-il à présent, mes amis, que ces prédictions vous atteignent avec moi?

Nous voulûmes répliquer. La reine continua : — Et la place Louis XV, ce jour de fête qui devint un jour de deuil; et le pavillon qui me reçut en France, le pavillon de mes noces; vous souvenez-vous quelles tentures? Toute l'histoire des Atrides était représentée en ces tapisseries formidables, horrible assemblage de meurtres sans fin, de trahisons, de flots de sang; un repas funeste! Ah! reine infortunée... un pareil spectacle à tes premiers regards... c'était encore une prédiction!

L'instant d'après la reine se leva. Quatre bougies au milieu du salon brûlaient sur une table de marbre... une des bougies s'éteignit tout à coup.

La reine dit adieu à ses amies; elle tendit la main à la

comtesse Jules; la seconde bougie s'éteignit comme la première, sans cause apparente.

— Ceci est étrange! dit tout bas le superstitieux marquis de Vaudreuil.

— Étrange, en effet, reprit madame de Lamballe, et je voudrais qu'on m'expliquât ce hasard.

Madame de Lamballe achevait à peine de parler, quand la troisième bougie vint à s'éteindre; une seule bougie restait, sa lumière était vive et pure.

— Si cette bougie s'éteint comme les trois autres, dit la reine, d'un ton résolu et solennel, le sorcier a dit vrai! Nous sommes perdues!...

La quatrième bougie... à ces mots... s'éteignit.

CHAPITRE IV

Je passai la nuit au château : on conçoit que je dormis peu ; toutes les émotions de la journée et de ce terrible soir me poursuivirent dans mon sommeil. J'avais donc vu cette reine en son intimité ! Du premier abord j'étais entré dans ce salon dont on disait tant de fables... Un poëte allemand a fait, de nos jours, une ballade... et le refrain de cette ballade, il convient fort au récit que je vous fais en ce moment... *Les morts vont vite !*

J'aime assez cette étrange ballade, et je la compare avec l'étrange histoire de 1789. Écoutez ! La ballade commence au milieu d'une nuit d'orage. Eh ! là-bas, la chaumière est fermée ; eh ! la jeune fille endormie... elle rêve... Eh ! tout à coup, dans le lointain, se font entendre les pas d'un cheval, le cheval approche ; on frappe à la porte de la chaumière. — Allons, descends, Louise, allons. Et la voilà, réveillée en sursaut, qui descend vêtue à peine : — Ah ! voilà mon amoureux, Frédéric ! Bonjour, Frédéric, revenu de la guerre. Mais Frédéric : Hâte-toi, Louise et monte en croupe, sur mon cheval ! — Alors elle monte en croupe, entourant de ses deux bras le cavalier au corsage de fer, et les voilà au galop... Derrière eux disparaissent les vallées chargées de moissons, les hautes montagnes où grimpe la vigne... en même temps disparaissent la ville et le hameau. Louisa tremble, et Frédéric s'en va, disant toujours : *Les morts vont vite, — ils vont vite, les morts !*

La ballade finit dans une caverne, à l'heure où dansent les morts; leurs os se dressent, leurs tendons renaissent, leurs têtes osseuses se balancent sur les anneaux cliquetants de leur col décharné. Frédéric baisse alors sa visière, il ôte son casque, et montre un crâne dépouillé; il ôte ses gantelets,.. on ne voit plus que sa main de squelette. A la fin Louisa meurt... à la lune nouvelle elle reviendra pour ouvrir avec son amant-fantôme la danse des morts.

Dans mon songe, entre la veille et le sommeil la cabane de la ballade, c'était le château de Versailles, la fiancée était la reine elle-même, et le cavalier noir ressemblait à beaucoup de figures, entre autres à l'homme de la taverne du *Trompette blessé*. J'eus à subir ainsi tout le reste d'un cauchemar poétique! Et voilà comme on doit dormir au bruit du vent, sous le cadavre d'un malfaiteur, entre deux gibets de carrefour!

Quand je me réveillai dans ces demeures de la toute-puissance et de la majesté royale, ô bonté divine! il n'y avait plus dans ces murs que la Majesté souriante! Le jour était beau, le soleil radieux, le ciel vaste et pur; tout le château s'animait des plus belles passions de la vie... A la fin j'étais sûr d'être à Versailles, et d'habiter le palais du roi. Tout s'éveillait, sout résonnait! La garde montante allait au son des musiques remplacer les gardes de la nuit passée; les Suisses du baron de Bezenval étaient rangés dans la cour du château; les ministres se rendaient dans la chambre du conseil; toute la noblesse du royaume de France, la robe, et l'épée, et le cardinal, venaient faire leur cour au roi; dans un coin du château on préparait la meute et les équipages de chasse; la galerie se remplissait d'étrangers et de sujets. Bientôt le roi passa, les trompettes sonnèrent, les tambours battirent aux champs, les cent-suisses, espèce de géants armés, portèrent les armes, les gentilshommes de service arrivèrent, en grand habit;... dans les jardins le peuple, accouru pour saluer ce grand lever, criait : Vive le roi!

Fiez-vous aux songes, aux sorciers, aux mensonges, me dis-je en moi-même. Cette monarchie... elle était croulante hier, elle est forte, elle est riche, elle est grande ce matin! Et je fus tout affligé d'avoir perdu la veille, sur des malheurs impossibles, tant de larmes et tant d'émotions.

Libre enfin de mes terreurs de la veille, heureux, content, dispos, je descendis en triomphateur dans ce parc enchanté. Cet imposant appareil de force et de pouvoir, au milieu du plus éclatant appareil, me rassurait complétement et dissipait tous les nuages. C'était la première fois, à ce degré suprême, que je comprenais l'intime union de la monarchie et de la noblesse; la force du roi était la mienne : hier j'avais porté le deuil de la monarchie; aujourd'hui j'étais fier comme elle; aujourd'hui je relevais le trône croulant; je rendais à la reine ses sujets empressés, son pouvoir auguste; je lui rendais le charme intime de son intérieur, ses causeries sans fiel, ses amitiés sans nuages; bien plus, je revoyais Hélène elle-même, et, mettant à profit la force du monarque et la stabilité du trône, je revenais à mon rêve d'amour Insensé que j'étais! Je me laissais prendre à ces vaines apparences! Je prenais cette *maison du roi*, ces soldats, ces courtisans, ces Suisses, ces chasseurs, ces gentilshommes, ces vains bruits de cor et de tambour, pour la monarchie elle-même... Il me semblait qu'elle était tout entière au milieu de ces bruits confus, de ces armes sonores, de ces riches uniformes, de ces regrets silencieux... O fantômes!... J'avais sous les yeux des fantômes. Hélas! ces bruits, ces uniformes, ces capitaines des gardes, ces bâtons fleurdelisés, ces épées, ces trompettes, ce mot d'ordre et ces tambours, n'étaient plus guère que les dernières et frivoles apparences de la monarchie épuisée... *Ici, le champ où fut Troie... Ici, les domaines du roi Louis XIV!...* On avait arraché même les arbres séculaires que Sa Majesté avait plantés... Le grand roi les avait plantés pour lui seul; il avait cru bâtir un ombrage comme on lui creusait des fleuves, comme on lui bâtissait des montagnes; l'arbre avait été aussi éphémère que le maître, ils s'étaient séchés tous les deux le même jour. Louis XV n'avait foulé que des feuilles mortes; Louis XVI venait de remplacer ces arbres d'un jour par des chênes, qui veulent des siècles pour grandir.

Quand j'eus tout vu dans ces jardins: les jets d'eau, les cygnes, les statues, les grottes, à présent sans mystères, les pins taillés en pyramides, les chiffres, jeunes encore, de tant de beautés évanouies, les hêtres à l'écorce raboteuse, où l'amour traçait tant de serments que l'air emporta, les flatteries emblématiques, et les dieux de la mythologie amoureuse dans leurs attributs divers, je revins sur mes pas, cherchant les *Bains d'Apollon* où le pauvre fou devait m'attendre. Il avait un secret à me dire; il m'intéressait vivement. Je découvris les *Bains d'Apollon*. C'était encore un rocher factice, une fontaine tombante, un Océan d'une coudée, une île enfantine, un abîme de trois pieds. Au sommet du rocher, on voyait les neuf Muses entourant Apollon; Apollon, c'était toujours Louis XIV. A droite du rocher, un grand cheval de marbre, au jarret tendu, la tête courbée et la crinière flottante au sommet, semblait vouloir se désaltérer dans l'Hippocrène; et l'Hippocrène, mince filet d'eau, fuyait ses lèvres haletantes; image trop véritable de la poésie en ces temps de révolution!

Mon premier coup d'œil fut pour le groupe en marbre;

en me retournant, je découvris, assis sur un banc, l'amoureux de la reine. Il était moins défait que la veille, et son habit était décent. Quand il me vit, il me salua poliment; je lui rendis son salut: nous fûmes bientôt à côté l'un de l'autre, en vrais amis. — Vous voyez, Monsieur, que je suis exact au rendez-vous, lui dis-je en l'abordant. —J'y comptais, Monsieur, vous êtes trop bien né, vous avez une trop noble figure pour vouloir manquer de parole à un pauvre fou. D'ailleurs, vous êtes son compatriote et vous devez aimer la reine; or c'est d'elle que je dois vous parler.

A ces mots, le pauvre diable ayant tourné la tête d'un côté, pour voir si nous étions seuls, et baissant la voix: — Vous allez savoir mon secret, me dit-il; c'est à vous seul, à vous qui m'avez tendu la main, que je veux me confier; écoutez-moi, soyez discret. La reine (et ici il tourna encore ses regards çà et là), la reine... elle n'est pas une reine, je le sais, je l'ai vu... j'en suis sûr!

Je reculai d'étonnement; oubliant que je parlais à un fou. Mon épouvante et ma surprise lui firent plaisir.

— Vous croyez, me dit-il, habiter le palais d'un roi; vous dites que ceci, ce ciel grisâtre, est la France! Quand le tambour bat aux champs, et que vous entendez le bruit sec du mousquet que le soldat présente, vous vous découvrez, et vous dites: C'est la reine qui passe!... Et tout droit devant vous, vous arrivez à un palais de belle apparence, et vous vous croyez au palais de madame de Maintenon, à la vieillesse du roi Louis XIV, quand il devint malheureux et dévot. Eh bien! non, vous vous trompez, ce sont autant d'illusions de vos sens; tout ceci n'est pas Versailles, ce palais là-bas n'est pas Trianon, cette reine... mais ne le dites pas, elle est faite pour l'être, elle sera toujours la reine pour vous et pour moi.

J'écoutais sérieusement cet inconcevable discours; je me laissai guider par le fou. Il me mena au petit Trianon que je n'avais pas vu encore : à Trianon, ce lieu fameux où la renommée (elle est si bête!) jetait l'or et les pierreries à pleines mains. On nous ouvrit les portes, grâce à monfou.

Je vis Trianon; je cherchai en vain le luxe oriental dont on parlait dans le peuple et dans les pamphlets contre Sa Majesté, la *chambre en diamants* que demandaient à voir tous les étrangers qui accouraient à Versailles; je fus étonné de la rusticité du petit Trianon. La maison était toute simple, elle eût indigné une fille d'Opéra. Le jardin anglais grimpait et tournait, et jetait çà et là ses branches ébouriffées dans l'espace de quatre arpents. On entrait par une porte bourgeoise, une sonnette avertissait le portier. On se perdait tout d'abord entre deux montagnes, on traversait un pont suspendu entre deux rocs, au bout de ce pont se trouvait *la grotte*; de cette grotte on montait au sommet du pic par cinq marches, où se trouvait un banc de pierre... Alors de ces hauteurs l'œil dominait la campagne environnante. Ici, sur ce banc, la reine aimait à s'asseoir : souvent elle y restait des heures entières, seule et pensive, écoutant nonchalamment les moindres bruits de la campagne, le son du cor dans les bois, le chant des oiseaux sous les branches. Elle était encore assise sur ce banc le jour même où ses serviteurs tremblants et ses femmes éplorées, haletantes comme si elles avaient vu un assassin, vinrent l'avertir que le peuple envahissait le château, criant : La reine! et hurlant des blasphèmes... Elle se leva... elle prit congé de ces chères solitudes... Elle savait déjà qu'elle ne les devait plus revoir.

Nous traversâmes la grotte en rocaille; nous montâmes les cinq marches de la montagne, nous arrivâmes sur ces hauteurs factices, aussi émus que si nous eussions foulé la cime la plus haute du Mont-Blanc. Mon guide alors se retourne vers moi, et pousse un cri de joie.

— Ah! voyez-vous, dit-il, voyez-vous à nos pieds ce joli village?... Ici nous sommes à cent lieues de Versailles,... voici le petit village... Admirez le presbytère, la cabane du garde champêtre, l'église surmontée d'une croix. Cette grande maison, revêtue d'ardoises, c'est la maison du seigneur; la demeure du bailli, la voilà. Voyez la vacherie aux flancs de la montagne; la laiterie est à côté; reconnaissez-vous la Su sse, un pays fait pour le laitage et la chanson, je le reconnais à ses montagnes chargées de neige, à ses petites génisses, à son lac, à sa paix intérieure, au chaume de ses toits. Approchez, s'il vous plaît, montons dans cette barque, elle nous conduira sur l'autre rive, et nous entendrons toutes sortes de chansons qui ne sont pas de chez nous!

En effet, rien n'était plus villageois et plus rustique; on n'entendait que murmures et bêlements, on ne voyait que chaume et cabanes villageoises... Quels domaines pour une reine de France! et quel goût champêtre avait élevé ce village? Salut, paysage de la sainte Allemagne! salut, tableau sérieux de notre bonheur domestique!

En ce moment, j'aurais lu volontiers, même une idylle de Gessner.

Mon guide était à mes côtés, partageant mon extase; il me conduisit à l'étable, où ruminaient deux génisses enfouies sur une épaisse litière. Il les flatta de la main, en les appelant par leurs noms: — Bonjour Brunette et bonjour Blanchette! — Ici même, sur cette paille, il avait vu la reine elle-même qui trayait les vaches. Elle tenait d'une main un vase de terre, sous l'autre main le lait ruisselait en écumant comme les cascades de son jardin.

Tout le reste était à l'avenant, la laiterie était au grand complet, vases grands et petits, battoirs, tamis. — Je l'ai vue, elle battait le beurre! Un jour, à cette fenêtre, au mois de mai, elle était debout et se reposait de son travail; je pris mon chapeau d'une main, et, baissant la tête, je lui dis d'un ton de voix pleureur : — Pour l'amour de Dieu, ma bonne dame, s'il vous plaît! Aussitôt, en riant, elle me donna de son pain, de son beurre. A ces souvenirs, une larme roula dans les yeux du pauvre fou.

— Sur cette pelouse verte, je l'ai vue en jupon court, en gros souliers, en bas de laine, en mouchoir de grosse indienne... au soleil, riant, sautant, chantant, se livrant aux éclats d'une gaieté champêtre; là, vous dis-je, et se tressant une couronne de bluets.

Il me fit ainsi la description de cette maison rustique. Il en savait les détours, il en avait vu toutes les fêtes, il avait été paysan dans ce hameau dont le roi était le bailli; moissonneur dans cette ferme dont la reine était la fermière; il avait semé ces champs; il avait gardé ces troupeaux; il avait prié dans cette chapelle qui avait un cardinal pour curé; tout cela était son bien, son domaine et son Allemagne;... il s'était fait Allemand pour être de la même nation que la reine, et de cette nature allemande il me faisait les honneurs.

Quand nous eûmes tout vu, et qu'il eut dit tout ce qu'il avait à me dire, il nous fallut quitter ce jardins rempli de souvenirs. Arrivés à la porte, il se retourna vers moi. — Croyez-vous, me dit-il, que ce soit une reine à présent?

Pauvre insensé! cette reine à ce point calomniée, méconnue, injuriée, et il n'y a que toi qui l'aies aimée avec passion! qui l'aies comprise aussi bien!

A un certain endroit de l'avenue, il m'arrêta. — C'est ici, Monsieur, que se cacha Damiens pour frapper Louis XV. Le coup manqua. L'avertissement du ciel fut inutile; à la même place, ici, vous dis-je, le vieux roi fut atteint, quinze années plus tard, des premiers symptômes du mal qui l'emporta... C'était justice... il mourut trop tard... en plein déluge... « Après moi le déluge! » était son mot favori... et voilà comme il se fait que la majesté est morte, et que le royaume est submergé.

Il ajouta tristement : — Ces terres, que la chasse a dévastées, cette plaine et ces forêts, tout ce monde royal ont été témoins de bien des tristesses et de bien des douleurs. Louis XIV s'est promené dans ces allées, couvert d'un cilice et menacé par l'Europe... Il s'ennuyait... L'ennui tira Mme de Maintenon de ces belles demeures, pour la jeter à Saint-Cyr, sous le rire moqueur du czar Pierre le Grand, qui souleva la couverture de son lit, et la vit toute nue, et ridée abominablement, cette femme au désespoir de ces grands rêves qui s'achevaient dans le mépris et l'abandon !

— Avancez, à chaque pas vous heurtez des souvenirs de mort ; partout la lancette au frère Côme, et partout des cadavres. Ici, est mort le premier dauphin ; ici, sa femme saxonne expira de douleur, sous les tentures grises de son deuil. Il y a vingt ans, à cette maison blanchie à la chaux vive que vous voyez là-bas, si vous vous étiez approché la nuit, et que vous eussiez prêté une oreille attentive, vous eussiez entendu à toute heure (hélas !) les vagissements d'un enfant nouveau-né, les cris plaintifs des mères, le murmure de la vierge enlevée à ses parents, ou vendue par eux, qui se livre à son séducteur ; bruits étranges et confus, pleins de terribles mystères et de déshonneurs inouïs ! Les saturnales de la royauté s'accomplissaient dans cette maison du Parc-aux-Cerfs ! A toute heure, en ces ténèbres obscènes, le sang royal jaillissait de toutes parts, abâtardi par le viol ou par l'inceste ; un peuple bâtard de princes honteux et de princesses misérables sortait de ces portes dérobées, livré à toute les misères, à toutes les indigences, aux supercheries les plus abominables... Ces petits Bourbons, celui-ci devenait abbé, celle-là devenait, comme mademoiselle sa mère... une prostituée, et le vieillard, leur père d'un instant, ne demanda jamais ce que l'on faisait de ses filles et de ses garçons!... Dieu soit loué! cette demeure abjecte est muette à la façon de ces lacs sulfureux de l'Écriture, exécrés de la terre et du ciel!

— Sans doute, vous ignorez l'horrible histoire de cette cour faite à l'image odieuse du feu roi... Au premier abord vous la croiriez pleine de voluptés et de bonheur, c'est une dérision de la renommée, qui dénature tout ce qu'elle raconte. Louis XV est la pierre angulaire d'un édifice qui va crouler; il ne parle à ses complaisants que de la mort qui s'avance, il respire une odeur de funérailles, même au sein de ses maîtresses. Dans les bras de sa marquise ou de sa comtesse, les parfums les plus doux ont pour ce fantôme une exhalaison de cadavre. Au milieu d'une chasse à Marly (vous avez vu l'Atalante de Marly, comme *elle* ressemble à Marie-Antoinette!), le roi rencontre un paysan qui portait une bière : — Pour qui cette bière, demanda le roi, pour un homme ou pour une femme? — Pour un homme, dit le rustre. — Et de quoi est-il mort? — Cet homme est mort de faim!... reprit l'homme en portant sa bière. Ici le fou se prit à rire : — Allons, roi, cherche à te divertir, si tu peux; rassemble en troupeau tes maîtresses nubiles, fais un haras de femmes dans ton parc déshonoré, chasse, honnête roi, le cerf dix-cors... tu dois être heureux, à cette heure, où l'on t'apprend que, dans ton royaume, et si près de ta majesté paternelle, un homme est mort de faim!

— Monsieur! Monsieur! continuait le fou, à deux lieues d'ici, sur une hauteur, on a placé un joli cimetière : les murs sont garnis de buis et de clématites, les croix de bois passent leurs têtes noires au-dessus du mur, comme si elles appelaient chaque jour de nouveaux morts; la cloche à la porte obéit au vent qui souffle, et se balance avec un tintement inégal et capricieux, véritable musique de l'autre monde. Un jour, le feu roi passait sous ces murailles silencieuses; sa belle marquise en riant lui faisait mille joyeux et médisants récits, lui jetant au visage, par intervalles, les fleurs tièdes et parfumées qu'elle tenait cachées en son corsage. — Allons voir, dit le roi, s'il y a des tombes ouvertes sous les cyprès...

Ils allèrent au cimetière; en ce moment, trois tombes étaient ouvertes toute fraîches, la terre était amoncelée ici et là, noire et friable et prête à retomber des deux côtés.

— Voici trois tombes! dit le roi, les mains crispées, les yeux ouverts... C'est beaucoup!...

— C'est à en faire venir l'eau à la bouche, reprit la marquise.

Ils plaisantèrent sur ces trous, artistement creusés.

Le roi ne songeait pas en ce moment qu'il y a toujours un tombeau tout prêt à Saint-Denis, un *en cas* funéraire pour la mortalité des rois. Eh bien! ces trois tombes fraîches étaient un jouet du fossoyeur; il les avait creusées en un moment de zèle et d'oisiveté... Depuis ce temps la tombe royale s'est ouverte et refermée à trois reprises... Les trois tombeaux villageois se sont remplis de fleurettes et de gazons... Ainsi parlant et méditant, nous arrivâmes, le fou et moi, jusque dans la grande avenue entre Versailles et Paris, où mon carrosse m'attendait.

CHAPITRE V

Un homme était assis dans mon carrosse. Au premier coup d'œil je le reconnus pour l'avoir rencontré dans la chambre haute du *Trompette blessé*. Il m'avait même accompagné jusqu'à mon logis avec une politesse qui lui était naturelle. Il avait une de ces nobles et tristes figures qui vous suivent, une fois qu'on les a vues. On comprenait confusément que, sous cette apparence indolente, se cachait une âme active, que ce doux visage annonçait un cœur souffrant, et qu'il y avait un but, irrévocablement tracé à cette vie, obéissante, en apparence, à tous les hasards.

Nécessairement, dans les têtes françaises de cette époque devaient survenir une foule de réflexions bien aites pour donner de grandes inquiétudes. Il ne s'agissait, pour les ambitieux ou tout simplement pour les poltrons, rien moins que de rompre avec les traditions passées, avec les leçons de l'enfance et les pouvoirs constitués depuis le commencement de la monarchie, et pour peu que l'on fût sorti du peuple, on comprenait vite et bien la force du peuple et la faiblesse du trône, on se disait confusément : *Je tiens l'avenir!* et si l'on se demandait ce qu'on allait en faire, ici la réponse était pleine d'inquiétude et de confusion.

Le jeune homme en m'apercevant me tendit la main, comme s'il eût été dans sa propre voiture. — Je retourne à Paris, me dit-il, et j'ai pensé que vous me donneriez volontiers une place à côté de vous. Au même instant il aperçut près de moi *l'amoureux de la reine*, et tout de suite il courut au-devant de ce brave homme avec le plus amical empressement. — Bonjour, Monsieur le conseiller, lui dit-il en lui tendant la main, que je suis aise de vous voir, et quel bonheur de vous rencontrer !

Un éclair de joie brilla dans les yeux du pauvre fou ; il réfléchit un instant, puis il me regarda profondément, se consultant en lui-même s'il pouvait parler devant moi ; à la fin emporté par son émotion : — C'est toi, Joseph, dit-il ; c'est donc toi que je vois, mon enfant, toi perdu depuis si longtemps dans la foule, et mon rival, Joseph ! Laisse-moi te voir à mon aise, hélas ! c'est la première fois que nous nous rencontrons, depuis que nous sommes devenus, toi plus qu'un homme, et moi moins qu'un homme. Ami, crois-moi, cependant, si tu ne m'as pas encore rencontré, c'est parce que je cherche au fond des bois ce que tu cherches dans les villes ; je suis fou ici ; toi, là-bas. Puis, s'approchant de lui, et cherchant à le reconnaître : — Oh ! mon Joseph, que te voilà changé ! Tu n'es plus jeune, ami ; j'aurais peine à te reconnaître. Ah ! quelle différence à l'heure où tu essayais ton éloquence naissante au parlement de Grenoble ! Tes yeux lançaient la foudre et les éclairs ; ta voix était prompte et le digne écho des plus grandes pensées ; ton âme honnête et vaillante était poussée à toutes ces grandeurs de la parole ; ô maître ! ô volcan ! Et si parfois tu revenais sur la terre, ô Dieu ! tu n'étais plus alors que l'oiseau qui chante ; on n'eût jamais dit que Diderot était ton père, et que l'Encyclopédie était ta mère, avec Voltaire pour ton parrain ! Je te disais souvent : — Enfant du paradoxe... ami de la vérité, te voilà en deux mots. Joseph, prends garde au paradoxe, il te perdra. Touche avec précaution cette arme éloquente; elle blesse; elle tue. Oui, tels étaient mes conseils; mais quoi! tu ne m'as pas écouté; tu es devenu l'esclave des théories brillantes et des rêveries impossibles; toi, si bon, tu es venu dans ce Paris des ténèbres, poussé par d'horribles projets; si modeste, une ambition fatale a gâté ton cœur; si calme et si doux, tu n'as plus été qu'un homme absolument incapable d'écouter la moindre parole d'humanité ou de raison. Tu es venu représenter le peuple, ici, et tu le représentes en effet comme s'il t'avait donné mission pour tout détruire en ce royaume éperdu! Joseph est parti en colère, il est arrivé en colère, il a parlé en furieux, il s'est irrité follement; il a porté une main sans pitié sur le trône, afin qu'on dise autour de Joseph: Quel est ce hardi jeune homme?... O misérable, indigne vanité de destruction, dans laquelle malheureusement tu as été vaincu! Ainsi tu as accompli les doctrines de tes maîtres, les démocrates du carrefour; tu as pris au sérieux leurs romans frivoles; à ces folles doctrines tu as sacrifié le bonheur, le repos, le charme et l'enchantement de ta jeunesse; adieu aux joies innocentes de la famille, aux innocentes amours, aux honnêtes plaisirs! tu ne les connais plus! Comme te voilà fait, jeune homme! abattu, rêveur, plein de regrets de tes démences... on te prendrait pour un conspirateur... Ainsi parlait le fou sans que l'inconnu songeât à l'interrompre en ses imprécations... Puis, s'animant peu à peu, il ajoutait: — Malheureux, vous l'avez voulu... vous voilà dans les abîmes!... portez la peine exécrable, honteuse, de vos folies; supportez le remords de vos crimes; expiez vos cruels sophismes... Ambitieux d'un jour, vous avez brisé le trône, insulté l'autel, flatté la force, anéanti le droit, renié la justice, invoqué le parricide et défié la tempête... eh bien! vous saurez un jour ce que c'est que d'être un renégat de sa raison et de son cœur; vous saurez si jamais les passions pardonnent! Non, non, les passions veulent qu'on leur obéisse et qu'on les flatte; elles sont impitoyables; elles sont ingrates et menteuses; elles sont égoïstes et cruelles. Voyez, elles vous tiennent; elles vous enchaînent; elles vous dominent; elles obéissaient naguères, elles commandent aujourd'hui; vous les conduisiez autrefois, elles vous entraînent à présent. Dans quel abîme êtes-vous tombé, malheureux, dont le nom est devenu une épouvante, une émeute, une condamnation?

En ce moment, je vis se troubler et rougir l'inconnu qui s'appelait Joseph, et soit qu'il eût honte de ces reproches mérités encore cette fois, il en voulut finir avec cette philippique en plein air : — Monsieur le conseiller, dit-il, vous n'avez pas encore parlé de vos amours.

Le fou soupira, et après un silence, il reprit d'un air touché : — Ah! Joseph! Joseph! point d'ironie, et trêve aux questions indiscrètes! J'aurais une trop belle revanche à prendre avec vous. Ainsi, croyez-moi, ne parlez pas de mon amour, ou n'en parlez qu'avec respect : je connais des amours d'hommes raisonnables qui ne sont pas moins folles que les miennes... J'en sais qui parlent comme des hommes, et que des hommes choisissent pour les représenter; ceux-là sont proclamés sages et habiles, ils parlent en public; ils raisonnent tout haut; ils détruisent les vieux principes; ils font de nouveaux principes; on vante à haute voix leur éloquence et leur logique. Admirables logiciens, en effet! Intelligences toutes-puissantes! ils attaquent, ils renversent, ils brisent, ils ruinent de fond en comble; et quand tout est fini, renversé, détruit, ils s'arrêtent, ils regardent autour d'eux, et, dans ce chaos lamentable, ils font un choix, ils se passionnent pour une infortune isolée; ils veulent relever sur sa base éphémère le chef-d'œuvre éternel qu'ils ont foulé aux pieds; ils se prosternent devant le chef-d'œuvre, ils l'adorent; ils lui demandent pardon en silence. Insensés, eux qui l'ont dégradé, qui l'ont perdu! insensés et malheureux! D'autant plus malheureux que les ruines qu'ils ont faites pour plaire à la foule appartiennent désormais à la foule; elle y pose en sursaut son pied couvert de fange et de sang, et elle dit : Cette ruine est ma ruine! Et si le ravageur veut relever quelques fragments de ses ravages, le peuple aussitôt l'appelle un traître, un égoïste; c'est l'histoire du vase de Soissons dont Clovis prend envie, et que le soldat de Clovis brise à coups de hache!... « Il n'y a point de faveur pour toi, notre chef, dit le soldat, point de passion à ton usage; à toi comme aux autres, aux autres comme à toi! rien de moins, rien de plus. »

Et maintenant, je te dirai à mon tour : comment se porte votre passion, monsieur le traître? et quels projets formez-vous pour vos amours? Vous, cependant, le bel amoureux... un renégat, un ravageur, un furieux qui veut se faire aimer parce qu'il se fait redoutable, un idiot qui ne voit pas qu'il est déjà dépassé dans ses sentiers furieux... Ah! le malvenu, ce Joseph... Il a beau parler haut et brutalement, grossir sa voix et grandir sa menace; il ne voit pas qu'il est vaincu sans peine et sans effort par un plus hardi courage et plus audacieux que le sien; une voix plus formidable que la sienne éclate et tonne, étouffant toutes les voix de l'entourage. Entre ton amour et toi, monsieur Joseph, il existe un homme qui t'éclipse et t'écrasera toujours. Tu es vaincu trois fois, Joseph; vaincu, dans les projets de ton ambition, dans les efforts de ton esprit, dans les vœux de ton cœur! Avec tes haines lamentables, il ne te manquait plus qu'un amour malheureux... Dis-moi, cependant, je te prie, as-tu jamais songé au résultat de toutes ces révoltes? As-tu jamais pensé au bourreau qui tue, en l'adorant, la victime qu'on lui jette? Ah! l'exécrable attentat! le supplice affreux!

Cependant nous étions arrivés au bout de l'avenue : — Adieu donc, adieu, Monsieur de Castelnaux ! dit Joseph à l'inflexible conseiller, et ils se jetaient dans les bras l'un de l'autre.

— Adieu, reprit le fou, adieu, jeune homme, avec tant de génie et de vertu, que le génie et la vertu ne sauveront pas ! Adieu ! tu portes dans ton cœur un ver qui le ronge. Adieu, tu ferais mieux de renoncer à être un grand homme, que d'obéir à ta passion comme j'obéis à la mienne ; et de redevenir tout simplement ce que je t'ai connu. Je te le jure, ici, Joseph, j'aimerais mieux encore te voir fou comme moi, que persistant dans ce que tu appelles ta sagesse. Hélas ! quelle différence, ami, si tu voulais partager ma folie et ne pas aller plus loin que mes rêveries en plein air ! que je serais heureux et content de partager avec toi ma folie, et quel triomphe aussi de te ramener vaincu et pardonné aux pieds charmants de tout ce que j'aime !.. Hélas ! hélas ! vaine espérance ! il n'y faut plus penser... Là-dessus, il prit congé de nous, et, nous laissant sur la grande route, il nous suivait encore du regard.

A vingt pas de là, Joseph, mon compagnon, quelque peu calmé, se retourna pour saluer une dernière fois l'*amoureux de la reine*. — Il est mon compatriote, il m'a vu naître ; il n'y a pas, ici-bas, de plus digne objet de mon estime et de mes respects, et de ma profonde pitié ! ajouta Joseph en soupirant.

Nous montâmes en voiture, et comme s'il eût fait les honneurs de son propre carrosse, il me dit : — Placez-vous là ; marchons au pas, et causons. Qu'avez-vous fait hier, je vous prie ? et songez avant de me répondre que la question est importante et mérite qu'on y réponde sérieusement.

— Mon Dieu ! lui dis-je, en le regardant d'un air étonné, quand j'ai quitté l'Allemagne, il me semblait que j'étais ce qu'on appelle un esprit fort ; je passais à la cour pour un philosophe au moins égal à l'empereur Joseph II. Mon départ fit autant de bruit qu'en eût pu faire une rébellion ou une disgrâce. Cependant, à peine en France, il arrive, en effet, que je suis le moins complet de tous les hommes ; je rencontre ici, là, partout, dans les clubs, sur les grands chemins, à l'hôpital des fous, des maîtres inconnus qui me dominent à leur première parole, et qui s'emparent de ma volonté à leur premier geste ; ils me donnent des ordres comme d'autres donneraient des conseils ; en un mot, j'étais venu ici pour apprendre au moins agréablement les droits de l'homme, et moi, si volontaire en Allemagne, et si libre, je courbe la tête ici, chez vous, j'accepte avec résignation votre joug superbe, et j'obéis volontiers ; j'admire aussi ; je reconnais tacitement ces nouveaux pouvoirs que je ne puis nier, et dont je n'ai pas vu les titres. Parlez donc, Monsieur, parlez sans crainte, on vous écoute ; interrogez, je répondrai ; dites à mes chevaux d'aller au pas, ils iront au pas. Je comprends à présent ces puissances inconnues dont il est parlé dans les livres, qu'on ne peut nier, et auxquelles on obéit malgré soi.

Quand j'eus tout dit, mon étrange compagnon reprit la parole, et, fort peu touché de ma soumission, il ne changea rien à son air sévère : un vrai juge interroge avec plus de réserve et de civilité. — Vous êtes allé à la cour hier? me dit-il.

Je répondis : — Je suis allé à la cour.

— Et vous avez vu la reine? — J'ai vu la reine. — Le soir même? — Le soir même. — A quelle heure? — A dix heures. — Où était la reine hier soir, s'il vous plaît?

— Croyez-vous, repris-je, en fronçant mon sourcil olympien (c'est un mot de landgrave!) que je puisse honorablement répondre à cette question? Je consens bien à vous raconter ce qui m'est personnel, vous dire mes propres aventures à moi, je le veux bien; mais l'intérieur de la reine, son secret et sa vie! En vérité, monsieur, je ne comprends pas que vous osiez m'adresser une pareille question!

Il s'emporta. — Oh! dit-il, trêve à tant de délicatesse. Songez, Monsieur, que c'est ici une sérieuse affaire. Répondez-moi, de grâce, et nettement; il s'agit peut-être de personnes pour qui vous donneriez votre sang! Répondez-moi, il y va de l'honneur!

— Ou plutôt, reprit-il, car il me voyait résolu à ne rien répondre, ou plutôt, si vous ne voulez pas répondre, écoutez-moi, écoutez; je vais vous dire ici, moi-même, tout ce que vous avez fait cette nuit; je vais vous raconter ce que vous avez vu dans les cachettes de ce palais... Eh! quelle horrible imprudence, attentif à ces fatals secrets!

Il porta sa main à ses yeux : on voyait qu'il se faisait violence pour me parler; j'attendis.

— Hier, reprit-il, la reine a passé la soirée chez madame de Polignac; vous y avez été introduit avec madame votre mère à dix heures; vous y êtes resté jusqu'à minuit. Ici il s'arrêta, et d'un ton solennel et suppliant : Répondez-moi, de grâce! répondez : y étiez-vous à minuit?

— Ainsi, reprit-il à voix basse et chagrine, vous avez vu Cagliostro?

— Le sorcier était le comte Cagliostro?... m'écriai-je.

— Allons donc, est-ce possible? Il est encore à Rome, au fort *Saint-Ange*, le seigneur Cagliostro. Cependant vous devez savoir que dans cet imbécile et crédule pays Cagliostro ne meurt pas; véritable patrie des charlatans, des alchimistes et des faussaires, la France, à tout prix, veut savoir ce qu'il y a de nouveau chaque jour... A force de ne pas croire en Dieu, elle interroge, à chaque instant, le passé, le présent et l'avenir; la France appartient aux sorciers beaucoup plus qu'aux philosophes. Voyez la honte! aux pieds de Cagliostro s'agenouille un cardinal-duc, qui se fait rajeunir! Ce misérable Cagliostro vole et ment à perdre haleine... On le chasse, on l'enferme; une monarchie est troublée et déshonorée, ou peu s'en faut, par ses trahisons et par ses mensonges; une reine est chargée d'outrages, et le lendemain du jour où le fourbe est puni, au lieu d'un seul Cagliostro, Paris en a dix. On ne sait plus leur nombre, on ne les compte pas. La cour veut savoir l'avenir comme les gens du peuple; aussitôt toutes les portes, des portes qui m'auraient été fermées à moi-même, impitoyablement fermées, s'ouvrent au devin; il gratte à la porte et la porte lui est ouverte, à lui, un bouffon de carrefour; il s'empare, au bal, de la main d'une reine; cette main lui est laissée, il a le droit de la toucher, il la touche, et il se penche à la ternir de son souffle impur! Damnation! imbécile cour! imbécile femme! Oui, malheureuse, infortunée!... en effet, livrer sa main à ce misérable, à ce mercenaire! O ces femmes! ces reines! elles sont folles! Ouvrir sa porte à Cagliostro... pendant qu'à moi... mais moi, je n'oserais pas y poser mes lèvres à genoux! ô reine! ô femme! Alors, c'est seulement alors qu'un véritable devin serait à tes ordres, alors vraiment tu saurais l'avenir; car c'est moi qui te dirais l'avenir; moi tremblant pour ton sort, moi qui voudrais te sauver, pauvre étrangère! Ah! cette main! ce Cagliostro! cette confiance à lui... cette haine à moi, à moi terrible, à moi tout-puissant, à moi blessé au cœur, à moi qui l'aime, à moi dévoué si elle voulait! Mais, me dis-je, elle ne me fait même pas l'honneur de me craindre, ou de me haïr... Elle n'a pas même du mépris pour moi; elle méprise un seul homme dans l'assemblée nationale, et cet homme ce n'est pas moi! Elle ne craint qu'un homme, un seul... elle me dédaigne... Il est vrai que je l'ai personnellement raillée, et que je lui ai fait de grandes peurs; j'ai menacé, j'ai crié, j'ai prononcé d'horribles vœux; j'ai été quelquefois orateur, j'imagine; et vil ou glorieux, elle n'a jamais voulu me voir! Or, n'ayant pas voulu me voir, et moi, voulant lui parler, fatigué de tant d'efforts, j'ai choisi un intermédiaire qui fût à la taille d'une reine, je lui ai ressuscité Cagliostro.

Et dites-moi, Monsieur, mon Cagliostro a-t-il été bien terrible, la nuit passée? Cette dédaigneuse majesté, la reine surtout, la reine a-t-elle eu peur?

— Oui, Monsieur, répondis-je, oui, vous pouvez vous réjouir, votre projet a réussi; votre Cagliostro a fait peur, et moi, étranger, moi peu habitué aux devins, j'ai pris facilement le faux Cagliostro pour le véritable. Encore une fois, félicitez-vous, la reine a eu peur! Ah! si vous avez voulu attrister cette soirée, si vous avez voulu vous jouer de la crédulité des femmes, si vous avez voulu éprouver par vous-même le courage des hommes et combien c'est peu de chose que ces brillants courages arrachés à leurs habitudes ordinaires, certainement vous avez réussi; jamais terreur ne fut plus grande, et découragement plus universel, plus complet... A mon tour, si vous me permettez de vous interroger, de quel droit, je vous prie, osez-vous troubler ainsi la reine dans son intimité? Comment, vous, jeune homme, pour me servir de votre langage, venez-vous empoisonner ces joies innocentes et ces confidences d'intérieur, par les épouvantables prédictions d'un charlatan? J'ai entendu parler autrefois d'une société de mauvais plaisans, qui s'amusaient à se moquer des incrédules; oseriez-vous vous attaquer à des crédulités royales? iriez-vous de Poinsinet et du prince d'Hénin jusqu'à la femme de votre maître, à la fille de Marie-Thérèse d'Autriche? En ce cas, Monsieur, ceci serait une injure punissable, une injure même personnelle; car moi aussi j'ai été la victime de votre plaisanterie; moi aussi j'ai eu peur, et la peur ne se pardonne pas!

Il reprit : — Que parlez-vous de jeu, de fête et de plaisir? sommes-nous à une époque plaisante? A coup sûr, ceci n'est point un jeu. J'y vais sérieusement, je vous jure, en cette tentative inouïe. Or, ne pouvant parler à la reine, et lui dire en même temps qui je suis; ne pouvant la voir et l'approcher qu'à son grand concert ou à sa chapelle, et voulant donner à cette frivole majesté quelques avertissements salutaires, j'ai choisi des moyens frivoles; j'ai parlé à son imagination plus qu'à son esprit; je lui ai fait dire hier encore par une voix étrangère tout ce que pensait la ville, et les menaces du peuple, enfin les tempêtes dont le temps est gros. A ces menaces vous avez eu peur, dites-vous; la reine a frémi... je le crois bien, que vous avez eu peur; moi-même je tremblais en dictant ces révélations suprêmes. En effet, tout cela est la vérité même; en effet cet avenir terrible arrive, il nous opprime, il est dans les faubourgs, il est partout en France, en Europe et dans le monde. Est-ce que vous n'entendez pas les menaces? est-ce que vous ne voyez pas les écueils où viendra se briser irréparablement cette monarchie haute de neuf siècles, dont les éclats dispersés au loin ébranleront tous les trônes de l'univers?

— Mais quoi! on dirait que le tonnerre est impuissant à réveiller ces royautés endormies! Cette nuit même, avez-vous remarqué le nom terrible et glorieux que mon sorcier a jeté dans les oreilles de la reine?... Un nom sonore et d'une physionomie active et redoutable, un lamentable écho; il a retenti comme le nom de Cromwell. Mirabeau : ce nom seul a glacé toutes les âmes imprévoyantes... Mirabeau... Lui tout seul, il va suffire à briser un monde...

Oui! mais quand le frisson a passé, tout s'oublie. Ils ont peur sans rien comprendre; ils se disent entre eux : *C'est un jeu!* et ils s'endorment paisiblement, sans prévoir que le lendemain sera le jour sans lendemain peut-être... Insensé que je suis de m'inquiéter de cette reine inintelligente qui se tient là-bas bien tranquille, et qui ne conçoit pas un mot des avertissements que je lui envoyais ! Malheureuse !... ah ! malheureuse ! — Ainsi il parla longtemps, exalté, furieux.

— Monsieur, me dit-il d'une voix très-calme, avant peu, j'en ai peur, vous comprendrez si la scène de la nuit passée était une jonglerie, et si nos esprits forts ne devaient pas en tirer quelque profit. Quant à moi, j'y renonce... Assez longtemps j'ai attendu qu'ils eussent des yeux pour voir, et des oreilles pour entendre... Ils sont sourds... Elle est aveugle... Elle est perdue irrévocablement, sans retour et sans espoir.

— Pourquoi perdue? et pourquoi sans espoir? m'écriai-je épouvanté moi-même de cet accent plein de tristesse et de vérité.

— Oh ! reprit-il, vous ne comprenez pas ces choses; elles sont sous votre regard et vous ne les voyez pas; si vous vouliez en avoir quelques salutaires explications, il faudrait savoir, auparavant, si nous pourrions compter sur vous?

— Je ne puis rien vous dire à ce sujet, répondis-je; en ce moment j'ignore à quelle conspiration vous obéissez et de quels dangers la reine est menacée; avant tout je dois me souvenir que je suis étranger, fort ignorant des choses du temps présent et qu'il m'est défendu, plus qu'à tout autre étranger, de me mêler aux intrigues de la cour ou du peuple. En effet, je comprends qu'ici l'intrigue est double, quoique je sois en peine de comprendre comment vous vous trouvez dans cette double intrigue, vous, Monsieur, que j'ai rencontré dans le club du *Trompette blessé*, parmi les détracteurs les plus ardents de l'autorité royale, et que je retrouve aujourd'hui dans les jardins de Versailles estimé et connu du fou de la reine : évidemment vous jouez deux jeux, Monsieur : vous êtes un traître ici ou là. De deux trahisons : ou vous trahissez la reine, ou vous trahissez le parti du peuple auquel vous appartenez; voilà des choses vraiment que je ne saurais comprendre et que je comprends pas! Disant ces mots, je regardais mon compagnon; il ne changea pas de couleur, et me dit :

— Oui, j'appartiens au peuple, et j'en sors; je veux, moi aussi, le perdre à jamais ce trône insensé et chancelant du faîte à la base, et ce n'est pas de ce projet-là que je vous parle. Un prince, un Allemand, un seigneur, travailler à la liberté française; y pensez-vous, Monseigneur? La liberté ne voudrait pas de vos services; aussi bien n'est-ce pas de liberté que je vous parle. Ainsi, croyez-moi, ne vous inquiétez donc pas de nos projets; laissez le tribun à ses propres forces; je n'ai que trop la puissance de détruire ce que je veux détruire; en revanche (et voilà pourquoi je m'adresse à vous) j'ai besoin de tous les appuis, et du vôtre peut-être, afin de sauver la fille de vos rois, votre archiduchesse, Marie-Antoinette d'Autriche... et maintenant, Monsieur, répondez, me comprenez-vous?

— Sauver la reine et briser le trône! Eh bien! je ne comprends pas cela, je ne le comprends pas.

— Au fait! s'écria-t-il, qui vous parle ici de la reine? Est-ce qu'on vous dit un mot de la reine? On vous parle, et je vous ai parlé uniquement de Marie-Antoinette; on vous parle au nom de la femme innocente et belle, au nom de ses chagrins, de ses malheurs, de sa ruine imminente et des périls qui l'entourent. Et maintenant comprenez-vous comment je suis double, et que je le suis sans trahir personne? Oui, je perdrai le trône, oui, je sauverai Marie-Antoinette sans être infidèle à ma mission; et voilà comme, et voilà pourquoi je puis avoir avoir besoin de vous, prince de l'empire allemand!

— Monsieur, lui dis-je, il y a bien de la mobilité dans

votre conduite, et vos discours sont à double sens; donc permettez que je m'explique, et voyez si j'ai compris tout ce que je puis comprendre à vos projets. Vous aimez, vous haïssez; vous êtes sûr de vos haines, vous doutez de vos amours, et parce qu'en effet votre étrange passion a besoin de mes services, il faut que je fasse ici, par vertu, ce que vous faites par égoïsme! Ainsi pour vous tous les plaisirs de l'amour et de la haine; et pour moi, toutes les inquiétudes les plus cruelles du dévouement absolu; il faut désormais que je conspire avec vous, contre vous-même, que je vous aide à sauver la reine (encore est-ce bien la reine?) des débris du trône que vous allez renverser; il faut que je répare, à force de courage et de vertu, les crimes que vous méditez. En un mot, je suis votre esclave, et je dois vous obéir aveuglément; je veux sauver la sœur de notre empereur, en pensant que je n'ai le droit de rien demander, si je ne veux point partager vos projets parricides contre la reine. Est-ce bien cela, Monsieur? et cependant savez-vous une position plus équivoque et plus malheureuse? Eh bien! voyez si toute votre orgueilleuse démocratie accomplirait l'action que vous demandez à ma seigneurie; il faut que je vous obéisse et je vous obéirai; j'accepte avec orgueil cet humble rôle, et je vous obéirai comme un esclave... à condition que vous sauverez ma princesse... Ainsi vous le voulez, conspirons l'un l'autre, et seulement tenez-vous pour averti que je veux sauver la femme... et la reine, si je puis.

— Prenez garde, reprit-il, de perdre en même temps la reine et la femme par trop de bonne volonté et trop de hâte. Enfin, n'oubliez pas que nous courons un grand danger.

— Je n'ai pas vu encore le danger dont vous me parlez, répondis-je; à vous dire vrai, je n'y crois pas, mais je vais l'étudier.

Ici s'arrêta cette conversation fort incomplète et fort obscure, et cependant je me voyais chargé d'une grande responsabilité par un homme tel que moi, ignorant des choses et des hommes que j'avais sous les yeux. J'étais malheureux de l'obscurité dans laquelle je marchais; j'étais malheureux de me savoir nécessaire à quelqu'un dans ce pays, plein d'embûches, de mystères, de menaces... Qu'allais-je faire et comment retrouver ma vie en ces ténèbres?... Je fus interrompu dans ces réflexions très-sérieuses par mon complice intelligent.

— Prenez garde à ne rien changer à vos habitudes, me dit-il; au contraire, abandonnez-vous à vos penchants de jeune homme, à votre rêverie allemande. Allez au bal, si vous aimez le bal; faites l'amour, si vous aimez l'amour: seulement hâtez-vous, quand tout se hâte; il serait malhabile et malséant aujourd'hui de consacrer plus d'une heure à l'amour éternel.

Là-dessus, il me quitta... Et je respirai comme un écolier à qui son maître a donné un jour de congé.

CHAPITRE VI

Le lendemain de mon innocente conjuration, le surlendemain de ma présentation à Versailles, et ma mère absente, il me prit une étrange fantaisie : — Allons, me dis-je, allons au bal de l'Opéra !

Ce bal de l'Opéra fut le dernier auquel assista le Paris de la révolution. Depuis ce temps je ne crois pas que ces fêtes nocturnes, à l'usage de la cour, se soient renouvelées. Des fêtes semblables ne se voient pas deux fois en deux siècles. Au moment dont je parle, au plus fort des enivrantes solennités du carnaval, le bal de l'Opéra était le seul moment d'égalité qui fût en France... Épouvantable et charmante façon de réunir tous les extrêmes, de combler toutes les distances ! Il est nuit, les bougies étincellent, la vaste salle est jonchée de fleurs, l'orchestre chante, et déjà tout est prêt pour cette confusion des confusions. Çà ! ruez-vous dans ces abîmes de la chair fraîche et parée, ô peuple ! Arrivez, grands seigneurs, comédiens, grandes dames, courtisanes, princesses et danseuses, escrocs et princes du sang, étrangers, gens d'église ; arrivez,... il est temps ; venez, dépouillez vos titres, oubliez votre rang, passez au niveau; mademoiselle Guimard, à défaut de toute autre, sera la reine de cette nuit de plaisir; Vestris ou Gardel seront les dieux. A ces despotes souverains de ce monde nocturne, apportez en tribut beauté, jeunesse, esprit, talent, fortune et santé, afin que le genre humain se roule en ces enivrements. C'est cela! Tout se confond: les soupirs, les remords, les trahisons, les voluptés. Et cela se presse et se mêle, et comme il est convenu que dans ces abîmes il ne peut y avoir que des grands seigneurs ou des femmes déshonorées, vous voyez se glisser sourdement les puissances naissantes sorties du sein du peuple; irrégulières puissances, qui bientôt remplaceront toutes les autres; elles se cachent encore dans la foule des grands; elles observent, elles étudient; elles partagent cette immorale nuit inventée aux écoles de Sardanapale! O ruine! abjection! fièvre impudique! ô splendide prostitution des corps et des âmes! quand tout se déguise et s'avilit à plaisir, quand le cordon bleu se cache sous l'habit d'Arlequin, quand le prêtre arrive en Gilles, dansant, comme David, la danse aux gestes obscènes; quand la grande dame étale à plaisir sa gorge en avant des gorges prostituées; quand la prostituée arrive et jette aux vents les lascifs hennissements de son argot! Il y a là quelques heures de délire, une vraie nuit de Pétrone. En ce moment montent au cœur enfiévré la vapeur des femmes assemblées, le murmure des voix qui s'appellent, le bruit des mains qui se cherchent. Il y a des éclats terribles, des silences affreux... Voyez! partout l'égalité a passé son joug, l'humanité est rabaissée au moins de trois pieds. A cette heure, il n'y a plus de nom propre et plus de moi humain qui ose ici se révéler; les fanges chantent leur cantique, le ruisseau se lamente, le carrefour danse avec la borne. A cette heure, il n'y a point de honte au front point de remords au cœur, pas de frein au langage, et la nudité même des corps n'a rien qui les effraie!

Entendez-vous ces cris, ces rires, ces blasphèmes, ces mugissements, ces rugissements?

J'entrai donc à ce bal de l'Opéra comme on entre au milieu de la fournaise ardente... Ah! quel délire! Ah! quels rêves! Tout brûlait... Je brûlais! Jamais bruits si étranges n'avaient frappé mon oreille, et jamais plus vifs désirs n'avaient pénétré jusqu'à mon âme en même temps; j'étais ivre et j'étais fou; je cherchais à qui parler dans cette foule... Oui, mais cette foule ardente était un rendez-vous général où tout était décidé à l'avance, où chacun se rencontrait à coup sûr, et jamais on ne fut plus seul que j'étais seul. A cette heure, en ce lieu, la dernière des courtisanes doublait de valeur... Il fallait être un des seigneurs de Versailles ou de la Comédie, un mousquetaire, un évêque, un duc et pair, un prince du sang, pour obtenir un sourire... Eh! que vouliez-vous que ces dames fissent d'un burgrave allemand?

Souvent, dans ces bruits divers, un frémissement nouveau se faisait entendre : alors, avertie à je ne sais quelles palpitations, la foule allait se précipitant dans les loges. On montait sur les banquettes, une haie active et curieuse se formait subitement; dans cette haie arrivaient et passaient, masqués, silencieux, de nouveaux masques, et l'on se disait tout bas, désignant chacun les nouveaux venus : — C'est monseigneur! c'est le duc d'Orléans! c'est la reine! A quoi l'on devinait, je l'ignore, et peut-être était-ce un mensonge de plus, et celle qu'on saluait pour la reine était à peine une danseuse de l'Opéra.

Revenu de ma première surprise et tâchant de me calmer, je m'ennuyais, quand tout à coup la foule s'écria : — « Voilà M. de Mirabeau! » A ce grand nom, je me retourne, et je vois justement mon héros de l'autre jour. C'était bien lui, mais tout glorieux, tout gonflé, tout rempli de son importance! Il passait, semblable au feu qui passe et se fraie une route en brûlant. Ce hardi gentilhomme était évidemment plongé dans une ivresse joviale; il arrivait à ce bal poussé par l'amour; il cherchait je ne sais quelle femme obéissante qu'il appelait à haute voix, apostrophant de côté et d'autre ses amis et ses ennemis, tendant la main à tous les mousquetaires de sa connaissance, un vrai mauvais sujet de caserne, enluminé, gourmand, charmant!... Tel il était; et maintenant, à cette heure, il me semblait que je le voyais pour la première fois. Il allait plein de force et de grâce, acceptant également la raillerie et la louange, écoutant le sarcasme et répondant par un bon mot, gai jusqu'à la licence, imprudent jusqu'à la folie, abordant l'une, abordé par l'autre et tutoyant et tutoyé. Il avait toutes les physionomies, il parlait toutes les langues, dans tous les accents. Il était bien l'homme éloquent des plus grandes affaires et l'homme ingénieux des plus charmants plaisirs; si vif, si gai, si fin, si joyeux, si grand seigneur, riant comme un fou, causant comme on crie. Les mains d'une femme et le regard d'un aigle... il attirait, il fascinait, il brûlait... Et moi, je le suivais dans sa lumière et dans son sillon, oubliant toute chose; et que j'aurais bien donné la plus belle part de ma principauté pour qu'il m'accordât un coup d'œil...

Il ne me voyait pas; il voyait tout le monde et ne regardait personne; il s'enivrait de l'enivrement universel... On eût dit que parfois le donjon de Vincennes, le fort de Joux, toutes les prisons, passaient sous ses yeux éblouis, comme un encouragement à s'emparer de la vie et de la gloire. Et songez que cet homme était l'appui, le dernier appui de tant de siècles que sa parole avait fait crouler!

Je me trompais en pensant que M. de Mirabeau ne m'avait pas vu dans la foule. Un petit masque, enrubané de la tête aux pieds, vint s'asseoir près de moi, et d'une voix futée, il me dit : — Seigneur, vous êtes invité à souper, ce matin, après le bal.

Et voyant que je m'étonnais :

— Oui, reprit-elle, avec des demoiselles de ma sorte et les plus grands seigneurs de la cour; nous disons les plus grands noms et les plus révérés de la monarchie, à savoir : *le marquis de Fénelon*, le prince de Monaco, le prince de Bauffremont, le prince de Montbarrey, le duc de Fitz-James et, par-dessus le marché, mes grandes cousines et mes petites sœurs de l'opéra, mesdemoiselles Guimard, Adeline, mademoiselle Luzy, mademoiselle Arnoult. Nous y joindrons, si vous voulez, quelques bouffons de renom, des gens de lettres, La Harpe, Laclos, Chamfort, et, si nous pouvons l'avoir, Rétif de La Bretonne, un rustre en haillons. Là, voyons, laissez-vous faire, obéissez et trouvez-vous sous la loge de la reine à deux heures du matin.

— Et toi, mon petit masque, où vas-tu ? Comment, tu m'abandonnes à la solitude, esprit follet ? — J'en suis fâchée, me dit-elle; mais, avec la permission de Monseigneur, j'irai rejoindre un prince qui vaut mieux que vous, Monseigneur... Et elle s'en fut légère et piquante comme une abeille !

Et moi, resté seul, plein d'envie à l'aspect de ce Mirabeau, roi des aventures galantes et des rencontres joviales, je revins par un long détour à mes sombres pensées. Ces plaisirs, où je trouvais si peu ma part, me parurent bientôt misérables. Cet amour banal, dont je n'avais ni le secret ni le langage, me trouva timide, et je me retirais à l'écart, loin de ces intrigues croisées où je ne pouvais être qu'un embarras, justement au coin de la reine, à cette même place où déjà *s'était* opérée une révolution.

Révolution innocente, et toute en faveur de l'art, quand la jeune Marie-Antoinette, dauphine alors sous un roi qui se meurt, jeune et chaste princesse exposée au contact de la comtesse du Barry, la consolation et l'espoir de tout un peuple affligé par le hideux spectacle d'une royauté avilie, s'en vint un soir à l'opéra, tenant par la main le révolutionnaire Gluck; Gluck, le Mirabeau de la musique en France, celui qui donna à la France *Armide*, *Alceste*, *Orphée*, et les deux *Iphigénies*. Digne de l'*Iphigénie* de Racine, l'*Iphigénie* de Gluck, c'était toute une révolution, c'était un des premiers bienfaits de Madame la Dauphine. La première elle soutint les novateurs dans leurs essais les plus hardis. Sous les yeux de Marie-Antoinette, et parce qu'elle applaudissait Gluck jusqu'à l'admiration, on applaudit Gluck jusqu'au duel. La révolution musicale s'accomplit avec des transports de joie et des cris de plaisir; elle triompha comme toutes les révolutions triomphent, par la force, jointe à la conviction; l'art, obéissant à cette vie inespérée, marcha en avant, aux grands transports de la jeune Dauphine étonnée et charmée aussi de son triomphe! Aussi le peuple entier lui avait consacré la belle chanson : « Chantons, célébrons notre Reine!... » Et les plus douces larmes venaient à ces beaux yeux, chaque fois qu'elle l'entendait chanter.

Et maintenant, me disais-je à moi-même, que sont devenues ces disputes animées, le soir, quand le lustre étincelle, à l'heure où le roi et la reine, assis dans leur loge, donnaient le signal au vieux Gluck, quand les dieux et les déesses de l'Olympe descendent du ciel, quand l'harmonie emporte en haut toutes les âmes, quand on crie à la fois: Vive Gluck! vive la reine! quand J.-J. Rousseau s'en vient, timide et superbe, assister aux enchantements du *Devin du Village*?.. Où sont-ils ces instants d'un délire ingénieux? Artistes, qu'avez-vous fait de ces illusions décevantes?

Hélas! le vieux Gluck est mort à Vienne, en priant pour la reine de France, sa protectrice et son élève; J.-J. Rousseau, le musicien, est mort en pleurant sa jeunesse et ses rêves; la révolution faite pour les arts, et qui leur est si favorable, a passé de l'art à la politique; elle dédaigne en ce moment les jeux futiles; elle en veut aux rois à présent.

Ainsi, toujours préoccupé du passé ou de l'avenir, toujours loin du présent, je m'inquiétais tout à mon aise et je serais resté à la même place, toute la nuit, préoccupé des mêmes pensées, si je n'avais pas été interrompu dans ma rêverie par une aventure étrange, à laquelle je n'avais nul droit de m'attendre. Or, cette aventure a décidé de ma vie entière, et peu s'en faut qu'elle n'ait fait de moi, qui vous parle, un marquis de l'Œil de Bœuf, un roué du Palais-Royal, un Lauzun, un Richelieu, le Moncade errant à travers tous les amours, sans y jamais rien laisser; mais, Dieu soit loué! nul ne saurait mentir à son âme, à son esprit, à son cœur... et dans ce bonheur inespéré, dans cette minute heureuse... ô gloire et bonheur, et le premier enivrement étant passé, je suis resté le galant homme que j'étais.

Mais quoi! je suis attendu par la fête de tout à l'heure:

« Allons, saute, marquis! » prends ta part de ces folies de la nuit suprême, et demain,.. demain, tu raconteras l'aventure de cette nuit!

J'eus d'abord quelque peine à retrouver mon introducteur dans la fête où il devait me conduire; il avait oublié l'heure, et, lancé dans la foule, il s'abandonnait librement à tous ses délires; mais enfin le hasard le poussa vers moi qui l'attendais...

Il n'était pas seul; il tenait dans ses bras une femme éclatante et très-jolie: une brune, à l'œil vif, aux lèvres rebondies, au teint coloré: c'était sa conquête heureuse de ce moment où il ne pensait qu'au plaisir. Cette élégante, svelte et charmante femme avait ôté son masque, et, contente et fière de son cavalier, elle le regardait avec un sourire... Il y avait dans ce sourire une double joie... Évidemment cette femme était doublement heureuse;

elle aimait et elle était aimée, et puis elle trahissait quelque brave homme qui se fiait à ses serments.

— Il est temps de partir, Clary; votre mari ne vous attend plus à cette heure; donnez-moi la nuit tout entière, ainsi nous arrangerons tout cela demain.

La femme aux yeux noirs répondit par un sourire, et nous fûmes souper tous les trois, remettant le mari au lendemain.

Le souper était dressé sur le rempart, dans le faubourg, en quelqu'une de ces petites et discrètes maisons bâties, vernies, dorées, tapissées pour le mystérieux accomplissement des vices du peuple d'en haut. Dans ces murs sombres au dehors, pleins de lumière et de parfums, les seigneurs et ce monde croulant amenaient les tristes complices de leurs voluptés passagères; le vice habitait ce somptueux hôtel; *la petite maison* était son logis; et pas un étranger, même un père au désespoir et redemandant sa fille égarée, un amant dont la maîtresse est perdue, un mari courant après sa femme arrachée à ses bras, n'auraient frappé à cette porte inflexible... Elle ne s'ouvrait qu'au vice, à la débauche, à l'adultère, à l'inceste; elle eût repoussé la loi même... Un boudoir pour la courtisane, une bastille pour l'honnête femme...

A peine entré dans ces salons mystérieux, je fus tout ébloui du luxe et des splendeurs que j'avais sous les yeux. Je sortais de ce bal où tous les visages étaient masqués, où des femmes sans forme et sans nom,... accourues des deux extrémités du monde aux lieux où commence le trône, où s'ouvre aux filles perdues l'abîme de Saint-Lazare, allaient cherchant dans la foule un cœur... un souper; je me trouvais tout à coup face à face de femmes demi-nues et parées comme des duchesses, préparées à tout entendre et prêtes à tout dire; leurs robes de gaze étaient décolletées et tenaient à peine à leur épaule haletante : c'étaient des vêtements si légers qu'un souffle les eût soulevés : le cou de ces femmes était chargé de diamants, des fleurs paraient leur corsage : et pourtant, malgré les plus séduisants apprêts de la coquetterie, il s'en fallait de beaucoup qu'elles fussent très-belles. Au contraire, elles n'étaient guère que des beautés médiocres, des grâces vulgaires : Aglaé mal jambée, Euphrosine au nez retroussé. Ce qui les faisait belles et désirées, c'était le vice ; il était leur femme de chambre, il était leur père et leur mère à la fois ! Le vice entourait ces têtes impudiques d'une auréole irrésistible... il y avait autour de ces femmes tant de petits boudoirs, bleus, roses, blanc pâle, éclairés à demi par des lampes complaisantes... En même temps les hommes étaient beaux et bien faits, et d'un ton exquis qui rachetait le sans-gêne et la vulgarité de ces dames ; en ce lieu, peint par Beaudoin, le peintre des Indes galantes, le grand seigneur faisait passer la courtisane : il s'appelait Bourbon, il s'appelait Montmorency. Ajoutez que je sortais de l'enivrement, de la vapeur, des extases de ce bal de l'Opéra où j'étais venu pour la première... et pour la dernière fois... Dans cette nuit des voluptés païennes, le hasard m'avait comblé de ses faveurs les plus inespérées : j'avais encore l'œil humide de bonheur, les mains tremblantes de volupté, volupté incomplète, inouïe, et que je ne m'expliquais pas.

Les femmes de cette société perdue étaient peu habituées à étonner, à surprendre ; on les savait par cœur, il n'était pas un jeune homme à la mode qui ne les eût vues sans ceinture ; l'amour était à l'époque de ces corruptions une superfluité bourgeoise, un pis aller de grand seigneur, dont un homme du monde eût rougi de s'occuper trop longtemps. Être amoureux... fi donc ! qu'aurait dit la philosophie ?... Amoureux d'une fille, y pensez-vous ?... On se ruine à plaisir pour ces espèces... On peut même au besoin les épouser, mais les aimer... Elles n'y pensaient guère; elles avaient été les premières à rire de ces sottes amours... Je conviens cependant qu'au premier abord, dans ce salon des prostitutions les plus fameuses, je ne pus cacher mon trouble; il fut remarqué, et, chose étrange! il ne nuisit pas à ma présentation. Au contraire, la première impression me fut assez favorable. Les hommes me regardèrent avec envie, tant je leur semblais jeune, innocent et timide, et les femmes m'accueillirent comme une nouvelle espèce de Chérubin.

Je ne sais qui avait déjà dit à tout le monde que j'étais ce qu'on appelle un grand seigneur, et je trouvais sans peine obéissance, admiration et bon accueil.

On se mit à table après les présentations qui se firent lestement; peu de convives se choisirent, les autres se placèrent au hasard. On mangeait peu; mais en revanche ou parlait beaucoup, et je commençai par m'étonner de cette ardente causerie... à la française. Elle était toute ironie; elle allait çà et là vagabonde, active, brillante et folle; sans respect pour personne et sans peur; elle était sans décence et sans honte; elle était tour à tour grave et pédante jusqu'à l'ennui, spirituelle et méprisante jusqu'à la fureur. Elle fut donc amoureuse et libertine, incrédule et mystique, un flux de paroles sans frein, sans logique et sans but, mais non pas sans chaleur et sans grâce. Ah! quelle société mal habile!... Elle avait cependant la conscience de sa mort prochaine; elle savait confusément que l'heure allait lui manquer; elle se hâtait de vivre et de sourire; elle se disait tout bas que les temps étaient proches, que l'anarchie accourait à tire-d'aile, que le silence allait remplacer tous ces grands bruits qui se faisaient autour de l'Académie, autour du trône, autour de tout ce qui vivait et règnait encore, et, semblable au chien qui porte au cou le dîner de son maître, au moins elle voulait avoir sa part dans ces franches et terribles lippées de chaque heure et de chaque jour.

Cependant, j'eus quelque peine à me faire à cette conversation légère, en bons mots, en petites phrases, en compliments galants, en dissertations bouffonnes, en propos sans suite... à l'aventure du bel esprit. Le repas même se sentait de la recherche et des mièvreries de cette conversation où personne, homme ou femme, ne disait ce qu'il voulait dire... On mangeait du bout des lèvres, des mets sucrés, sans substance et sans saveur; les porcelaines représentaient des fantômes perdus dans l'émail bleu du ciel, les cristaux étaient taillés à facettes, les peintures représentaient des bergères en guirlandes de roses, une tabatière à la main, conduisant des moutons poudrés dans des champs semés de violettes et de lis. On sentait partout le musc et l'ambre; il n'y avait de franc et de pur que le vin; il était exquis, et coulait à longs flots. Involontairement, dans ce piquenique où la poire et l'œillet jouaient leur rôle entre le cytise et l'églantier, je pensais à nos bons gros soupers allemands, et je m'étonnais qu'au milieu de ces voluptés de la nuit, à côté de ces femmes transparentes, dans cette atmosphère aux âcres parfums, pas un convive ne songeât à regarder sa voisine ou à s'inquiéter des beautés absentes...

« La première venue! » était sûre de l'emporter sur toutes les autres; mais *la première venue*, au bout de dix minutes, était toute semblable à la dernière arrivée... On ne la regardait plus, on ne l'écoutait plus, on n'en voulait plus!

J'étais placé à table entre deux femmes d'un certain âge; elles m'accablaient de petites questions : si l'on portait encore autant de paniers en Allemagne? si l'empereur Joseph II m'avait jamais parlé de mademoiselle Compan? si nous avions des poëtes, des fermiers généraux, des danseuses, et des cardinaux dans nos églises? et autres questions, toutes semblables à celle que faisait le roi Louis XV à son ambassadeur à Venise : *De combien de conseillers se compose le conseil des Dix?* De mes deux voisines, l'une et l'autre avaient embelli en vieillissant. C'est le privilége de beaucoup de femmes en France. A mesure que vient l'âge, leur visage gagne de l'embonpoint, leur taille se forme, leur main blanchit, leur esprit plus à l'aise devient plus facile et plus enjoué. Rien n'est dangereux pour un jeune homme à ses débuts comme les femmes du second printemps; elles réunissent à la fois l'éclat de la jeunesse et le calme de l'âge mûr; vieilles filles, jeunes veuves, habiles à choisir, se décidant promptement, allant droit à leur but, estimant la réputation à sa juste valeur; au demeurant, à mérite égal avec les autres coquettes, elles n'ont guère besoin que d'une moitié de bonne renommée... et voilà les femmes qui constamment, en France, ont fait les mœurs, la réputation et la politique! — Elles ont fait l'amour, la poésie et le plaisir de ce grand royaume. Expliquez cependant, si vous le pouvez, une origine si grave, pour tant et tant de futiles passions.

Mes deux voisines de droite et de gauche, ayant bien questionné, se mirent à me répondre à leur tour sans attendre mes questions. Où donc elles prenaient tant d'histoires, je n'en sais rien. Je me souviens seulement que c'étaient de charmantes choses fines, déliées, quelquefois gazées, pour peu que la chose n'eût pas besoin de voiles. Il fallait avoir étudié à fond la langue française pour comprendre, et même confusément, ce petillement, ce tourbillon, cette malice et ce sifflement de couleuvre au soleil. On regarde, on est ébloui, on est piqué, et chacun rit de votre étonnement.

Dans la conversation vint à tomber le mouchoir d'une de mes voisines, un chiffon brodé par les fées... Un gentilhomme français se fût précipité pour le ramasser... je n'y pris garde, et ce fut un laquais qui releva le beau mouchoir.

Ma voisine en souriant : — Votre empereur François II était plus galant que vous, monsieur; il a ramassé la jarretière de madame du Barry.

— Et l'on ne dit pas, reprit mon autre voisine, qu'il ne l'ait pas remise à sa place; une jarretière détachée par un roi!

Ici Chamfort prit la parole. Chamfort était le bel esprit de la bande joyeuse, un petit homme à l'œil vif, à l'air caustique, au sourire malin; son visage était pâle, et son œil était noir; l'esprit dominait dans toute sa personne, et tout cet esprit n'empêchait pas Chamfort d'arriver à l'éloquence, et fort souvent.

— Et quand même, s'écria Chamfort, l'empereur François II eût remis à sa place, au-dessus du genou, la jarretière de madame du Barry, il en avait bien le droit, j'imagine, puisqu'il l'avait ramassée. Et vous, Messieurs les grands philosophes, qui de vous ramasserait si peu que cela... une jarretière aux armes de France? Eh! vous vous croiriez déshonorés pour un si doux service rendu par vous à cette fille charmante dont l'archevêque a ramassé la pantoufle, ô pudibonds!... Vous eussiez fait naguère de cette pantoufle une façon de Saint-Esprit que vous auriez porté sur la poitrine! En ce temps-là vous faisiez des visites même au sapajou de la favorite; et si la dame eût daigné vous sourire, ah! quel intime contentement! la reine a cependant donné l'exemple de la pitié pour cette beauté qui n'a fait de mal à personne...

Un soir, aux fêtes de la reine, deux personnes s'étaient introduites qui n'étaient pas invitées, le cardinal de Rohan et madame du Barry; la reine fit chasser le cardinal, mais elle voulut qu'on laissât en paix cette femme voilée qui se tenait cachée à l'ombre des arbres, assistant de loin à ces fêtes dont elle avait été l'étoile, sous ces bosquets où chaque rosier avait pour elle un souvenir, où, à chaque banc de gazon, elle avait vu le roi à ses pieds.

En même temps Chamfort, emporté par son sujet et se parlant à lui-même comme s'il eût été seul :

— Oui, sans doute, il n'y a rien de plus touchant que de voir cette ombre errante au hasard, sans un courtisan qui l'accompagne, sans un flatteur qui la suive, et sans monarque; errante autour du même palais où elle entrait, les deux battants ouverts. C'est pitié de la voir exposée aux mépris des mêmes hommes qui sollicitaient ses faveurs, comme la passion sollicite. Il faut qu'un empereur philosophe et une reine sans tache viennent nous donner des leçons de bon goût! En vérité, je ne vous en fais pas mes compliments, messieurs!

Messieurs, en ceci la femme découronnée a le droit de nous dire : ô misérables vertueux! je la connais votre odieuse vertu! Vous avez la vertu des lâches contre les faibles! vous avez peur d'une infortunée qui ne peut plus vous donner qu'un sourire!

Elle eût dit cela, Messieurs, madame du Barry eût bien parlé; elle était dans son droit dé parler ainsi. Elle avait eu pitié de notre humble monarque accablé de tristesse; et véritablement, de ces deux amants, l'un, roi de France et roi souverain, l'autre, fille de joie et jolie, obéissante à tous les caprices, l'obligé, c'était le roi lui-même. L'obligé, c'est le roi qui dépouille la pauvrette de sa joie et de ses haillons; c'est le roi qui la dépouille de son jupon troué, de ses dentelles fanées, de son diamant d'Alençon... Le roi qui l'a faite, en vingt-quatre heures, dame et comtesse et reine des petits appartements, il l'a perdue, il l'a déshonorée; il a dérangé sa vie et ses amours; il l'a soumise à son joug, à sa vieillesse, à sa honte, à ses ennuis, à ses ministres, à ses courtisans, à ses voluptés, à sa chapelle, à ses cuisines, à ses jardins, aux salutations des ambassadeurs, aux corruptions des princes du sang royal. A quel abaissement es-tu descendue, ô pauvre courtisane royale! — Qu'as-tu fait de ta fierté, noble comtesse? O le temps heureux où tu choisissais tes amants dans la foule, où tu les prenais au hasard, où, parée à la fenêtre, en jupon blanc, comme un chasseur à l'affût, tu disais : Si je le veux, chaque homme qui passe est à mes pieds? Qu'est devenu le temps, beauté sans voile et sans honte, où l'amour arrivait et s'en allait à ton ordre, où ta porte obéissante se fermait et s'ouvrait à tes heures, où tu pouvais chasser ton amant, à ton premier ennui, avec l'assurance heureuse de ne plus le revoir? Ah! vraiment, tu étais reine alors, tu n'es devenue une prostituée que lorsque tu es tombée à la prostitution de ton roi! Que ce fut là, dans ta vie, un changement impitoyable, et combien tu devais te mépriser toi-même, offerte à ce timide libertin qui balbutiait comme un enfant je ne sais quelle plainte inarticulée!

Hélas! toujours le même libertin et le même libertinage, et quel ennui! Toujours dans tes bras le même vieillard, qui seul se souvient de sa royauté pendant que tu l'oublies! Toujours toi assise aux genoux de cette royauté cagneuse, et tremblante de peser trop à cette débile vieillesse, toi naguères si complaisante à t'étaler sur le grabat de ta vingtième année... Il y a dans le poëme de Virgile une histoire où l'on voit un corps vivant attaché à un cadavre... ici, le cadavre était le roi Louis XV. Imaginez Voltaire valet de chambre de Fréron, J.-J. Rousseau secrétaire de M. de Beaumont, Diderot censeur royal, et vous aurez à peine une idée approchante des douleurs de cette infortunée. A ce jeu brillant et fastidieux de favorite, elle a perdu l'existence la plus difficile à perdre, elle a oublié les habitudes les plus difficiles à oublier. D'où je conclus que S. A. le prince de Wollfenbuttel a eu grand tort de ne pas ramasser le mouchoir que lui jetait la petite Luzzi, et que ce fut chose honorable à l'empereur François quand il se baissa pour ramasser la jarretière de la comtesse Dubarry... on a fait un ordre de chevalerie avec moins que cela.

— N'est-ce pas votre avis, à vous, M. de Mirabeau? ajouta Champfort.

Au nom seul de Mirabeau s'évanouirent soudain les fantômes qui m'entouraient dans ce souper où j'étais venu pour Mirabeau lui-même, et désormais, en dépit de toutes les coquineries de mon entourage, il n'y eut plus d'autre intérêt pour moi que celui-là.

Notre homme occupait l'extrémité de la table; — il avait à ses côtés la jolie et piquante femme aux yeux noirs; on voyait qu'il s'était mis à l'aise en ce coin pour être seul, autant que possible, avec sa nouvelle maîtresse; il lui souriait à chaque instant, il n'était occupé que d'elle et d'elle seule, oubliant tout le reste. Il l'entourait de prévenances, il lui servait à boire et buvait dans son verre, ou bien il relevait ses beaux cheveux avec complaisance en lui souriant d'une façon charmante et lui disant à demi voix mille tendresses; il était le seul qui s'occupât avec tant de grâce et d'attention de sa voisine : aussi la dame était-elle enviée ici, là, partout. Les hommes disaient : — Qu'elle est charmante! Les femmes disaient : — Qu'il est heureux!

En revanche, et comme un contraste, se tenait à la gauche de Mirabeau une femme au regard plein de fièvre, au sourire ironique et superbe; elle parlait peu; elle buvait beaucoup; une large moustache et remontante aux sourcils coupait en deux le visage de cette virago. Je n'avais jamais vu de figure extraordinaire autant que celle-là, et je m'étonnais de n'avoir pas été frappé plutôt par cette extraordinaire et très-extravagante physionomie, où se mêlaient l'homme et la femme en ce qu'ils ont de plus étrange et de plus hardi.

Quand donc il s'entendit interpeller si brusquement

par Champfort, Mirabeau se retourna comme s'il eût été réveillé en sursaut : — Parbleu ! dit-il à Champfort, si vous avez de pareilles questions, vous ferez bien de les adresser à de plus savants que moi dans ces matières. Voici, par exemple, mademoiselle d'Eon, qui se connaît en filles de joie, et qui ne serait pas embarrassée à vous répondre. Puis se tournant vers la femme aux moustaches : — Bonjour à vous, madame et monsieur. Te voilà donc encore parmi nous, intrépide cavalier? Vous êtes donc de retour, madame? Où en sont tes exploits guerriers? Où en sont tes exploits galants? Sans doute, ô dame et monsieur ! sur cette large poitrine où rien ne manque, les cicatrices ne manquent pas, non plus que dans ce tendre cœur. Inconcevable énigme ! ingénue aux accents virils, homme intrépide à l'épaule blanche, il faudra bien que nous sachions, un jour, quel est ton sexe et ton vrai nom ; mystère ! et comment me conduire avec vous, ô ma reine ! avec toi, mon chevalier ! Car, si je ne me trompe, ou j'ai pour vous, madame, une vive sympathie, ou bien je t'ai connu quelque part, chevalier !

La dame au double aspect, rejetant de côté une plume qui tombait sur sa joue, et souriant d'une façon toute guerrière : — J'y allais quelquefois, en effet, monsieur le comte, et je vous y ai vu bien souvent.

— Mais où donc nous sommes-nous rencontrés, chevalier? dans quel mauvais lieu assez fétide, dans quel donjon assez noir, pour que nous nous y soyons trouvés, en même temps, tous les deux? dis-moi, est-ce au fort de Joux, au donjon de Vincennes? Est-ce dans les cachots de Pontarlier, ou chez les libraires de la Hollande?

On a vu tant de choses, à mon âge ! on s'est piqué à tant d'épées, on s'est brisé à tant d'éventails ! J'ai fait aussi de bien mauvais rêves dans mes diverses prisons.

Prisonnier à trente ans ! Ne plus voir un sourire, et ne plus entendre une parole d'amour !

Oh! par le ciel! mesdames, si la moins belle d'entre vous était à Vincennes, qu'elle serait belle et charmante! quelle autorité sur ces âmes captives! quel charme au son de votre voix! Que de battements de cœur au seul bruit de vos souliers! De quelle flamme surnaturelle vous seriez revêtues! De quel amour plus puissant vous seriez entourées! En même temps que de rois vous feriez d'un regard! A la Bastille! au donjon de Vincennes, là est née, et j'en suis sûr, la Venus aphrodite... Une fois que j'étais prisonnier, par la volonté de mon père et par la faiblesse de mon roi, que Dieu pardonne, au fond des cachots du fort de Joux... mais c'est une histoire que je n'ose guère vous raconter, et d'ailleurs tu en serais jalouse, reprit-il en parlant à la jeune femme qu'il tenait attentive, émue et curieuse à ses côtés.

Il reprit : — J'étais en prison au fort de Joux, séparé de ma femme et de ma sœur, séparé du monde entier. Personne, excepté toi peut-être, ma Clary, n'a égalé ma sœur en beauté. — Elle était la plus belle du monde, aux yeux noirs; elle avait votre bouche, ô belle Guimard, et votre taille, ô gentille Olivier, souple comme un jonc... En ce temps-là, j'étais prisonnier pour avoir donné un soufflet à un gentilhomme qui avait refusé de se battre avec moi. Car, moi aussi, je me battais très-volontiers, ajouta Mirabeau en me regardant.

La prison est féconde en rêves, en extases; un jour que je songeais à la vie, à l'amour, au jeu, au festin, aux poëmes, aux bons vins, aux chansons, aux riches habits, à Voltaire, à l'Héloïse, à Mlle Véronèse, à Mlle Sylvia, à Rameau, à la belle Eurydice, à Properce, à Vestris, à la Guimard, aux roses, aux violettes, aux jasmins, à l'eau qui chante, à l'oiseau bleu, à la Dauphine, au prince de Conti, à maître Arlequin, à Mme Panache, à la petite comtesse, à la marquise de Brinvilliers, à Watteau, à Wandermeulen, à Beaudoin, à Coysvox, à la Diane d'Allegry, au prince de Hongrie, à l'eau de Luce, aux dés, aux cartes, à la chasse, aux beaux chevaux, à Mme de Tencin, à la procession, aux Récollets, au bourdon de Notre-Dame, à Greuze, aux échecs, au Café de la Régence, à l'École de natation, aux îles de la Seine, à la terrasse de Saint-Germain, aux rôtisseries de la rue Dauphine, aux balayeuses du Pont-Neuf, aux réverbères, au portier des Chartreux, à la comédie, aux tréteaux, à la petite rue Chassagne, à Ramponneau, à M. de Malesherbe, à St-Ovide, à la foire aux jambons, à l'Encyclopédie, à Gilblas, à Saint-Roland l'économiste, à Mesmer, à Triboulet, au neveu de Rameau, à Mme de Maintenon, aux jésuites, au diacre Pâris, à la bulle Unigenitus, à M. le régent, à Law, à Mme de Parabère, à Mme la Ressource, au Mont-de-Piété, à Panckoucke, au baron d'Holbach, à Mme d'Houdetot, à Saint-Lambert, à la Samaritaine, au Suisse du bord de l'eau, au jardin du Luxembourg, à l'Académie, à Nicolet, à la Sorbonne, à Jean qui pleure, à Jean qui rit...

J'entendis une voix touchante, une voix qui chantait et qui pleurait! c'était M. le cantinier qui battait sa femme. Elle criait : « A l'aide! au secours! » Le brutal et l'imbécile! il avait arraché le mouchoir qui couvrait ce beau sein, le nœud qui relevait ces beaux cheveux, les souliers qui contenaient ces pieds charmants! A ces chants, à ces larmes, à ces pitiés, je vins en aide à la jeune cantinière... Elle cessa de pleurer, même quand son mari la battait!... Je m'aperçus qu'elle avait quarante ans, au moment où s'ouvrit ma prison... Elle et moi, nous aurions juré pour dix-huit ans, tout au plus!

— Bien obligé de vos jeunesses et de vos beautés, monsieur le comte, reprit la jeune femme aux yeux noirs! Fi! de ces cachots qui rajeunissent! Fi de ces chaînes de fer qui nous font charmantes! Les pauvres femmes qui vous ont aimé, je les plains, s'il vous fallait l'antre des

Bastilles pour être amoureux, fidèle et reconnaissant; je les plains sincèrement!

— Tu as raison, Clary, elles ont été pour moi, par moi, bien malheureuses! Il en est ainsi pour qui m'approche... bien malheureuses! et toi aussi, ma douce et vive Clary, tu mourras malheureuse si tu veux m'aimer comme elles m'ont aimé. Elles m'ont aimé de tout leur cœur; elles m'ont aimé malheureux, et quand j'étais proscrit, mendiant, roué en effigie, elles sont venues à mon aide, elles m'ont pris par la main. Celle-ci m'a suivi à l'étranger; elle a partagé ma misère en Hollande, quand j'étais aux gages des libraires. O Sophie! — aimé par elle, et par moi consolée, ainsi nous avons parcouru toute la route, nous aimant plus que jamais; l'exempt de police lui-même eut pitié de notre amour, il ne nous sépara qu'à Paris; le digne exempt! Puis je fus enfermé à Vincennes; on enferma Sophie en quelque horrible maison de filles repenties; puis mes deux enfants moururent le même jour, l'enfant de ma femme et l'enfant de ma maîtresse, enfants de mon amour! Il y avait de quoi s'étrangler de désespoir; d'autant plus qu'une fois à Vincennes, et seulement à Vincennes, je compris tout ce que j'avais perdu. Sophie! ô misère! Épouvante et damnation! Seul, dans cet affreux donjon, sans un livre et sans linge, écrasé, perdu, plein de fièvre, appelant Sophie ou la mort... en plein délire, en pleine obscénité! moi, le gentilhomme évoquant le démon de la débauche, appelant dans mon cachot les saturnales entières, rugissant comme un satyre et dansant comme un faune... Ah! quel supplice! Ah! quelle fureur! J'écrivais des lettres folles; elles faisaient pitié même à l'exempt qui les remettait au lieutenant de police, à M. Lenoir, et M. Lenoir les vendait, pour mon compte, à d'honnêtes libraires, qui vous les vendaient à vous, mesdames... quand vos laquais n'en voulaient plus.

J'en reviens à mon texte, chevalier d'Éon : vous

auriez été bien séduisante... à Vincennes... ou au fort de Joux.

Il dit ces derniers mots avec un rire infernal; son rire épouvanta la jeune femme, et la voyant pâle et tremblante :

— Oh! ma très-chère Clary, s'écria-t-il avec un son de voix flatteur, ne craignez rien! mon sang s'est apaisé; je suis libre, à présent; je suis le maître. Hélas! ne craignez rien; je ne suis pas dangereux!

Clary leva des yeux pleins d'effroi sur ce visage infernal.

— Cependant, monsieur, lui dit-elle, vous étiez libre au moment où madame de Monnier se tua de chagrin.

— Libre, ai-je été libre un seul jour, ma Clary? J'ai été misérable et pauvre : persécuté par mon père, abandonné par ma femme, et faisant pour vivre des livres obscènes! J'ai fait d'un charmant poëte, appelé Tibulle, un libertin du dernier ordre, pour cent écus; empruntant au premier venu, sans jamais rendre, aussi vil que le neveu de Rameau! Que n'ai-je pas tenté, pour vivre au jour le jour, comme un malheureux sans asile et sans pain! J'écrivais des journaux, des pamphlets, des livres obscènes, des iniquités; je me suis vendu à M. de Calonne, et j'espionnais en Prusse en même temps que vous étiez espion en Angleterre, madame le chevalier d'Éon. Comment voulais-tu, ma Clary, que ces pauvres femmes ne mourussent pas d'effroi, me voyant si laid, si mendiant, si vil? Moi-même je désirais les voir mourir, si honteux que j'étais de me voir! En ces temps misérables je portais le linge et les habits de mon secrétaire; ma compagne se faisait des coiffes avec la doublure de mes vieux habits; Dupont lui proposait de l'acheter, elle, pour quelques écus, et je tendais la main à Rulhière; c'est comme si Voltaire eût emprunté de l'argent à Fréron, ou Diderot à Palissot. Et ces pauvres femmes ne seraient pas mortes d'effroi! Mais songez donc, ma vie et ma fête, que je n'avais aucun rang dans ce monde, où j'étais comte et marquis; songez que j'étais un méchant écrivain, plus boursouflé que monsieur mon père, *l'ami des hommes;* que j'écrivais mal, que je parlais de tout au hasard, même de finances; que le dernier gredin avait le droit de me lancer mille ordures; que Beaumarchais faisait contre moi une brochure aussi sanglante que les Mémoires contre Goezman.

Croyez-moi, Clary, j'étais bien malheureux! Si vous m'aviez aimé alors, vous seriez morte de douleur, de misère ou d'effroi. Morte en posant votre main sur ma tête, en signe de bénédiction. Il se tut un instant n'étant plus le maître de son émotion; bientôt il releva fièrement la *tête* : — Or çà! vous tous qui m'écoutez, s'écria-t-il, vous savez si depuis j'ai pris ma revanche avec l'opinion publique, et si l'opinion publique est revenue entière, éclatante et superbe, à Mirabeau! Le premier cri de liberté, messieurs, que la France ait jeté, c'est moi qui l'ai jeté le premier; j'ai été absous de mon passé par la liberté présente, et maintenant ce furieux que vous avez connu si mendiant et si faible, il est roi aujourd'hui comme l'était Voltaire, au même titre; il est le maître, il est le plus fort, et pour régner il ne flatte aucun pouvoir. Cette fois, j'ai rencontré le seul élément dans lequel je puisse vivre, et j'y vis. Je suis encore, il est vrai, parmi vous, le joyeux compagnon, amoureux à outrance, homme de feu et de plaisir comme j'étais autrefois. Oui, j'aime encore aujourd'hui l'orgie et ses flammes, l'amour et ses fêtes, le jeu et ses délires; mais de tous mes vices je suis absous, parce que je suis un grand citoyen! La France est ma maîtresse à cette heure, et, si l'amour m'a puni longtemps, l'amour me récompense enfin. Je le savais bien, moi, que cette proscription finirait; dans mes plus grandes infortunes, je me consolais à force d'être aimé : l'homme qui est aimé n'est pas méchant; l'amour est le plus grand et le plus immortel des pouvoirs !

— Certes, reprit le chevalier d'Éon, un grand pouvoir, M. le comte. La renommée, aujourd'hui, disait qu'hier vous aviez remporté une victoire assez complète sur le grave précepteur d'un prince du sang.

— La renommée a dit cela? reprit Clary vivement.

— Moins que rien, reprit Mirabeau, la renommée est folle et menteuse, Clary; je me suis vengé, une bonne fois, de ce méchant précepteur en jupon, et voici comment :

Le petit Sillery a pris une femme, jolie, accorte, alerte, agaçante et pleine de bonnes qualités que la pédanterie a gâtées. La petite femme, à peine mariée, allait, le nez au vent, faisant de la vertu et de la peinture, un peu de musique, un peu de morale et de petits vers, tout ce que fait une honnête femme aussitôt qu'elle n'a rien à faire. A force de gros livres, de contes moraux et de chansons plaintives sur la harpe, la petite femme à la fin s'ennuya de ses propres vertus; elle fit de l'intrigue; elle se faufila au Palais-Royal où elle devint pour tout de bon *le précepteur* d'un prince-enfant, le premier prince du sang trouvant qu'il était sage à lui de faire élever messieurs ses fils par cette dame d'honneur, de harpe et de vertu. Jusque-là rien de mieux; je savais à peine l'existence de la dame, quand tout à coup il me revient qu'elle déclame contre moi, comme si j'avais fait *Mahomet* et le *Dictionnaire philosophique*. Bon! me dis-je à moi-même, et je me vengerai quand j'aurai le temps.

J'avais oublié la petite dame et ma vengeance; hier cependant je rencontre (elle était chez Champfort!) une commère en rabat-joie, une belle parleuse en sentences, en révérences, en bons mots bien choisis... — Bon! me dis-je, elle tient son pied de bœuf, et moi je tiens ma pédante. Aussitôt je fais l'aimable et je prends ma douce voix! Je plaisante, je plais, on me dit : « Laisse-moi, je *te prie!* » on s'en va, je propose ma voiture : or, je n'avais pas de voiture, et nous prenons bel et bien un fiacre, un méchant fiacre... Elle allait en fiacre aussi, la belle et charmante Manon Lescaut. Nous allons, alors les stores baissés, je me garde bien de viser à l'esprit; je fais mieux, je prête l'oreille à l'esprit qu'on me fait; parfois je porte à ma lèvre indiscrète (et très-discrètement) cette main-ci, cette main-là; bientôt je me remets à écouter, bref, je deviens plus entreprenant, et quand on me trouve enfin par trop hardi... j'écoute; je n'écoute pas si bien quand Barnave est à la tribune. En un mot, j'ai tant écouté, j'ai si peu parlé, qu'arrivé au perron du Palais-Royal, où par parenthèse on vous a vue, belle Luzzi, descendre de voiture avec le comte Orloff...

— Eh bien! reprit Clary, vous avez tant écouté?

Mirabeau continua : — Donc j'ai tant écouté, tant écouté, qu'elle avait les yeux humides et bien tendres quand le fiacre s'arrêta.

— Et c'est là tout? demanda Rivarol.

— Si tu ne trouves pas que ce soit assez, dit Mirabeau, inscris-toi en faux.

— Mais, dit Rivarol, il faut une conclusion à l'histoire.

— Voici la conclusion, dit Mirabeau :

Voyant à la dame empourprée un regard humide... et content, j'étais redevenu un bélître, un beau parleur, un bavard même; à présent c'était elle à son tour qui gardait un silence modeste, et c'était moi qui faisais de l'esprit; nous avions changé de rôle elle et moi... Cocorico!

A la fin, comme je ne disais pas ce que je devais dire, elle se hasarde, en hontoyant, à demander le nom de son séducteur. C'était là justement que je l'attendais.

Je lui dis mon nom tout simplement, sans emphase,

et j'y mis aussi peu de prétention que si je me fusse appelé Sillery... tout hâtement.

Mais quand elle entendit ce nom de Mirabeau, elle fut si violemment frappée qu'elle oublia de s'évanouir.

— Madame, lui dis-je, en voilà, j'espère, un beau chapitre à ajouter aux *annales de la vertu*.

Et confuse, honteuse et non repentante...

Et je te demande pardon, Clary, d'une vengeance assez facile, et dont j'ai regret, te voyant bonne et douce et si peu disposée à te venger.

CHAPITRE VII

Je sais bien que je gâte à les raconter ces aventures, ces paradoxes, ces bruits armés et charmants d'autrefois ! Ce Mirabeau que je contemple à tant de distance, et dans cette inexprimable confusion, que je suis loin d'en donner la plus faible image ! A-t-on jamais défini le tonnerre, et l'éclair, et le nuage ? Et l'écho seul de Mirabeau, qui peut le dire ? A peine il en est resté des paroles écrites, des paroles sans son âme et sans sa figure, veuves de son geste, et décolorées de ces veines bleues qui se croisaient sur son front comme un réseau mouvant ! C'était un homme... un géant d'une race à part, qui s'est perdue, et quand on retrouvera ses ossements fossiles, dans mille ans d'ici, au fond des catacombes de 1789, on les prendra pour les restes d'Encelade entassant Pélion sur Ossa.

Cependant, ayant vu Mirabeau face à face et complet, j'ai voulu le dire et m'en vanter. J'ai suivi pendant vingt-quatre heures la vie ardente que cet homme a menée pendant trente années, et ces vingt-quatre heures de spectacle, elles m'ont fatigué comme n'eussent pas fait cinquante ans d'une existence à l'allemande, au coin du feu l'hiver, à l'ombre en été. — Aussi bien les moindres détails de cette nuit sont présents à ma pensée, elle est pleine de Mirabeau. La belle heure aussi, pour le voir, ces moments d'ivresse et de folles joies, où l'homme abandonné à ses penchants se montrait familièrement dans la corruption de son esprit, dans l'éloquence de son génie et dans la bonté de son cœur!

On n'expliquera jamais ce qu'il y avait de charme et d'entraînement dans ce merveilleux personnage. Il était, tour à tour, affable et moqueur, dédaigneux, enthousiaste, intrépide, emporté, sérieux, bouffon...; le plus aimable et le plus vrai des libertins, le plus impérieux des grands seigneurs... Il était toujours au niveau de toutes les positions, au-dessus de tous les excès! On était grave, il était sublime; on parlait d'art et de poésie, il était un grand poëte; il pleurait à un conte bien fait, il riait à un bon mot, il jouissait de toute chose en enfant, du vin, des parfums, des émotions du jeu, de la beauté des femmes, de tous les frissons intimes; il était tout âme et tout esprit...; il était un génie, il était un grand cœur. Les femmes qui l'entouraient le dévoraient du regard; les hommes écoutaient et se soumettaient à ses moindres caprices, le reconnaissant tacitement pour leur maître. Esprits, grandeurs militaires, abbés, hommes d'État, débauchés, joueurs, les philosophes eux-mêmes et les gens de lettres les plus insolents, s'inclinaient devant ce génie excellent et superbe. Les anciens maîtres de la société française comprenaient, en voyant Mirabeau, qu'ils avaient un maître à leur tour. Cet homme était encore un progrès de la toute-puissance : le pape, le roi, la philosophie et le peuple enfin! Grégoire VII, Louis XIV, Voltaire, Mirabeau; et après Mirabeau, Bonaparte; après la liberté, la force... Une histoire à recommencer, un monde à régénérer, une liberté à conquérir!

Au milieu de ces réflexions confuses, un nouveau sujet d'attention attira tous mes regards. Non loin de moi était assis un gentilhomme de noble façon, et qui paraissait s'occuper très-peu de ce qui se disait autour de lui. La figure de cet homme était belle et régulière, sa tête était couverte de longs cheveux grisonnants, sa physionomie était calme... Il riait parfois, et son rire était sans pitié; son âge était tel *qu'il eût été impossible de dire s'il était* plus près de la vieillesse que de l'âge mûr, tant il s'était maintenu habilement dans ce moment fugitif de la vie, où la jeunesse vous dit adieu avec un air de regret et de pitié, et vous jette entre les bras inexorables de la raison.

J'avais remarqué cet homme à quelques paroles pleines de sens qui lui étaient échappées. Évidemment c'était un esprit plein d'expérience et de sagesse; il était l'objet de l'attention générale; les dames cherchaient dans son costume riche et décent quelques vestiges des modes antiques; les hommes le regardaient, les uns avec défiance, et les autres d'un air incrédule; quelques jeunes gens avec un intérêt réel, et comme le seul vieillard qui fût assez âgé pour être au-dessus d'eux.

Il se tenait à cette table comme est la statue au *Festin de Pierre*, ni mangeant, ni buvant, parlant peu et parlant bien, sans que personne eût songé à l'inquiéter : il fallait que ce fût une des habitudes connues de sa vie qu'on ne voulait pas contrarier.

Le repas fini, vint le dessert. Les valets couvrirent la table de fruits et, de fleurs, de temples chinois, de vins célèbres, de mille inventions faites pour le goût et pour les yeux. En ce moment où la joie et le bruit accomplissaient leurs plus rares folies, ces dames, sans y songer, détachèrent le dernier lacet de leur gorgerette; un repas français, à cette époque, était composé comme une sonate allemande, le grave *andante*, le tendre *adagio*, et, pour finir, le vif et rapide *rondo*, qui met en train la tête et le cœur : nous étions arrivés au *rondo*.

On porta des toasts aux femmes, aux grands hommes,

à la gloire, à la liberté des deux mondes. Vint le tour de Mirabeau. Mirabeau ne porta pas de santé politique. — A la santé de notre aïeul toujours jeune... A la santé du plus aimable et du plus âgé vieillard de l'univers (jeunes femmes, méfiez-vous de lui); messieurs et mesdames,... à la santé du comte de Saint-Germain!

Le toast fut accepté avec transport. Tous les verres se levèrent légèrement couronnés d'un pétillement joyeux, le choc sonna doucement; au-dessous de ces bras tendus, M. de Saint-Germain relevait la tête, souriant et rendant mille grâces aux convives.

— Il faut nous rendre notre toast, monsieur le comte, dit Mirabeau; nous y tenons d'autant, qu'on nous a dit que vous ne buviez jamais.

— Qu'on me donne un verre, dit le comte.

— Voilà le verre de Clary, monsieur, répondit Mirabeau; buvez et dites-moi : grand merci! Vous êtes le seul, monsieur le comte, à qui je voudrais accorder cette faveur. Mais vous, sage vieillard, vous ne distingueriez pas sur ce verre enchanté la place heureuse où toucha cette lèvre amoureuse... Ainsi buvez sans peur dans le verre où buvait ma belle Clary.

M. de Saint-Germain prit le verre qu'on lui offrait, et d'une voix légèrement tremblante : A la santé, dit-il, des républiques à venir! à votre santé, Clary, qui avez dompté le lion, je bois à vous aussi! On buvait à Cléopâtre quand on disait à Antoine : *Je bois à toi!*

Quand il eut bu, le bonheur se peignit sur son visage; on eût dit qu'il retrouvait une sensation de bonheur oubliée depuis longtemps, même il parut tout à coup rajeuni. — Mais pourquoi à la santé des républiques, monsieur le comte? pourquoi, je vous prie, à la santé d'Antoine et de Cléopâtre? s'écria Mirabeau.

Le comte reprit :

— C'est qu'à présent c'est au tour des monarchies à

mourir. J'ai vu tant de républiques tomber : la Grèce expirée, est assez semblable à la fleur qui se fane au soleil. J'ai vu mourir la république romaine... au milieu d'une fête nocturne, en présence des rhéteurs, des sceptiques, des philosophes, des athées et des femmes, les plus charmantes, un soir d'orgie, une nuit de fête, au milieu de la dégradation universelle. Voilà pourquoi, me souvenant de toutes ces choses, j'ai bu à la santé des républiques à venir, comme autrefois j'avais porté la santé des monarchies. Quant à Cléopâtre... il me souvenait que c'est moi qui ai bu le reste de sa coupe insolente : oh! croyez-moi, cent fois je préfère à ce vinaigre où disparut la perle orientale, le beau verre effleuré par ces lèvres roses, et le reste de ce bon vin d'Aï.

— Vous avez donc connu Cléopâtre? demanda Mirabeau.

— Je l'ai connue, et beaucoup : c'était une toute petite femme, mince et frêle, du corsage le plus élégant, aux yeux noirs et langoureux, à la peau brune et douce; le plus aimable contraste qui se pût voir avec ce robuste, ce gros et jovial soldat qu'on appelait Antoine, l'homme le plus amoureux et le plus brave de la république, et qui fut vaincu par un lâche. Mais ce serait une longue histoire à vous raconter.

— Contez-nous cette histoire, je vous prie, dit Mirabeau, contez-nous-la. J'aime ces temps de luxe et de misère, ces époques fatales où l'humanité, arrivée au plus haut progrès, ne peut plus que reculer, passant par le vice afin d'arriver plus vite à l'esclavage, s'étourdissant de ses propres éléments, oubliant les vrais principes, et se faisant folle, de gaieté de cœur, pour être dispensée de toute peur et de toute prévoyance. Parlez-nous de ces temps que vous avez vus, de ces hommes que vous avez connus; parlez-nous de Cléopâtre; et toi, Clary, appuie ta tête sur le sein de ton Antoine, mon disciple bien aimé.

Alors, sans viser à l'effet, très-simplement, et comme s'il eût raconté une histoire de tous les jours, le fameux comte de Saint-Germain :

— C'est l'heure ou jamais, messieurs, nous dit-il, de nous rappeler en quel état misérable était ce bas-monde, à l'heure où Jules César, habile et clément continuateur de Sylla, eut enseigné, une dernière fois, au Capitole humilié, que désormais Rome elle-même était une esclave et que le Capitole avait un maître. Ô l'abominable et douloureuse leçon! Elle attend, inévitablement toutes les grandes choses dont la chute est d'autant plus cruelle et complète qu'elles tombent de plus haut! La leçon profita surtout à trois hommes : Octave, un lâche habile, Antoine, un brave idiot, Lépide, un caprice du hasard; ces trois hommes furent un instant les trois colonnes sur lesquelles reposait l'univers; mais lorsque Lépide eut été jeté de côté comme un paradoxe qui a fait son temps, il arriva qu'entre Octave et Marc-Antoine le débat fut long et disputé. Le monde alors se partagea entre ces deux maîtres, prêt à battre des mains au vainqueur; et, comme à ce monde, abandonné aux plus tristes hasards, il fallait à toute force une occupation puissante qui pût remplacer la liberté à laquelle il renonçait, on se rejeta dans les théories philosophiques, dans les doctrines du bien et du mal; tantôt le spiritualisme, et plus souvent la sensation; aujourd'hui l'Académie et demain le Portique. Mais ces graves questions avaient été débattues dans la Grèce avec un éclat impérissable; elles avaient déjà assisté à la décadence de cette république enchantée; elles avaient été embellies par ce langage ingénieux et cadencé que Platon avait apporté du ciel. Aussi fut-ce un vain effort quand l'oisiveté romaine voulut aller sur les brisées de l'oisiveté athénienne ; elle se perdit dans ce dédale éloquent dont l'éloquence seule a trouvé les détours; Cicéron lui-même les dénatura dans sa maison de *Tusculum*. En dernier résultat, loin d'avancer, la morale fit un pas rétrograde; elle prit un masque, comme dans les histoires de Salluste. Ainsi, pour la vertu, elle s'en tint à la définition du dernier Brutus.

J'ignore, si l'esprit humain à cet instant périlleux n'eût pas eu d'autre débouché, à quels excès il se fût porté. Peut-être bien que, faute de mieux, Rome se fût mise encore à faire de la liberté, bien qu'à ce métier elle se fût fatiguée et perdue. Heureusement qu'elle fit de la politique, ce qui n'est pas la même chose. Alors mille recherches furent entreprises sur le génie et l'avenir des nations, sur l'excellence des gouvernements, sur les meilleures lois de l'avenir. C'est ainsi que mon ami Thomas Morus, malgré mes conseils et mes prières, écrivait l'*Oceana* sous le règne de Henri VIII, et se dépouillait de son habit de chancelier d'Angleterre pour monter à l'échafaud. La politique était donc la principale occupation du monde romain pendant qu'Octave et Marc-Antoine, tantôt unis, tantôt séparés, se battant l'un contre l'autre ou poursuivant ensemble Cnéius, le fils du grand Pompée, amis inséparables, ennemis jurés, réunis ensuite par l'hymen d'Octavie, la sœur d'Auguste, dont la touchante beauté et les vertus simples et modestes auraient dû enchaîner ce soldat mal élevé, méditaient chacun de son côté l'asservissement de l'univers.

Pour moi, insouciant voyageur dans ce monde ainsi divisé, moi qui, en fin de compte, n'appartenais à aucun parti, j'avais cependant suivi Octave en Orient, parce que l'Orient devait être le théâtre de ces grands débats... Jamais dans vos livres, jamais dans vos extases de jeunesse, et dans vos plus beaux jours de gloire, à l'heure où vos dômes étincelants et chargés de drapeaux resplendissaient sous les feux du soleil, vous n'avez vu, vous n'avez imaginé rien de comparable à l'Alexandrie de Cléopâtre. Figurez-vous l'Italie en sa force, la Grèce aux formes riantes, l'Orient et sa richesse, enfin ce que la république a de grandeur, ce que la royauté a de grâce et de majesté, deux mondes confondus sur un seul point ; à la tête du premier monde Antoine, l'ami de César, son lieutenant dans ses conquêtes, accompagné de ses vieilles cohortes, géant au cœur de lion, au sourire de jeune homme ; à la tête de l'autre monde arrivait Cléopâtre, entourée encore de l'amour de César, reine à la tête de jeune fille, aux blanches mains, à la démarche de déesse, montée sur un vaisseau d'ivoire et d'or aux cordages de soie, aux voiles de pourpre ; et tant de jardins, de palais suspendus au-dessus de ces deux puissances, vous aurez à peine une idée approchante de la splendeur et de la beauté d'Alexandrie.

Hélas! dans cette ville même la politique nous avait suivis. Incurable maladie des nations oisives et fatiguées, la politique était partout, dans le palais du proconsul et sous la tente du soldat, en Orient, en Occident, dans les maisons mêmes. Les Romains de la république se trouvant en présence d'une reine affable et pleine d'attraits, les sujets de Cléopâtre, au contraire, appelés à considérer de plus près la bonhomie guerrière d'Antoine, il se fit que chez les républicains survint un grand amour de monarchie, et que les sujets du trône furent envahis d'un grand désir de république. Cela ne prouvait qu'une chose, à savoir que des deux côtés, reine ou empereur, chacun dissimulait, chacun se faisait meilleur que de coutume, uniquement par envie de plaire, car ni l'un ni l'autre n'avait besoin de descendre à flatter le peuple : ils s'en souciaient fort peu, j'imagine ; et lorsque la reine souriait aux cohortes, elle souriait à leur général ; le général, de son côté, faisait sa cour à Cléopâtre en parlant aux sujets de la reine ; c'était toujours la même déception, ce qui n'empêchait pas en théorie que le principe ne restât pur et à l'abri de toute atteinte ; il ne s'agissait que de savoir à qui resterait l'empire. A ce sujet je me pris de grande dispute avec un stoïcien du vieux système, imbu des doctrines sévères de son école. Il se nommait Scaurus; il était le frère d'un des partisans d'Antoine, mais sa conscience, qui lui défendait de fréquenter un courtisan, les avait séparés depuis longtemps. C'était, à tout prendre, un homme d'une pensée énergique et d'un beau langage. Cependant il est demeuré sans nom, parce qu'il est donné à peu de philosophes de se faire un nom durable. Il avait quatre-vingt-dix ans, lorsque je lui fermai les yeux dans la délicieuse maison de Campanie que lui avait laissée son frère en mourant : je le vois encore, orné d'une longue barbe noire et se promenant à grands pas sous les portiques en récitant tout ce qu'il avait ajouté à la République de Platon, tout ce qu'il savait du même traité de Cicéron, que le temps a fait disparaître et que peut-être un jour je retrouverai dans mes papiers; sans compter qu'il avait toujours présentes les belles pages d'Aristote contre la tyrannie, et en particulier *contre ces hommes sortis de la classe des démagogues, forts de la confiance du peuple à force d'avoir calomnié les hommes puissants*[1]. Ainsi armé, et m'écrasant de l'exemple de Philon à Argos, de Phalaris dans l'Ionie, de Pisistrate à Athènes, de Denys à Syracuse, mon stoïcien sortait souvent vainqueur dans nos disputes de chaque jour; car pour moi, peu jaloux de m'appuyer d'exemples passés et de rappeler ces grandes monarchies si admirablement constituées qui avaient fourni à Alexandre le modèle de la sienne, je me retranchais dans la discussion du principe, dont je vous ferai grâce parce que, tout grands politiques que vous êtes, je vous ennuierais mortellement.

Nous étions donc toujours en discussion, Scaurus et moi; et, comme j'avais apporté tout mon sang-froid dans

1. Aristote, *de la Politique*.

cette dispute et que j'attendais avec patience quelque bon argument bien décisif en faveur de la royauté, je me repaissais à loisir des belles et grandes rêveries du philosophe. Cette belle imagination prenait toutes les formes, parcourait tous les sentiers, passait en revue toutes les opinions : tantôt, comme Bias, elle définissait la *république* un respect pour les lois, égal à la terreur des tyrans ; ou bien, comme Thalès, un nombre égal de riches et de pauvres ; d'autres fois, avec Pittacus, elle appelait de tous ses vœux un État où les scélérats seraient exlus de la magistrature ; enfin, avec Chilon, elle chassait les orateurs de la tribune pour ne laisser régner que la raison. Vous ne sauriez croire avec quel ravissement j'écoutais ces rêveries touchantes ; car, autant les théories politiques sont à redouter parmi la foule ignorante et grossière, autant ces mêmes théories sont intéressantes dans la bouche d'un sage.

Une nuit où tout reposait, excepté nous et les sentinelles des deux camps, dont les lances au fer éblouissant renvoyaient au loin les pâles rayons de la lune d'avril, assise sur son trône d'argent, nous nous promenions, mon philosophe et moi, dans les murs silencieux d'Alexandrie, sous ces portiques de marbre blanc, au milieu de ces fontaines qui ne se taisaient ni jour ni nuit, et comme dominés par le fleuve aux flots d'argent où se balançait mollement la galère de Cléopâtre. Nous nous taisions. Ce silence qui succédait à tant de tumulte n'était pas sans charmes ; nous poursuivîmes notre route jusqu'à ce que nous fussions arrivés au palais de la reine. C'était un vaste et élégant édifice entouré et défendu de toutes parts, il s'appuyait sur cette même tour au sommet de laquelle Antoine fut enlevé, frappé d'un coup mortel. Tout était silencieux dans le palais ; pas une lumière qui indiquât un de ces festins somptueux dont chaque toast était annoncé à la ville par des fanfares, comme s'il se fût agi d'un triomphe ; une nuit de paix et de calme, au temps de Ptolémée, une de ces nuits silencieuses comme si César, enveloppé dans l'ombre, et se cachant à tous les regards par un dernier respect pour le sénat et le peuple romain, eût dû venir le soir même et sans bruit visiter cette voluptueuse reine d'Asie adorée entre tous les amours.

Cette nuit sans orgie et silencieuse nous surprit quelque peu ; nous étions encore à chercher en quels lieux se divertissait l'empereur, lorsqu'à l'angle du palais nous aperçumes une petite porte... un mystère, qui s'ouvrit lentement. Bientôt un esclave en sortit; il referma la porte avec précaution, après quoi il se dirigea vers la ville où tout dormait. Il portait sur ses épaules un tapis de Perse aux couleurs sombres, et roulé avec soin. Nous fûmes curieux de savoir à qui ce tapis pouvait s'adresser ; peut-être était-ce un présent que la reine envoyait à quelque capitaine romain. Nous suivîmes donc, presque sans le vouloir, le tapis et l'esclave : ils entrèrent d'abord chez un devin célèbre par ses prédictions et son inflexible avenir.

— Vous verrez, me dit Scaurus, qu'il s'agit de quelque enchantement, d'un philtre amoureux sans doute.

Ainsi parlant, il levait les épaules, comme un homme qui ne croit ni aux astres ni à leur influence ici-bas.

Bientôt l'esclave et le tapis reparurent, et nous les vîmes entrer dans la tente d'Énobarbus. Énobarbus était l'intime d'Antoine, un glouton et jovial compagnon de ses guerres et de ses plaisirs.

— Par Jupiter! m'écriai-je, mes pressentiments ne m'auront pas trompé : Énobarbus aura ce beau tapis.

Mais le tapis et l'esclave reparurent quelque temps après, et ils se dirigèrent dans un quartier tout opposé, chez Mécènes, le favori d'Auguste. Caché dans Alexandrie, il méditait en secret la ruine d'Antoine. Mécènes n'était pas encore ce que je l'ai vu depuis, gros, gras et lourd, tout parfumé des louanges d'Horace et des apothéoses de

Virgile : il était tout simplement un diplomate à la main blanche, avec le bout de l'oreille déjà rouge, et d'un embonpoint très-décent qui, de nos jours, n'eût pas outrepassé les bornes d'un fauteuil de conseiller d'État.

— Je n'y comprends plus rien, dis-je à mon compagnon, et vous?

— Moi non plus, reprit-il. Ce sont de trop grands seigneurs pour conspirer par l'entremise inoffensive d'un vil eunuque. Quant au tapis, à quoi peut-il servir? Je l'ignore, mais, foi de philosophe! on donnerait vingt tapis comme celui-là pour le savoir.

— Nous le saurons peut-être, lui répondis-je; il ne s'agit que d'attendre.

En effet, nous attendîmes beaucoup plus longtemps à la porte de Mécènes qu'à celle d'Énobarbus. A la fin le tapis se montra de nouveau, et ce ne fut pas sans surprise qu'au détour du môle de Césarion nous le vîmes entrer, devinez où? A la caserne même des gardes prétoriennes. C'étaient d'anciennes troupes de César, les premiers vainqueurs de l'Égypte, les mêmes qui avaient imaginé de frapper au visage ses jeunes et beaux guerriers plus jaloux de sauver leur beauté que leur vie elle-même. Nous fûmes sur le point de renoncer à la recherche de cette énigme. — A qui donc en veut cet esclave? et que veut-il? où va-t-il? — La caserne le retint longtemps. Quand il en sortit, plusieurs soldats le suivirent jusque sur le seuil et baisèrent avec respect la pourpre tyrienne; à la clarté des flambeaux nous apercevions la couleur douteuse du mystérieux tapis.

— Vous m'avouerez, me disait tout bas mon stoïcien, que voilà un singulier messager : généraux et soldats, la tente du diplomate et la simple caserne, tout lui convient; il se glisse et partout avec la même sécurité... Et, si je ne me trompe, le voilà qui entre dans le palais d'Antoine, aussi facilement qu'un Athénien entrerait à l'Académie.

En effet, au milieu de mille acclamations bruyantes, le mystérieux tapis fut introduit dans le palais. Le palais du général éclatait de mille feux; échauffés par le vin, les convives, Africains ou Romains, esclaves parvenus ou nobles descendant de familles patriciennes, se livraient à cette gaieté bruyante qui plaisait si fort à l'empereur. Savant dans les voluptés de l'Asie, on avait vu Marc-Antoine donner une ville pour un bon plat de poisson, honorer son cuisinier à l'égal d'un homme de guerre; et même ce soir-là le festin était plus somptueux que jamais, car on parlait dans le public d'un défi entre Antoine et Cléopâtre, d'une lutte inouïe entre ces deux puissances, d'un triomphe ineffable de volupté qu'il s'agissait de remporter. L'arrivée de l'esclave au tapis de pourpre fut donc brillante et animée; à ce moment le banquet recommença de plus belle et les flambeaux jetèrent une clarté plus vive. Pour nous, assis à la porte du palais, et sans nous communiquer nos doutes, nous nous livrions à mille pensers divers. — L'âme de Scaurus était en souffrance et sa sévère indignation ne pouvait se contenir à l'aspect de ce Romain qui se jouait d'un monde et qui aurait donné le Capitole pour une nuit de plaisir. Moi, en homme habile et prudent, que rien ne saurait étonner, je trouvais plaisante cette destinée de la vieille Rome qui venait aboutir, en dernier résultat, aux plaisirs d'un débauché et d'une reine adultère. En vérité, pour celui qui sait l'histoire et qui la voit de près, c'est une bien misérable chose, ces empires dont la chute a fait tant de bruit. Il faut avoir de la pitié de reste pour s'apitoyer sur ces masses inertes qui s'écroulent, dès qu'elles ne peuvent plus soutenir leur propre grandeur; un royaume qui s'écroule est un équilibre perdu, voilà tout. Cependant, pour celui qui doit survivre à cette énorme chute, c'est un singulier spectacle : voir tomber un empire et comprendre combien ridicule est sa chute. — Il obéit désormais, s'il est favorisé du ciel, à des barbares qui l'envahissent, ou, moins heureux, il est envahi par quelques palmiers stériles du désert et par des herbes rampantes, comme vous pouvez voir les ruines de Thèbes et de Memphis.

Cependant la nuit s'avançait : les étoiles jetaient un éclat moins vif, on entendait déjà le bruit naissant d'une grande ville qui s'éveille à la tâche de chaque jour : le vent du matin circulait en sifflant dans les voiles du port, et nous allions nous retirer quand la porte d'Antoine s'ouvrit encore une fois. Alors nous aperçûmes cette *troisième colonne de l'univers* recharger en chancelant, sur les épaules de son esclave, le tapis mystérieux. A ma grande surprise, je reconnus dans l'esclave Éros, bon et valeureux soldat, le même qui devait apprendre à son maître comment il fallait mourir. Il était facile de voir qu'Éros avait pris sa part du festin : son pas était mal assuré, et souvent il s'arrêtait, pour retrouver sa route. Il allait ainsi, hors de lui, lorsqu'un incident étrange vint ajouter à son trouble. Nous étions encore en présence du palais d'Antoine : l'*Imperator*, entouré de ses courtisans, et chargé comme eux de la couronne de lierre des banquets, respirait machinalement l'air frais du matin, tout étonné de voir se lever l'aurore autrement qu'à la tête d'une armée. En ce moment se fit entendre une musique... Elle n'était pas de la terre !... C'étaient des sons doux et tristes qui n'étaient pas sans charme, et qui n'avaient rien d'humain. A ce bruit les Romains ôtèrent leurs couronnes ; Éros s'arrêta :

— Les dieux s'en vont, dit-il ; Bacchus nous abandonne! O dieux ! mon maître est mort !

En même temps de grandes larmes roulaient dans ses yeux. Je m'approchai de ce brave Éros.

— Salut, lui dis-je ; et que les Heures aux doigts de rose et toutes les divinités du matin te soient propices !...

Mais il me paraît, Éros, que vous menez une vie assez pénible, et comment se fait-il qu'à cette heure, après les libations de la nuit, vous n'êtes pas étendu tout du long dans le *triclynium* de votre maître, entre ses deux molosses bretons, et serrant dans vos bras quelque bonne esclave sicilienne qu'il vous aura donnée en un moment de belle humeur?

— Par Hercule! et c'est bien parler, mon maître! reprit Éros : m'est avis que je travaille comme un consul, tandis que je devrais être heureux comme un grand-prêtre.

Puis levant les yeux vers son tapis avec un air langoureux et sentimental, qu'il avait puisé dans une vieille amphore de vin de Chypre :

— Un joli fardeau, disait-il. Que ne suis-je le Grec Anacréon! je te ferais une petite chanson de dix syllabes, toi qui es l'arbre sous lequel repose mon maître, dans les grandes chaleurs de l'été :

— Quel est donc cet arbuste que tu portes? reprit l'impatient Scaurus.

Éros reprit en chantant, sur un air de courtisane :

Un joli arbre, sur ma foi : ses fleurs sont des perles blanches,
Ses fleurs sont d'or comme la fleur du saule.
Trop heureux qui peut serrer ce jeune tronc dans les deux mains!
Trop heureux qui peut embrasser ses racines!

Je vous demande pardon, mesdames, dit le comte en s'arrêtant : j'ai honte moi-même de ces vers blancs, qui me feront prendre pour une traduction de Shakespeare; mais vous m'excuserez si vous songez sous combien de révolutions poétiques il m'a fallu courber la tête. Enfant, j'ai commencé par scander les vers de Sophocle et d'Homère; homme fait, je me suis occupé de l'alexandrin de Virgile et des vers saphiques d'Horace; sous le grand poëte Ronsard, je me souviens d'avoir été un des meilleurs pâtissiers français. A présent votre mode poétique est trop variable pour que je puisse aussi m'y soumettre. Pardonnez-moi donc mes vers blancs, s'il vous plaît... Pardon encore, et je ne sais plus où j'en étais de mon récit.

— Vous en étiez à l'esclave, reprit vivement la belle Clary, penchée à demi sur son amant.

— Et le chanteur chancelait de plus belle en riant.

Si tu voulais me confier ton fardeau, Éros, lui dis-je, je le porterais sans peine et sans peur.

— C'est un pesant fardeau, disait Éros, que de porter la Cilicie avec la Cappadoce et le Pont-Euxin, et je ne sais combien de villes nombreuses...

— Mais je suis aussi fort que toi, ce me semble, et si, tu portes tout cela, je pourrai bien le porter moi-même.

— Aussi fort que moi? disait Éros; c'est impossible! tu es un homme libre, et j'ai sur toi l'avantage et l'honneur d'être un esclave.

Et il poursuivait sa pensée tout en se parlant à soi-même :

— Un bon esclave est le maître de son maître; et si son maître est le maître du monde, il est, lui aussi, le maître absolu du monde; si la fortune sourit à son maître, il a la plus grande part de ce sourire; et quand la beauté se rend à son maître, il a encore le droit de s'en féliciter... Voilà bien la peine d'être libre! reprit-il après un instant de silence. Tout homme libre que tu es, si tu laissais tomber ce fardeau, tu serais mort : il y aurait un tremblement de terre au premier choc, et l'abîme à l'instant s'ouvrirait pour te dévorer comme Curtius. De ce fardeau il n'y a que moi qui aie le droit de me jouer; moi seul je pourrais le laisser choir sans mourir, parce que je suis l'esclave d'Antoine. Aussi bien est-ce pitié lorsque, dans l'antichambre de mon seigneur, je rencontre des rois timides et tremblants. Ils se lèvent à mon aspect, et, saisissant leur couronne à deux mains : — Salut, me disent-ils, salut au seigneur Éros ! vive à jamais le clément Éros !... Et ils sont heureux de me prendre la main, parce qu'ils savent que souvent, de la main que voilà, un sceptre peut tomber.

Ainsi parlait Éros. Au son emphatique de sa parole on voyait qu'il était convaincu de sa dignité d'esclave et de sa supériorité sur les hommes libres. En même temps, il jouait avec son redoutable fardeau comme un enfant jouerait avec un hochet, le changeant d'épaule à chaque instant ; après quoi, tout fier de son audace, il me regardait fièrement pour me défier d'en faire autant.

— Donne-moi ton fardeau, mon cher Éros, repris-je encore une fois : tu dois être assez fatigué de l'avoir porté toute cette nuit !

Il me le céda sans mot dire ; en le chargeant sur mon épaule, il avait je ne sais quel sourire sardonique qui n'annonçait rien de bon.

— Puisque tu veux à toute force emprunter mon fardeau, le voici. Imprudent ! que dirais-tu si ce tapis devenait tout à coup une jeune lionne prête à te dévorer ? Ce tapis est comme un rosier de l'Égypte : ne remuez pas sa tête rose et parfumée, vous en verriez sortir un aspic au noir venin. Rends-moi, homme libre, rends-moi mon fardeau, car la liberté te sera un méchant bouclier à l'instant du danger.

Cependant j'étais décidé à voir la fin de cette étrange aventure ; je ne voulais pas, par une vaine terreur, perdre le fruit d'une nuit d'attente, et malgré les sinistres prédictions d'Éros je marchais toujours à ses côtés. D'ailleurs mon fardeau n'était pas sans charmes : c'était un poids léger, inoffensif, mais, autant que je pouvais le comprendre, avec des formes charmantes et cette douce et pénétrante chaleur qui donnerait des forces au plus faible. Nous repassâmes devant la caserne,

— Est-ce là qu'il faut entrer, demandai-je à Éros?

— Par Apollon! disait Éros, pas à présent : il fait trop jour, tu ferais reculer le soleil!

En effet le jour était arrivé; et quand nous fûmes en présence du palais de la reine nous pûmes le voir distinctement, enveloppé de la blanche lumière du matin, comme un cadavre dans un linceul. Arrivés près de la porte, Éros se retourna vers nous :

— Il en est temps encore, nous dit-il : rendez-moi mon fardeau, et vous êtes sauvés.

— Nous entrerons, Éros, reprit le brave Scaurus, et nous verrons si tu es assez esclave pour avoir le droit de sauver des hommes libres.

Nous entrâmes, en effet. Nous étions seuls. Le vestibule était de marbre; une savante mosaïque déroulait à nos pieds mille peintures riantes; le plafond doré était éclairé par les restes mourants d'une lampe à quatre becs suspendue à une longue chaîne de bronze. Déjà nous frappions à une seconde porte, quand Éros eut pitié de nous :

— Imprudents! nous dit-il, n'allez pas plus loin! Vous tomberiez parmi les gardes de la reine et sous les flèches de ses archers. Il ne tiendrait qu'à moi de vous punir de m'avoir espionné toute une nuit; mais mon noble maître Antoine m'a appris qu'il était doux de pardonner... Écoute, me dit-il d'un ton solennel de commandement, mets à terre ce tapis, déroule-le doucement, et tu comprendras, malheureux, à quels périls tu t'exposais!

J'obéis; je plaçai mon fardeau par terre, et, prenant par les deux mains l'extrémité de la pourpre tyrienne, d'abord j'aperçus une lueur fugitive, une forme idéale qui se cachait sous ces plis de pourpre, jusqu'à ce qu'enfin, à l'extrémité même du tapis, je découvris, le dirai-je? Cléopâtre elle-même, la reine d'Alexandrie, la maîtresse d'Antoine, endormie et plongée dans une ivresse léthargique!

Vous ne seriez guère avancés si, à ce propos, j'avais besoin de vous prémunir contre tous les mensonges de l'histoire. On en a fait beaucoup sur Cléopâtre; elle était petite et mignonne! Elle avait la pétulance et la vivacité d'une jeune panthère, la peau légèrement brune, une voix aigre et colère, un visage d'enfant dédaigneux et boudeur: telle était la reine. Ainsi elle parcourait les rues de sa capitale, à l'abri de ce tapis complaisant:

Toutefois ce fut un étrange spectacle, pour nous surtout, qui n'avions aperçu cette grande puissance de l'Orient qu'à travers les pompes de la cour et les apprêts minutieux de sa coquetterie insatiable, de la voir étendue à nos pieds, ivre-morte et dans un désordre à ce point complet, que vous l'eussiez prise pour une bacchante en un jour d'orgie, oubliée par les satyres au coin d'un bois. Elle était là immobile et pâle comme la lumière qui frappait sur son pâle visage; ses cheveux étaient en désordre, elle était à peine vêtue; il eût été difficile de reconnaître à ces yeux égarés, à cette bouche entr'ouverte, l'ancienne amante de César, la jeune et belle reine assise sur le trône d'Orient; d'autant plus qu'avant cette ivresse nous nous souvenions d'un souvenir invincible de ses visites multipliées, autre part qu'au palais d'Antoine.

Et voilà l'affligeant spectacle qui frappa nos regards. Pour moi, j'en fus consterné. Je me suis toujours senti un grand faible pour le pouvoir dans les mains des femmes: quand la loi salique fut promulguée je fus chassé du conseil des vieux barons, pour m'y être opposé trop vivement.—Éros jouissait de ma consternation, il l'attribuait à la peur.

Il n'en était pas ainsi de mon compagnon: perdu toute la nuit dans ses belles rêveries de grandeur et de majesté populaires, il venait de trouver, tout à coup, un terrible argument en faveur de son amour pour la république.

— Donc vois-tu, me dit-il en s'approchant près de la reine étendue, et vois-tu ce corps inanimé, cette âme anéantie, et ce gracieux sourire effrayant par son immobilité même? vois-tu cette ivresse profonde, et ces traces hideuses d'une débauche nocturne? Eh bien! tout ceci, c'est pourtant la royauté!

Sans répondre à cet accent terrible, je me mis à baisser la toge de la reine, à l'arranger elle-même dans une position plus décente; je réparai de mon mieux le désordre de sa toilette. Il était complet. Bien plus, je remarquai que, dans le vagabondage de sa nuit, la reine avait perdu une des perles qu'elle portait à ses oreilles, aux grands jours. En effet, l'oreille droite était nue, tandis qu'à l'autre oreille était suspendue encore la seconde merveille de l'Orient. La Reine tenait dans ses mains une large pancarte : il s'agissait de plusieurs royaumes que lui avait donnés Antoine pendant la nuit. Je m'emparai à mon tour de cet argument sans réplique :

— Cet homme idiot qui paie avec des villes et des populations entières une palpitation d'un instant, cet amant fougueux qui donne à sa maîtresse des milliers d'hommes pour un baiser, ce terrible empereur qui joue la vie et les destinées de Rome sur un sourire, cet époux de la jeune et timide Octavie, qui vit en plein jour avec une prostituée, cet homme enfin dont les esclaves sont salués à genoux par les rois, voilà pourtant la république, Scaurus! Oserais-tu la préférer à la royauté?

Ici se termina notre dispute. Éros, dont l'ivresse se dissipait, comprit enfin son imprudence. Il replia la reine endormie en son manteau, il nous fit sortir en toute hâte du palais, referma la porte, et tout finit.

— Voilà, mesdames, comment se termina cette discussion politique. Elle eut le sort de toutes les questions qui s'agitent dans ce monde; après bien des explications, bien des clameurs, bien des sophismes, et quelquefois de grosses et interminables injures, chacun reste obstinément dans son opinion; misérable et triste penchant de notre espèce, qui des choses humaines n'aperçoit jamais qu'un seul côté.

Ainsi parla le vénérable comte de Saint-Germain. Malgré soi, telle était la vivacité, telle était la conviction de sa parole, que l'on assistait à ces fêtes qu'il racontait en témoin oculaire, irrésistible. On le voyait, on l'entendait, on le suivait au milieu de ces parfums, de ces femmes, de ces jeunes esclaves; on retrouvait dans son discours comme un souvenir de cette langue ionienne qui, après avoir traversé l'Italie, s'est retrempée dans la bouche des conquérants. C'était alors, en Orient, comme en France avant la révolution de 1789. Le sophisme et le plaisir débordent de toutes parts dans la terre des Pharaons et des Pyramides; le vieil Orient lui-même est soumis à une décomposition sociale. Cela commence et finit par des femmes et des débaucher, comme dans le Paris de Louis XV.

Voilà comment l'histoire de Cléopâtre nous fut racontée, et j'ai vu rarement une plus noble attitude que celle du comte de Saint-Germain, quand, arrivé à la fin de son récit, à cinq heures du matin, par la ville d'Alexandrie, et l'aurore étincelante dans le ciel lacté, entre deux brises froides et sonores, et la galère d'ivoire aux voiles de pourpre se balançant dans le fleuve, on entendit dans les airs cette musique plaintive annonçant aux mortels la fuite des Dieux qui s'en vont!

TROISIÈME PARTIE

CHAPITRE I

Quand tout fut dit, chanté, déclamé, nos convives des deux sexes, répandus dans les petits salons frémissants de toutes les gaietés de l'orgie, appelèrent le jeu à leur aide, et Mirabeau ne fut pas le dernier à ces tables qui furent bientôt couvertes de louis d'or. Si Mirabeau n'était pas un joueur d'habitude, à peine il en avait senti le premier aiguillon, il obéissait à cette passion si vite éveillée; il en était du jeu comme de l'amour, comme de la colère, et de tous les transports de cette âme en plein délire, une fois lancé, on ne savait plus où il s'arrêtait.

Mirabeau, était superbe, une carte à la main; il n'eut pas tenu, d'une façon plus magistrale, la carte même de l'Europe à dépecer, et je ne saurais dire, au milieu des pertes les plus acharnées, l'orgueil et le sang-froid de ce joueur admirable. Ah oui! l'or glissait dans ses mains avec une effrayante rapidité, et sa figure restait calme et tranquille; une fortune était étalée au hasard sur le tapis; vous auriez dit, à voir cet homme écouter une plaisanterie et la rendre à qui de droit, qu'il jouait la fortune de son voisin... à vrai dire aussi, ces derniers seigneurs étaient de beaux joueurs. A peine échappés à la tutelle importune de leurs pères, qui n'avaient pas été plus sages qu'eux, ces jeunes gens jouaient sur une carte ou sur un dé leur fortune et leur avenir; ils auraient joué jusqu'au nom de leur père qu'ils avaient souillé, et dont leurs maîtresses elles-mêmes ne voulaient plus.

Rien qu'à les voir les uns et les autres, obéissant au hasard, le plus aveugle et le plus triste de tous les dieux, vous eussiez compris que la fin du monde était proche; ils jouaient sans peine et sans peur, le gain leur arrachait à peine un sourire, et la perte à peine un cri de détresse! Évidemment, ils pressentaient que d'autres émotions, cette fois plus terribles, les attendaient au sortir de ces repaires; ils pressentaient les supplices, ils devinaient l'échafaud.

Ils comprenaient confusément que cette société faite ainsi ne pouvait pas vivre, et ils se hâtaient de *dévorer* ces derniers jours de fortune et d'autorité. Mirabeau, calme et bonhomme au milieu de ce jeu funeste, était inaccessible à toute émotion vulgaire. Il causait, il riait, il souriait à sa maîtresse; il racontait les histoires qu'il avait apprises chez la belle madame Lejay, son amie, ou bien, un crayon à la main, il écrivait sur une carte déchirée les principaux passages de son discours du lendemain. Il aimait le jeu pour le bonheur même de jouer, non pour le gain, entassant l'or devant soi sans méthode et sans calcul quand il était en veine, et le rendant sans se plaindre aussitôt que la chance avait tourné. En même temps, qu'il gagnât ou qu'il perdît, le premier venu avait droit de puiser au monceau: la bourse de Mirabeau riche était ouverte; on lui pouvait emprunter la moitié de sa réserve, ou bien il la donnait tout entière. A son tour, s'il était décavé, il puisait dans toutes les bourses, sans se rappeler, le lendemain, à quelle bourse il avait puisé.

Admirable instinct de cet homme excellent! Il avait tout oublié de sa vie et de ses douleurs d'autrefois, sinon qu'il avait contracté des dettes éternelles dont il devait se souvenir toujours, à propos de l'infortune, à propos de la prodigalité la plus folle, à propos des plus étranges folies. Il fut ainsi toute sa vie, accordant toutes choses et prodiguant tout ce qu'il possédait au premier venu, puis se faisant des créanciers de tous les hommes qui lui tendaient la main. J'avoue aussi que Mirabeau, jetant au hasard sa fortune et celle de ses amis, m'étonna d'abord, et qu'il me rendit jaloux ensuite. Nous étions alors dans un siècle de moralistes à la façon de Sénèque. On discutait beaucoup sur la tempérance et sur la charité, sur toutes les vertus qui n'étaient plus en usage; on attaquait sans réserve et sans pitié la passion du jeu, on la représentait sous d'atroces couleurs; on montrait sur la scène un joueur appelé Beverley, au moment où ce malheureux va poignarder son enfant; bref, le jeu était à l'index presque autant que la religion chrétienne, et par esprit de contradiction je me sentis intéressé à ces ruines du roi de carreau et du valet de cœur presque autant que si j'eusse rencontré sur les autels renversés de Port Royal des Champs, un des solitaires de la vallée de Chevreuse, M. Lemaistre ou M. Arnauld.

J'ai toujours eu, Dieu merci, assez de bon sens pour prendre en grand mépris les déclamations toutes faites, et j'en suis fâché pour messieurs les moralistes, le grand jeu ne sera jamais la passion des lâches ou des stupides. Dans cette dernière moitié d'un grand siècle, la France, l'Angleterre et la Russie, ont été gouvernées par des joueurs.

Singulier empire des âmes fortes qui cherchent le danger; elles font de leurs moindres divertissements une occasion de courage et placent, de préférence, le théâtre de leurs plaisirs sur les bords glissants d'un abîme où elles sont toujours sûres de tomber.

Cependant le jeu s'animait de plus en plus ; les tout nouveaux jeunes gens succombaient sous le poids de ces émotions trop sévères pour leur inexpérience ; les femmes s'abandonnaient à cette volupté de l'or, oublieuses de tout le reste, et même de leur grâce et de leur beauté. Mirabeau avait l'air d'être le dieu de ce silence et de ces transports inarticulés ; il fallait toute cette âme en peine pour suffire aux accidents de cette nuit. La nuit était déjà passée, il avait vu le bal, il avait traversé les vapeurs enivrantes du festin, à présent il jouait, dans une heure il devait parler à la tribune... attendu par le monde, attentif aux moindres accents de cette voix où grondait le tonnerre... il oubliait l'heure, il oubliait la tribune, il oubliait au jeu, sa maîtresse elle-même... Il allait à la dérive, à l'abandon de l'heure présente, heureux de son vice accompli, et ne pensant guère, aux ambitions, aux rêves, aux folies, aux gouvernements, aux intrigues qui l'attendaient sur le seuil de sa porte, à son retour!

Hommes et femmes autour de lui succombaient à la fatigue, au sommeil ; moi-même fatigué de choses extraordinaires, je me disais, voyant l'assemblée à bout de tant d'émotions si diverses : Jamais je ne retrouverai, non, jamais, réunis sur un seul point, tant de mœurs incroyables, tant de puissances irrégulières et d'aventures inouïes, et comme si je n'en voulais rien perdre, je me tenais à la porte extérieure de cette maison, je voyais s'avancer une à une, toutes ces apparitions formidables ou gracieuses de cette nuit de fête et d'illusion de toute espèce. Alors Mirabeau, mon fantôme, accompagna galamment la charmante femme qu'il avait amenée, il la remit dans sa voiture en lui disant : Au revoir !

Lui-même il monta dans un carrosse qui l'attendait ; j'entendis son laquais crier au cocher : « En toute hâte, à Versailles! » Le cocher partit pour Versailles; et moi, honteux du repos que j'allais prendre. — A Versailles! m'écriai-je à mon tour, à Versailles! Je voulais voir enfin ce qu'on appelle une tribune populaire à la cour d'un roi de France, un orateur au XVIIIe siècle, enfin quel était ce phénomène, et cet excès en toute chose appelé Mirabeau!

Nous partîmes. On allait vite alors, sur ce chemin des révolutions et des tempêtes, et même avant Mirabeau; j'entrai dans cette assemblée unique au monde, où furent débattues, pour la première fois, les destinées nouvelles de la France. En ce moment, déjà la noblesse et le clergé ne formaient plus qu'un seul et même corps avec les représentants de la bourgeoisie. A peine entré dans cette salle, je compris l'égalité ou plutôt je compris que les priviléges étaient déplacés, qu'ils avaient passé de la noblesse au peuple, du clergé au peuple, du roi au peuple, car le peuple était roi en ce lieu des changements; les simples habits de la bourgeoisie éclataient de plus de majesté que toutes les broderies de l'armée et de la cour. Du reste, rien ne ressemblait là à ce que je m'étais figuré des assemblées, des tribunes et des orateurs antiques. Chacun parlant à haute voix, chaque dispute interrompue et reprise avec une ardeur ineffable, les préjugés se heurtaient contre les préjugés, les priviléges contre les priviléges; c'était un informe et furieux chaos de vieux noms et de noms nouveaux, de vieux et de jeunes principes; tous les éléments d'ordre public et de discordes éternelles étaient là, mélangés, pressés, heurtés. Dans ce tumulte organisé comme une force irrésistible, on copiait pêle-mêle, au hasard, sans choix et sans plan, tout ce qu'on savait du sénat romain, des parlements anglais, des lits de justice de la vieille France, et tout ce mélange allait au hasard, sans méthode, et par je ne sais quelle inspiration de révolte, que l'on ne saurait imaginer.

Certes, vous eussiez dit, à voir tant de frivolité unie à tant de sang-froid... un vrai joueur qui pour se dépiquer de sa perte, finit par jouer sa fortune et sa vie. Aussi, malheur à ceux qui perdent : ils se troublent, ils hésitent, ils tiennent le cornet fatal d'une tremblante main ; ils perdent toujours, on dirait que les dés sont pipés ; cependant le peuple, heureux joueur, gagne et gagne encore, et la revanche et la revanche ; il joue autant qu'on veut qu'il joue, et plus qu'il ne peut perdre ; il accepte avec rage tous les paris, il se fie à toutes les chances, il gagne... et chose étrange, lui seul, en commençant la partie, a joué sérieusement ; lui seul il a pensé qu'il y allait d'un immense hasard ; lui seul a gardé son sang-froid, arrivant tête nue à l'assemblée, en vrai polisson qui n'est pas invité, attendant à la porte, et par un temps d'orage, qu'il plaise à l'huissier royal d'ouvrir cette porte, et se baissant pour y entrer en mettant le genou en terre aux pieds du trône ! Il fallait bien qu'il eût une envie extrême de tenter la fortune, ce joueur nu et dépouillé, qui passe humblement par tant d'humiliations, pour venir hasarder, sur quelques paroles, à une tribune qui n'existait pas, le pauvre rien qui lui reste, et pour tenir tête à ces violents joueurs des salons de Marly !... Il n'avait cependant qu'une mise à perdre en commençant ; cette mise perdue, aussitôt tout était perdu... Le maître des cérémonies entrait dans la salle, et renvoyait les joueurs malheureux.

A cette lutte immense où la liberté de ce peuple était en jeu, un homme se rencontra dans la foule de ces nobles, qui accepta les dés plébéiens ; il se fit peuple au moment où la chance allait tourner ; il se livra en aveugle à cette chance plutôt qu'il ne la dirigea ; poussé par un instinct sublime il devina dans cette décomposition sociale, qui faisait justice de tous les despotismes, à quelle borne fatale on devait s'arrêter ! Incroyable vertu par laquelle cet homme, intelligent d'une situation si nouvelle se trouva, tout à coup, brave et vertueux, comme on entend la bravoure et la vertu dans les républiques, orateur plus que Démosthène et plus que Cicéron, et dépassant, de toute la hauteur d'un front olympien, tout ce que l'imagination antique avait rêvé d'un orateur!

Tout ce qu'on voyait en ce lieu était son ouvrage; les lois enfantées, les lois à naître, la nouvelle politique appartenaient à cette éloquence. Ah! le vif plaisir, écouter l'écho qui répétait son ardente parole, admirer les visages où se reflétait son mâle courage, assister à ce pouvoir plébéien dont il était l'âme et le roi! A Louis XI, au cardinal de Richelieu, ardents faucheurs de puissances tyranniques, succédait Mirabeau. Mais il leur succède avec un autre but, un autre plan, un autre génie; il quitte absolument cette ligne tracée, et le voilà qui fait du pouvoir contre le trône, pour le peuple. Aussi voyez comme il arrive habile et superbe à cette tribune, entouré de vices, chargé de dettes, accusé de tous les crimes, ayant passé la nuit en débauches sans fin! Le voilà! c'est lui! le sourire à la lèvre, et l'auréole à son front! Silence et respect! Le voilà! Il sera mieux reçu que le puissant cardinal en habit rouge, entouré de ses gardes. Voici donc Mirabeau, le Mirabeau chargé du mépris public, le roi de son temps, le roi des temps à venir, le fondateur d'une dynastie éloquente d'hommes libres; Mirabeau qui, pour dernier honneur, sera livré aux gémonies, après sa mort.

Ma tête, en ce moment, se remplissait des bruits les plus étranges; mon cœur battait à se briser, je voyais tous les objets comme dans un nuage confus; cette salle, ouverte à la libre parole, avait pour moi l'aspect d'un sabbat, comme en a vu Gœthe notre poëte. C'étaient de grandes ombres de diverses couleurs, noires, blondes, horribles à voir, doctes ou charmantes; les uns portaient le deuil, les autres étaient en habits de fête; tous étaient jeunes, à les bien voir, seulement c'était une jeunesse folle d'une part ; c'était, d'autre part, une vieillesse inquiétante et délabrée. En ces lieux de la discussion universelle, on se battait jusqu'à la mort ; on se heurtait à se briser. La confusion augmentait à chaque instant, à chaque instant augmentait la terreur, puis tout cela disparaissait dans un abîme insensé où pataugeaient comme en l'*Enfer* du poëte florentin, les vainqueurs, les vaincus, les nobles et les plébéiens, les prêtres et les rois : Battez-vous ! Déchirez-vous ! Mordez-vous ! Ça grouillait, ça hurlait, ça jurait, ça damnait... c'était damné !

La France était à mes yeux un pays de visions surnaturelles. Tout y était mystère et confusion, je rêvais tout éveillé, mes yeux étaient dans un nuage, un perpétuel bourdonnement obsédait mon oreille épouvantée. Alors je compris ce qu'il y a de vrai dans les fictions poétiques, comment il est des faits au delà du langage des hommes, et comment, si la naïveté et la clarté sont le caractère de la poésie aux temps primitifs, la véhémence de l'expression est une tache inévitable au milieu de ces conflits sans relâche et sans repos. Sur ces entrefaites, je vis entrer Mirabeau.

Il avait un peu réparé le désordre de ses vêtements : sa figure était calme et reposée ; il eût été impossible, en ce moment, de soupçonner qu'il avait passé la nuit dans les délires du bal masqué, d'un souper licencieux, d'un récit fantastique et d'un jeu infernal entrecoupé d'un travail assidu. Il faut à l'éloquence, au bruit, à l'impossibilité même, des hommes de cette force morale et physique, pour y suffire. On eût dit, à voir Mirabeau, le visage calme et souriant, qu'il avait passé une paisible nuit dans son lit chaste et solitaire, qu'il s'était levé ce matin même pour se promener dans ses jardins, méditant quelques-unes de ces belles et grandes idées qui embellissaient les frais ombrages de Tusculum.

Notre homme était semblable à un bel orage, et tout

d'abord, il fut salué par les vives acclamations de son peuple : « — Ah ! le voilà ! le voilà ! vive à jamais Mirabeau ! A bas la droite ! » Au même instant un gros homme que j'avais déjà remarqué au bal de l'Opéra et qui était, lui aussi, un des membres de l'assemblée, se levait plein de fureur !

— Veux-tu faire silence, ô foule idiote et brutale, et crier vive le roi ! Puis après avoir apostrophé la masse, il provoquait plusieurs individus, les montrant du doigt et les appelant à haute voix. — Si vous n'êtes pas content, Monsieur, je puis vous faire raison. — Huissier, apportez-nous ce cuisinier qui se plaint là-bas, que je lui coupe les deux oreilles ! — Peuple stupide, idiot !... te tairas-tu ! Et le gros homme était là, rugissant, menaçant, s'agitant sur son banc, plein de rage et de mépris.

Mirabeau vint à lui, et lui prenant la main : — Bonjour, monsieur mon frère, lui dit-il ; vous êtes bien en colère et mal embouché, ce matin, contre nos amis.

— Vous avez là de beaux amis, reprit le vicomte de Mirabeau, et je vous en fais mes compliments, monsieur mon frère ! Oui da, vous voilà bien fier de cette alliance de bottiers, de tailleurs et de cuisiniers, vous, le fils aîné de la famille des Riquety ! Cela est noble et beau !

—Je suis étonné, vicomte, reprit Mirabeau, que tu dises tant de mal des cuisiniers, ce matin ; il faut que tu aies bien déjeuné !

La galerie se mit à rire, et Mirabeau, sans mot dire, revint à sa place ordinaire, sur le banc opposé à celui où siégeait son frère ; il porta ses yeux aux tribunes, saluant ses connaissances et ses amis, encourageant le peuple d'un regard ; je le vis sourire à une grande femme qui se tenait sur la tribune la plus avancée ; elle était belle et déjà violente, autant que si la bataille oratoire en était à son premier feu ; on me dit que cette dame, à l'aspect martial, était une des sœurs de Mirabeau. Famille intrépide, ardente! italienne à demi! Famille de géants!

Là je retrouvai, pour la première fois, presque toute la société que j'avais vue au *Trompette blessé*: Maury à droite et Barnave à gauche! Or voilà ce que je n'ai pas dit encore, mon ami inconnu, celui qui me conduisait à sa volonté: il s'appelait Barnave. Il était pâle et fatigué; lui seul peut-être, en cette assemblée, il avait passé la nuit loin du bruit, des fêtes, du jeu et de cette volupté sans frein qui mordait cette époque de plaisirs cuisants. Tous ces noms qui sont devenus si beaux, étaient presque inconnus alors. J'en ai oublié beaucoup... je n'oublierai jamais l'aspect imposant de ces hommes que je considérais avec mes idées d'Allemand, et mon admiration pour le règne du grand Frédéric, comme des révoltés constitués.

Si Mirabeau n'eût pas été le roi de l'assemblée, à coup sûr je n'aurais vu que Barnave! Mirabeau m'occupait tout entier. Dans cette assemblée où tous les regards, tous les cœurs, toutes les émotions étaient pour lui, jamais roi de France, jamais dauphin de France, après de longues années de stérilité, jamais jeune reine, à sa première entrée au milieu de sa capitale, n'occupèrent les âmes et les cœurs autant que Mirabeau les occupa: il était impossible de l'aimer ou de le haïr médiocrement. Lui, sans s'inquiéter de tant de regards fixés sur sa personne, causait familièrement avec ses voisins, lisait, saluait! et, parfois se baissant, leur faisait mille niches plaisantes comme ferait un jeune écolier à ses camarades; cependant sa figure était calme, son air était froid, et la discussion commencée allait, suivant son chemin, attendant l'obstacle... et l'obstacle aussitôt rendait la vie et le mouvement à ces langueurs.

Barnave en ce moment parlait: je me souviens confusément de son discours, c'était la parole austère d'un jeune homme, et si la vertu eût emprunté un langage, elle eût emprunté celui de Barnave. Il représentait fort bien, cet homme ingénu et bel esprit, dans sa pensée et dans sa parole, l'inflexible courage qui s'attacha de préférence, aux temps de révolution, à quelques jeunes gens d'élite, sublimes rêveurs; à peine échappés à l'antiquité, chaste objet de leurs études, ils se hâtent de réaliser les institutions des peuples d'autrefois qui leur sont apparues à travers le style des historiens et l'emphase ardente des orateurs; jeunes gens, dangereux dans les monarchies et dans les républiques modernes, parce qu'ils ne voient pas que l'histoire qu'ils ont étudiée au milieu des livres, ils l'ont étudiée telle qu'elle a été faite, pure et dégagée de tout alliage: une histoire héroïquement drapée, dont les vices même sont parés avec un art exquis; en un mot, une abstraction réalisée par les rhétoriques; quelque chose d'idéal comme les lois de Platon; un rêve à la façon de Thomas Morus; et, dans ce rêve où la liberté dominait, triomphante, tel était le fanatisme ardent des jeunes législateurs, que nul obstacle ne les arrêtait! Une fois lancés, ils allaient toujours. Allons, en avant, jeune homme; et marche, et marche, et renverse abominablement sur ton passage, brise et détruis, l'autel et le prêtre, et le trône et le roi! Bientôt le songe aux noires couleurs devient un cauchemar, la parole de l'orateur est haletante, il parle haut, il parle de meurtre et de sang. Ainsi parla Barnave. Ah! que ses paroles m'attristèrent! Dans quel effroi me jeta cette colère inutile, et sans frein! Que Barnave dut être épouvanté de ses paroles sanglantes, quand, descendu de la tribune, il se réveilla, voyant déjà monter à sa lèvre le sang qu'il avait demandé!

L'effet de cette tribune élevée au-dessus d'un trône était le même que le trépied de la Pythonisse; il s'exhalait du pied de cet antre, je ne sais quelles influences perverses qui jetaient l'âme au désordre, et le cœur au désespoir! Notez que dans cette réunion de fanatiques, pour le bien et pour le mal, les plus méchants étaient les plus jeunes, que les plus vertueux étaient les plus acharnés, que la plupart de ces vœux qui me faisaient frémir d'horreur n'étaient en résultat qu'un effort de vertu. Et quel temps fut jamais plus défavorable à l'exercice honnête et dévoué du grand art de la lutte et du combat? Quel plus dangereux contraste avec les nobles pensées et les philanthropiques projets! Il arrive, en ces instants sombres, que l'homme de bien s'emporte... il n'a plus ni égards ni respects pour personne; il juge en dernier ressort, et sans appel, comme un juge de chambre ardente; il ne laisse pas même une heure aux faibles, aux innocents pour se défendre ou se repentir. Ainsi faisait Barnave, ainsi Vergniaud, ainsi tous ces hardis courages, ces imaginations généreuses qui ne voulaient rien entendre, et qui moururent, portant la peine de leur vertu sans patience et de leurs vœux sans pitié.

Je me sentis de la pitié pour Barnave, et du mépris pour ses antagonistes : le vieux clergé et la vieille noblesse de cette assemblée étaient deux choses vermoulues. A les voir, à les entendre, les préjugés les plus gothiques régnaient encore, aux yeux de ces hommes aveuglés. Pour eux, l'avenir n'était qu'un mensonge, et le passé seul était réel; le passé rempli de leur puissance, exposé à leurs priviléges, humilié par leur orgueil; le passé que leur ignorance avait flétri, que leurs dissipations avaient perdu, que leurs folies de courtisans avaient réduit à rougir même de sa gloire!

Aux yeux de ces hommes, le cri du peuple était le cri d'un fou, d'un lâche, heureux d'implorer son pardon, avant qu'il soit huit jours. La liberté, c'était une comédie au Jeu de Paume, que la cour s'apprêtait à parodier, aussitôt que le théâtre de Versailles serait débarrassé du plancher élevé pour le festin des gardes du corps... Ils ont subi, les uns et les autres, cette exorbitante comédie! Elle s'est changée en drame, et ce drame a tout brisé!

Quand Barnave eut parlé, Mirabeau se leva de son banc; à peine avait-il écouté le discours auquel il allait répondre; il marcha lentement à la tribune, en côtoyant les bancs de la gauche et de la droite, et prêtant l'oreille à tous les murmures; du plus léger murmure il faisait son profit, plus d'une fois, d'un mot en l'air, il a fait un mot sublime! Il gravissait les marches gémissantes de cette tribune où son pas résonnait lourdement. Le silence était grand, Barnave avait repris sa place, vainqueur et complimenté par ses amis. Mirabeau se posa lentement, croisa les bras, et jetant ses regards çà et là, il commença. D'abord sa parole fut lente et brève, on eût dit d'un soupir tiré avec peine de sa vaste poitrine, après une orgie. En commençant son discours, il bégayait : cela durait quelques minutes. Peu à peu l'homme, obéissant à des visions surnaturelles, devenait éloquent. Cette langue hésitante et tout d'un coup échappée à ses liens, brisait, torturait et violentait la parole humaine dans cette bouche ouverte à toutes les passions; au même instant ce regard s'animait de mille feux, cette épaisse chevelure se relevait sur ce vaste front comme la crinière d'un lion en colère ou en amour; le feu sacré circulait dans tout cet homme; il s'emportait, il riait, il insultait, il plaisantait, il tonnait, il éclatait; tour à tour moqueur et grave, attristé, jovial, ironique et tendre, blasphémant, menaçant, criant, puis calme et doux, passionné avec mesure et bien-disant, élégant et châtié; puis soudain jetant le barbarisme avec toute la hardiesse d'un improvisateur qui ne veut pas donner de relâche au carrefour, prophète, enfin, du haut de la tribune, et grand seigneur d'autrefois, peuple d'aujourd'hui; il est impossible, à qui ne l'a pas vu, le monstre, à qui ne l'a pas entendu mugir, de se figurer quelle abondance et quelle variété, au milieu des ressources infinies de la parole et de la passion; quel sublime pouvoir de la langue française obligée de suffire à ce cœur, à cette âme, à ces passions sublimes, à ces vils besoins, à cette élévation de pensées, d'idées, de faste, de pouvoir, qui respirait par l'organe éclatant de cet entasseur de foudres et d'éclairs.

Cette fois tout est bouleversé dans l'éloquence ; et c'est à ne plus s'y reconnaître ; il n'y a plus de calcul, plus d'art, plus de ces savants résultats d'une vie entière consacrée à l'étude austère des préceptes et des modèles ; cette fois c'est le hasard qui parle avec les fureurs, les rencontres, les violences du hasard. Jamais vous ne saurez comme il était orateur ; jamais dans les pages imprimées vous ne retrouverez ce qu'il y avait de force et de majesté dans cette parole au-dessus de la tribune et plus haut que le ciel ! Pour moi, fanatique, égaré, perdu, terrassé à l'annonce incroyable de ces maximes, à l'aspect de ces projets, en présence de cet ancien esclave des bastilles, du bon plaisir et de la *lettre de cachet*, qui tue à plaisir les lois, les institutions, les hommes, renversant l'obstacle et franchissant l'abîme, je ne savais guère ce que je devais admirer le plus, ou du génie obéissant à ces inspirations sublimes, ou du génie acharné à sa proie, à sa vengeance, au renversement de tout ce qui l'avait accablé si longtemps.

Telle était l'autorité de cette éloquence ! Elle avait fait, de moi qui vous parle, un révolutionnaire, et si Mirabeau, comme c'était quelquefois son habitude, et quand il avait besoin d'un argument irrésistible, s'était écrié : *A moi le peuple !...* Eh bien, j'aurais mis la main sur mon épée et je me serais levé contre mes dieux, pour combattre et renverser mes propres autels !

CHAPITRE II

Tant d'émotions extrêmes m'avaient jeté dans un indicible accablement; si bien que je n'étais plus le même homme, au sortir du Jeu de Paume. J'allais devant moi, sans savoir où j'allais. Vous qui êtes jeunes et sans ambition, il est une chose plus redoutable à vos jeunes âmes que la passion la plus dangereuse, c'est le spectacle insensé d'une immense supériorité. Ce spectacle, aussitôt qu'il vous arrive inattendu et dans tout son éclat, flétrit l'âme et la déshonore. Que vous vous trouvez malheureux et petit quand les mêmes hommes qui vous ont vaincus dans les emportements de la jeunesse, héros brillants du vice à sa plus brillante période, vous les retrouvez une heure après, dominant de leur génie et de leur volonté ce qu'il y a de plus imposant dans le monde, une révolution qui renverse et qui fonde en tout brisant! Et de même qu'ils se faisaient tout à l'heure obéir par les courtisanes les plus insolentes et les plus fières de leur beauté, voilà les libertins, les Don Juan, les amoureux des Cydalises qui s'en vont, guidant, par un fil, cette révolution qui s'est faite aux accents de leur voix, jetant la couronne du buveur pour s'envelopper dans le manteau du stoïcien!

Étonnants prodiges, dont le ciel même est épouvanté presque autant que la terre!... Ils sont réservés au destin de ces astres errants qui menacent le monde, emporté par eux. Encore une fois, c'est un grand malheur pour qui n'est pas un lâche, quand il lui est donné de mesurer l'abîme qui le sépare de ces grands génies; le même homme qui s'estimait encore ce matin, se fait pitié le soir; il se prend dans un profond mépris à considérer sa nullité, il sent le besoin de s'arracher à ces humiliantes comparaisons; son cœur est dévoré d'une tristesse plus pénible et plus triste que l'envie: enfin pour échapper à ces douloureuses angoisses, il n'y a pas d'autre moyen que de fuir et de se cacher dans une patrie où il est encore permis d'être médiocre. Heureuse situation d'un empire qui ne se sent pas vieillir, tranquille paix des vieux états despotiques, que tous les empires despotiques de l'Europe ont perdue aujourd'hui !

Ainsi accablé, perdu, abîmé dans mes désolantes réflexions, traînant avec peine mon amour-propre humilié, j'ignore comment cela arriva, mais je me trouvai tout à coup dans la cour de la poste aux chevaux. Justement, au milieu de cette vaste cour se tenait tout grand ouvert un large coche aux vastes portières, déjà rempli de voyageurs : on me dit que ce coche allait aux frontières, une place y restait vacante, et je l'arrêtai ! On n'attendait plus pour partir, que le conducteur et les chevaux.

Alors je me dis à moi-même : A quoi bon rester en France? et qu'ai-je à faire en ce monde où je ne comprends rien, au milieu de ces hommes qui m'épouvantent, entouré de ces ruines qui tombent, et qui peut-être finiront par m'écraser, sans que j'aie eu la gloire et l'honneur d'y porter une main prudente? Eh oui! l'ennui même, un ennui calme et naturel convient beaucoup mieux à mon âme, que ces fougueux plaisirs que mon cœur ne peut contenir. Une passion modeste et malheureuse exposée à des chagrins modestes, ne saurait-elle pas remplacer ces épileptiques transports d'une société qui se hâte de vivre et qui tourne obéissante à des hasards pires que la mort? — N'ai-je pas vu, d'ailleurs, tout ce qu'il y avait à voir en France, à l'heure où nous sommes: Les ruines de la Bastille, et le bal de l'Opéra; Notre-Dame de Paris et le Waux-Hall, les boutiques du Palais-Royal et *le Mariage de Figaro*, Barnave et Mirabeau, mademoiselle Guimard et la Reine; le cabaret, le Jeu de Paume, et la cour? O ma tranquille et ma rêveuse Allemagne! Il n'y a rien qui te vaille et rien qui me convienne autant que ton nuage et ta paix domestique!... Allons! çà! je veux partir!

A peine arrivé, j'écrirai à ma mère pour implorer mon pardon! Elle ne peut pas me condamner à ce bruit abominable, à cette fournaise où l'on brûle, à ce Paris plein de menaces... Mais juste ciel! que cette diligence est lente à partir!

Rien n'agite le sang comme le repos et le calme en de certains moments. Une voiture immobile, à l'heure où l'on voudrait être emporté au galop de ses chevaux, ressemble à un sourd-muet en colère. Il se fâche... On rit! Il veut parler... on l'écrase à force d'ironie. — Est-ce que nous ne partirons jamais, Monsieur?

— Où donc allez-vous, Monsieur? dis-je, à mon voisin de droite, un homme, aux yeux bleus; il me répondit gravement :

— Je suis un amateur de roses : dans mon jardin de la barrière de Fontainebleau j'en possède un compte de trois cent trente-deux espèces; je n'ai pu avoir encore un beau plan de la *Félicia*, il faut que je me complète, et je vais en Suisse pour la chercher.

— Pour moi, reprit le voisin de gauche, on aime autant que monsieur les choses complètes. Je possède dans ma bibliothèque une admirable suite des éditions d'Horace, et c'est le seul livre raisonnable que je connaisse; aussi je puis me vanter de l'édition *princeps*, imprimée à

Milan, en 1470 ou 71, par les soins d'Antoine Zaroth de Parme, une édition de Venise à la fin du XIe siècle, une de Ferrare et celle de Florence, on possède un bel exemplaire sorti des presses d'Antoine Miscominus, d'Alexandre Minutianus et de Jean de Forli. J'ai trouvé, naguère, sur le Pont-Neuf, l'édition Aldine de 1501, et l'édition d'Alde le jeune, de 1551. J'ai hérité de l'Horace de Jocodus-Badius-Allusius; je possède aussi l'Horace de Daniel Heinsius, imprimé par les Elzévier, en 1612. L'Horace de Jacques Talbot de Cambridge, et celui de La Haye, et l'Horace de Baxter, mais je n'ai pas encore trouvé l'Horace publié à Lyon en 1511, et je vais à Lyon pour le chercher.

— J'aime les papillons, dit le troisième et j'en ai chez moi de mille sortes, fleurs volantes dans l'air, chargées de peinture et d'azur; j'ai passé ma vie à les mettre en ordre, à les ranger par espèces. Avant-hier ma gouvernante a brisé l'aile droite de mon *papilio atropos* du lac de Genève, et je vais en Suisse pour le chercher.

— Et vous, Madame, avez-vous aussi une collection à compléter? Elle me répondit en souriant :

— J'ai six enfants dont je suis la mère : le premier s'appelle Jules, il fait déjà des élégies et des drames; le second s'appelle Ernest, et il ne parle que de fleurets et de tambours; Antoine est beau comme un ange, et ne parle que du ciel d'où il est venu; Tom est charmant dans son air malin et boudeur; vous n'avez rien vu d'aimable et de bon comme mon gros et jovial Grégoire; mon tout petit Gabriel vient d'être délivré de ses premières dents; je suis une heureuse mère, ajouta-t-elle d'un air pénétré. Si vous étiez venu plus tôt, vous les auriez vus tous les cinq autour de moi me donnant le baiser d'adieu; mais j'ai encore un autre enfant, une jeune fille de seize ans, ma Clémence, et je vais en Suisse pour la chercher.

Ces trois réponses me jetèrent dans une profonde rêverie. En ce moment je venais de comprendre, enfin, comment et pourquoi je ne pouvais plus partir.

— Mon Dieu! m'écriai-je en relevant la tête péniblement, mon Dieu, Madame et Messieurs, que vous m'avez fait de mal, sans le vouloir! Véritablement je ne saurais partir avec vous : gens heureux, partez sans moi : les chevaux arrivent, les postillons sont prêts... A l'instant même où je mettais le pied à terre, la lourde voiture s'ébranlait, les passants se pressaient contre la muraille, les chiens hurlaient, et je restai seul au milieu de Versailles, moi qui tout à l'heure encore m'en croyais absent à jamais.

Or, (voici que je reviens à mon accident du bal masqué), tel fut le raisonnement qui m'empêcha de quitter Paris et Versailles, comme c'était tout à l'heure encore ma très-formelle volonté. Quoi donc, me disais-je, il y a, dans cette diligence embourbée une demi-douzaine de très-honnêtes gens qui s'arrachent aux habitudes les plus chères de leur vie et qui partent, un jour d'automne, pour courir après une fleur, un enfant, un insecte qui leur manque, et moi, moi seul avant de partir, je n'ai pas songé à compléter le seul moment de bonheur qui me soit arrivé en ma vie? Insensé que j'étais! j'aurais donc emporté un bonheur incomplet, un bonheur misérable, et rempli de ténèbres, rempli de regrets!

Je sais bien que je parle en ce moment, par énigme, et que mon récit tourne au mystère... il faut cependant pour que je m'explique, et pour que vous compreniez ma peine, que je vous raconte le plus grand événement de mon étrange soirée au bal masqué de l'Opéra.

Cet aveu me coûte à faire, encore aujourd'hui, à l'âge où les honnêtes gens, leur tâche étant accomplie, et la mort étant proche, ne redoutent plus le ridicule. Ainsi, pensez, si j'étais embarrassé avec moi-même, au moment où je voulus me rendre compte enfin de cette aventure incroyable!... Il serait bon peut-être (ainsi me disais-je) d'écrire instant par instant les moindres émotions de cette nuit qui ne viendra plus !

Déjà je cherchais le papier, la plume et l'encre, quand un vieux valet poussant la porte de mon salon :

— S'il plaisait à Monseigneur, me dit-il, un pauvre diable attend, qui désire lui vendre un encrier.

— C'est bien vu, dis-je, et faites entrer ce brave homme... il arrive à propos.

L'homme entra. Il portait, de ses deux mains, une lourde et massive écritoire en pierre de taille, qu'il posa gravement sur mon bureau. Cette pierre avait la forme d'une tour, les créneaux, les cercles de fer, les fenêtres étroites, la porte oblongue, en un mot rien n'y manquait. Dans un trou qui représentait les fossés fangeux, l'encre flottait, image exacte de la limpidité des eaux du fossé.

Ce je ne sais quoi, d'une forme hideuse me fit peine à voir : — Êtes-vous fou, Monsieur? m'écriai-je, et remportez cette machine horrible, à l'instant.

— Monsieur, reprit l'homme à l'encrier, ceci est très-sérieux, je ne suis pas fou, et je ne plaisante guère ; il y a déjà longtemps que nous ne plaisantons plus, nous autres du faubourg. L'encrier que voilà, et dont la masse attristante pèsera tantôt d'un poids cruel sur les pensées légères de votre jeunesse heureuse, il faut nécessairement que vous le contempliez avec respect. Je l'ai façonné de mes propres mains, avec une pierre de la Bastille, après avoir renversé la Bastille de ces mains que voici !

Ainsi parlant, le rude ouvrier s'approcha de son ouvrage, il le contempla d'un regard plein d'orgueil, puis il reprit : — J'ai fait ce que j'ai pu, mon prince, il est vrai que je ne suis pas un très-habile maçon ; il peut se faire aussi que cette tour ne soit pas positivement une tour, et vous comprendrez facilement que la véritable Bastille était plus belle. Au fait, vous pardonnerez à l'ouvrage en faveur de l'ouvrier. Ce que je puis affirmer ici, c'est que la pierre que voilà, je l'ai prise au coin le plus sombre et le plus terrible de notre ancienne prison d'État. Ce fragment appartient à la plus triste des quatre tours, à la tour de la liberté. Cette pierre est suintante encore; en vain, je l'ai polie, en vain je l'ai limée, en vain je l'expose au soleil levant, au clair soleil qu'elle n'a jamais vu, cela sent toujours l'odeur de la tombe et la moisissure du cachot. Cela nuira peut-être à la qualité de votre encre; à coup sûr, cela doit ajouter à la valeur de l'encrier. Tenez, Monseigneur, voilà encore la trace d'un anneau de fer qui était attaché à ce coin-là! Vous posséderez vraiment un excellent échantillon de notre ancienne Bastille, et quand vous en aurez bien compris toute la valeur, je suis sûr que vous le montrerez avec orgueil.

Cet homme aurait pu parler jusqu'au lendemain, je ne l'écoutais pas! Je me promenais dans l'appartement, cherchant les recoins les plus sombres pour éviter l'aspect de cette Bastille en miniature. Ainsi la voilà donc réduite à cette dimension frivole, cette forteresse insensée où pendant tant de minutes séculaires, tant de sang fut mêlé à tant de larmes! La voilà donc sur ma table, imbécile jouet d'enfant, cette épouvante du Paris féodal. Tyrannie! On y brisait les âmes, on y brisait les corps! Toute la France guerrière et pensante a été renfermée en ce lieu funeste. Il était pour le roi Louis XI un lieu de plaisance! Il servait de coffre à Henri IV! Richelieu n'eût pas gouverné huit jours, s'il eût été privé de sa chère Bastille, et Louis XIV se fût écrié : ma royauté n'a plus de remparts! Un abîme... un tombeau... un échafaud... parfois même un piédestal. Le grand Condé et Voltaire ont été renfermés dans ces murs; l'un, vaincu par la Bastille, tout grand qu'il était; l'autre, faible et pauvre, et vainqueur de la Bastille! Qu'es-tu donc devenu, symbole énervé des vieux pouvoirs? Est-ce bien toi, Bastille, qui gis ainsi sur une table, prêtant la boue et le flot de ton fossé à ma plume oisive, éternelle prison où s'étouffaient les cris des misérables, donjon sans loi et sans pitié où l'écrivain expiait ses plus beaux rêves! Murailles féroces sur lesquelles se sont brisés tant d'amours malheureux, tant d'opinions généreuses, tant de croyances, tant d'écrits brûlés par la main du bourreau! Mais, Dieu soit loué! ces cendres ont fini par retomber sur ta tête comme un linceul? »... Ainsi je rêvais... autour de cette machine d'État, étrange relique du pouvoir absolu.

En même temps je cherchais à me rappeler cette histoire; il me semblait que je découvrirais dans cette pierre arrachée aux cachots séculaires, la trace et le souvenir de tant de misères imposées à tant de grands hommes; il me semblait que ce monument féroce et tout d'un coup infidèle à sa mission, rejetait par tous ses pores, les pensées de révolte et de révolution que le pouvoir confiait à sa garde abominable, impie! En effet, pour peu que vous soyez attentif vous verrez que ce n'est pas l'eau qui suinte en cette pierre arrachée aux ténèbres, ce ne sont pas les cris des misérables qui se font entendre... Écoutez, et voyez! ce qui suinte ici c'est le génie; et si ces murs épais vont crouler et remplir de leurs ruines le monde ancien, c'est la liberté des vieux âges qui brise à tout jamais ces murailles lézardées. O dérision de la force! Honte éternelle de la tyrannie! O retour implacable, inespéré de la toute-puissance... une heure a suffi pour renverser ce rempart, et voici les jouets que l'on fabrique de ses débris!

En même temps, mon rêve allait toujours, et refaisait à ma façon, sur l'immense et terrible *ouï-dire* du genre humain, une Bastille à mon usage: il me semblait que j'étais monté sur la plus haute tour, et soudain, de ces hauteurs, le spectacle le plus animé et le plus dramatique s'offrait à mes regards. Ah! quelle histoire! Hélas! quelle épouvante! O mon Dieu! que de souvenirs! Tout se courbe à tes pieds, Bastille impitoyable! A ton seul aspect les plus grands esprits tremblent, les plus grands cœurs frémissent, les héros se troublent, les saints rêvent le martyre et les innocents le supplice... et puis, tout d'un coup, victoire éternelle! Il n'y a plus de Bastille! Les cachots sont muets, les fossés sont comblés, les chaînes sont brisées, les tortures sont abolies, les corps sont délivrés, les âmes ont des ailes, la pensée est libre! Et tout ce qui est mort ressuscite! Et tout ce qui était bâillonné parle à haute voix! Les cachots sont ouverts! Les tombeaux chantent des hymnes! Triomphe au fond des abîmes et délivrance au plus haut des cieux!

Quant à toi, fabricant de petites Bastilles, parodiste idiot des grandes vengeances, colporteur de ces pierres insultées, emporte à l'instant ce monument de ton génie! Elle n'a que faire ici, chez moi, ta Bastille impuissante, et j'aurais grande honte d'en faire un meuble, à mon usage! Ainsi, va-t'en, et si tu trouves que cette pierre, enfin soit lourde à porter, va-t'en la déposer chez Mirabeau, Vergniaud, Barnave, Duport, Lameth, chez les vainqueurs véritables de la Bastille! A ceux-là seulement un pareil encrier peut convenir. Ceux-là ont brisé tous les vieux instruments qui servaient à donner un corps à la pensée humaine, ils en ont inventé de nouveaux et de plus sûrs; ils ont effacé les vieilles règles même de l'éloquence: ils sont grands, sublimes et politiques, comme on ne l'avait pas été avant eux. Si J.-J. Rousseau vivait encore, il faudrait lui porter cette pierre; elle irait à merveille à sa colère, à ses mépris, à ses vengeances, à sa haine pour l'autorité sans forme et sans nom. Donc loin d'ici, hors de moi ce fragment de la Bastille : ôtez cet encrier de ma vue, il est fait pour contenir les grandes pensées, pour servir le vrai courage et les passions populaires. Non! non! je ne saurais employer à mes vaines écritures ce travail d'un peuple entier ; encore une fois, éloignez de mes yeux cette Bastille... elle me fait honte... elle me fait peur !

L'homme partit emportant fièrement la Bastille entre ses bras : il alla la vendre à la comtesse Dubarry qui partit d'un beau rire à l'aspect de cette grossière image d'un monument qui l'avait défendue et courtisée *in extremis*.

— Vous êtes un grand niais, Monsieur, dis-je à mon valet de chambre, avec vos encriers de pierre éternelle... l'écritoire de M. Dorat me suffisait.

Quand je fus un peu calmé... — Monseigneur (me dis-je à moi-même), essayez maintenant d'écrire ici, avec cette plume innocente et ce peu d'encre oublié au fond d'un cornet, la terrible aventure dont le souvenir vous enferme au milieu de Paris, plus sûrement que si vous étiez enfermé dans le cachot le plus profond de *la tour de la liberté* !

Donc, Monseigneur, souvenez-vous, qu'il y a trois jours, dans un moment d'oisiveté et de curiosité, vous êtes entré sur le minuit, dans la salle de l'Opéra, au beau milieu du bal masqué. Vous étiez seul, inconnu de tous, ne connaissant personne, écoutant sans rien entendre, et voyant tout... sans rien voir. Des ombres passaient çà et là, murmurant tout bas des paroles sans suite et sans accent. Des passions vous frôlaient, souriantes ! Des yeux vous regardaient... brillants ! Des bouches riaient... ironiques ! *Chacun pour soi* était le mot d'ordre et le but de la fête, et puis, je n'étais qu'un étranger dans ces rencontres d'une ville entière qui se cherche, et s'appelle et se reconnaît, à certains signes, dont elle seule elle a le secret. Je restais dans cette foule immobile, inquiet, malheureux, quand tout à coup une petite main se posa sur mon épaule, une voix douce avec cet accent d'innocence que j'aime tant dans les femmes de mon pays, murmura de tendres paroles à mon oreille enchantée :

On te connait, disait-elle, on sait que tu es un philosophe, un Allemand, un jeune homme honnête et réservé comme un vieillard... Ah! jeune homme à l'abri des passions, que viens-tu faire en ces lieux où tout brûle? Ainsi parlait la voix charmante, agaçante, et la beauté qui s'emparait de mon âme et de mon cœur! Figurez-vous une voix d'un beau timbre, une taille élevée, un geste ingénu, l'esprit léger, le rire et la bonne humeur de la vingtième année, enfin je ne sais quoi de vivant et passionné dans le peu que je pouvais deviner de ce visage inconnu; tant de grâce et tant de baisers! Jamais jeunesse et beauté ne m'avaient parlé si tendrement et de si près! « Tu me connais? lui dis-je en tremblant d'une irrésistible émotion, tu me connais beau masque, tu es plus heureux que moi: »

Elle prit place à mes côtés et sa robe, en frissonnant, faisait de beaux plis autour de sa personne, entourée à la fois de mystère et de contentement.

— Oui, dit-elle, on te connait : un homme irritable et jovial, triste et rêveur sans savoir pourquoi, grand observateur de riens, grand faiseur de petites choses, très-médiocrement bon ou méchant, philosophe absurde, amoureux manqué. Beau masque... on te connait... Mais vous, Monseigneur, vous ne me connaissez pas?

— Si je te connais, lui dis-je? Une ombre, une dame errante, une aventure, une habitante de Luciennes ou de Marly, une bergère de Boucher, une pampine de Clodion, une houlette, un jupon court, tout vice et tout sourire... un piége où l'on tombe, une imprudence, et très-jolie, à qui l'amour fait trop de peur, et que l'amour prendra ce soir. Est-ce bien cela, bergère, et voyez si l'on ne sait point parler votre jargon?

Elle reprit, toujours avec la plaisanterie et ce sentiment qui devaient nous mener si loin : — Que fais-tu ici, à cette heure, et pourquoi donc ne pas rester chez vous dans un calme repos? « Do! do! l'enfant do! » C'est une chanson allemande! Il me semble, à te voir huché dans ce tumulte, une de ces sentinelles perdues qui cherchent l'ennemi de tous leurs regards, et qui s'endorment avant de l'avoir découvert.

Elle me dit mille autres folies pleines de grâce et de goût; puis je lui parlai comme on parle à ses amours, et lui parlant tendrement, sans audace et sans peur, je donnais une expression à cette bouche, un mouvement à ses yeux, une couleur à ses longs cils; j'étais comme le statuaire à son dernier coup de ciseau; encore un instant, voilà ma Galatée! « O ma reine! ô ma vie! » Ainsi je lui disais! Puis, sans le savoir, sans le vouloir, je l'entraînais loin de la foule et quand nous fûmes seuls: — A présent, lui dis-je, assis à ses côtés près d'elle, et respirant sa tiède haleine; à présent, par grâce et par pitié, permettez que je vous contemple à mon aise; oublions ces licences, permettez que je vous dise enfin, sérieusement, que je vous aime! Allons! fi du masque! Et, démasqué, je voulais la débarrasser de ce voile importun.

—Non pas, disait-elle, en se défendant d'un geste énergique, non pas, messire, non, vous ne verrez pas mon visage; à Dieu ne plaise en effet, que je joue ici même, en cette folle nuit, sur un regard, tout le bonheur de ma soirée. Est-ce donc ainsi que vous obéissez à la rêverie, ô rêveur? Donc fiez-vous à moi, comme à vous je me fie. Et elle ajoutait je ne sais combien de saillies vives et tendres, agaçantes et timides. J'étais muet, j'étais fou. Cependant tout à côté de cette retraite mystérieuse où M. le régent avait laissé son empreinte et ses souvenirs, les sons bruyants de l'orchestre ajoutaient un enivrement mortel, à mon enivrement.

— Au moins, repris-je, au moins laissez-moi, en partant, un nom que je puisse murmurer dans mes beaux jours, un nom auquel je rattache une idée, un souvenir...

une obéissance, un respect. Ceci est très-sérieux, madame, et je ne plaisante plus.

Elle reprenait sur un ton incroyable de causticité féminine :

Oh! oh! nous voilà, en effet, tombés dans le sérieux! *Madame!* Ah! fi le gros mot pour cette heure emportée et frivole! Ami, croyez-moi, obéissons à l'heure présente, et gardons-nous de renvoyer ce fraternel *toi* dans le séjour des ombres, comme un fantôme après minuit. Quoi donc! tu veux être sérieux à propos d'amour, sérieux au milieu de la vapeur d'un bal masqué? Regarde, autour de toi tout est ruine, et menace; il n'y a plus rien qui soit debout dans l'ancien monde. Et pourquoi ne serions-nous pas, toute une heure, oubliant vous, ce que je suis; moi, ce que vous êtes, Monseigneur? Ici même, ici, un premier prince du sang se laissait tutoyer par madame de Phalaris?

— Qu'il en soit ainsi, lui dis-je, et puisque madame ne veut pas qu'on la voie, au moins a-t-elle un nom qui la rappelle à mon souvenir quand je n'entendrai plus ce bel esprit qui parle avec tant de grâce... et de tristesse...

— Et quoi! dit-elle, ma voix ne dit rien de plus, non pas même un brin de tendresse... un peu d'amour?

Je sentis sa main trembler dans la mienne... Il y eut comme une larme à travers la dentelle jalouse... Ah! qu'elle était belle! Elle exhalait les plus charmantes odeurs de la jeunesse. Elle était toute grâce et tout sentiment... elle se livrait... elle se défendait... elle voulait... elle ne voulait pas... elle avait des licences qui me semblaient venir du ciel même d'Anacréon ou de Gentil Bernard!

C'était bien la femme abandonnée à l'extase, à la crainte, aux transports d'une minute ineffable... Ignorante, elle interrogeait une âme ignorante, elle pensait, elle pleurait tout bas! Tantôt elle m'attirait dans ses bras, sur son sein charmant, tantôt elle me repoussait, avec tant de force et d'énergie! Heureuse — épouvantée — insolente — altière — humble à mes pieds — agonisante! Elle était toute flamme et tout frisson, tout délire, haletante, éperdue... et moi, je passais par toutes ses transes, je provoquais toutes ses espérances, je subissais toutes ses douleurs. Je priais, j'ordonnais, je pleurais, je me fâchais... je lui disais : *va-t'en!* Je la rappelais... consolée! O lutte étrange! ô mystère! Enfin, tout d'un coup, lorsqu'elle eut demandé grâce et pitié, je m'emparai de cette inconnue et, sans rien attendre, ébloui, furieux, j'ouvris ses bras à mon amour; ses bras me retinrent avec une passion silencieuse et frénétique. Oh malheureux! je ne songeais qu'à mes transports du moment, je me livrai à cette femme comme à moi elle se livrait; inconnu à elle inconnue, et délirante, elle à moi délirant, à moi tout jeune, à moi timide, amoureux, plein de fièvre... ô bonheur! Elle était donc à moi cette beauté invisible!... elle était à moi, elle vivait pour moi, et j'embrassais un fantôme! Hélas! tant de passion... et déjà tant de remords! Pygmalion, ta statue est un marbre inerte... O dieu d'amour, fais au moins que je la voie, et qu'elle me sourie! et qu'elle me donne... un baiser. Elle était là furieuse, insensée et pleurante! Elle m'appelait un traître, elle m'appelait un lâche! Elle se maudissait... elle me maudissait. En vain par ma crainte et par mes respects, je voulais protester contre l'entraînement qui l'avait perdue... Elle était immobile! Elle était silencieuse! Étonnée, elle-même, de ce grand crime dont elle était la complice innocente... Oui! Elle avait honte et je partageais sa honte... Elle avait peur et j'avais peur! Ces grands yeux qui me regardaient semblaient mettre au défi ma probité, ma loyauté, ma chevalerie!... Enfin, quand elle me vit à genoux, baisant ses mains, et demandant à mon tour : grâce! pitié! pardon!

— Tu ne me verras pas, dit-elle! Et tu ne l'auras pas, ce baiser que ta bouche implore! — Adieu!

Il faut bien que je le châtie et que je me châtie! Adieu! Elle était déjà sur le seuil de cette porte où l'avaient conduite sa hardiesse et sa mauvaise étoile... Elle s'arrêta, comme obéissante à un remords mêlé de pitié, et d'une voix plus douce, et d'un regard plus tendre, elle ajouta: Pourtant si bientôt arrivait ton dernier jour... mon dernier jour!... Si ton souvenir et ta pitié me restaient fidèles... ou tout au moins si par quelque grande action vous vous montrez digne enfin de ce qu'on a fait pour vous... vous verrez mon visage... ami, vous saurez mon nom... nous mourrons dans notre premier... dans notre dernier baiser!

A ces mots... elle disparut, comme une apparition, dans cette muraille du Palais-Royal et de l'Opéra où tant de vices avaient passé!

CHAPITRE III

Resté seul, je me sentis pris par un grand doute... Allons! me dis-je, elle a bien joué son rôle... et je la reverrai demain! Tant le doute est un corrupteur certain des âmes les mieux trempées! Certes, j'étais convaincu de l'honnêteté de cette femme autant que de sa beauté suprême... Eh bien! lâche et misérable ergoteur, j'aimais mieux la nier à moi-même que d'entourer son cher souvenir de ma reconnaissance et de mes respects. Ingrat que j'étais, ingrat et lâche amoureux, quand tout me disait que j'étais le prémier amour de cette beauté sans nom... Je me faisais toutes sortes de raisonnements misérables pour me bien démontrer à moi-même que j'avais affaire au vain caprice de quelque dame oisive, et qui se moquait de ma naïveté...

Heureusement que j'eus donné bien vite un démenti sans réplique aux sophismes qui s'arrêtaient dans mon cerveau, et ce démenti qui me sauvait de ma honte, je le trouvais dans les transports de mon cœur. Cette fois enfin l'amour l'emportait sur le paradoxe, et par la sincérité de ma douleur, de mes regrets, je comprenais tout ce qui manquait au parfait accomplissement de mon bonheur. J'aimais! J'étais aimé! Elle s'était livrée à moi toute entière... Oui! mais je n'ai pas vu son visage... oui, mais je n'ai pas effleuré cette lèvre où murmuraient ces tendres paroles... à l'*intant* même où j'avais le droit de la retenir! Et maintenant si loin d'elle, et pris d'un regret ineffable, en vain je l'appelle, en vain je la cherche... ou bien la voilà qui me revient, mais toujours invisible... Est-ce vous... est-ce toi, mon fantôme... Et veux-tu me donner enfin ton sourire et ton baiser? »

Telle était mon anxiété! Voilà ma peine! A l'instant même où je quittais la France, épouvanté du bruit, des ténèbres, et de l'immensité de l'abîme, il m'a suffi de rencontrer cet ami des papillons, cet amateur des belles roses, ces faiseurs de collections complètes, ces rêveurs à la poursuite de tant de misérables petits bonheurs, pour comprendre à quel point il serait misérable et honteux de ne pas chercher à compléter, moi aussi, la plus belle heure de mon premier amour.

Ainsi je me rendais compte, à moi-même, et ne voulant rien oublier de cette aventure étrange, des moindres incidents de cette nuit de folie et d'enivrements de tous genres. Il me semblait que cela me consolait de me raconter à moi-même les plus fugitifs souvenirs... Un peu calmé par ces confidences, je revins à Versailles, dans cette ville à part qui n'avait pas, même à cette heure où s'éclipsait la royauté de la France, son égale sous le soleil! En ce moment, la ville était déserte, le roi, la reine et la cour fatigués du spectacle éternel de la cité devenue trop grande pour la royauté nouvelle, avaient cherché une ombre, un refuge, un peu de calme et d'oubli dans le palais de Saint-Cloud où la mort avait fait tant de ravages. Trop heureux ce roi dont le trône est chancelant, trop heureuse aussi cette reine exposée à tant de clameurs, à tant de violences, d'échapper à la fatigue, à l'isolement, aux ennuis de la ville de marbre et d'or.

Versailles, la ville esclave où tout passe, où le grand

siècle a passé... Cité d'un jour !... Caprice éphémère d'un seul roi qui n'avait pas songé que ses enfants et ses petits-enfants ne suffiraient pas à remplir cet asile exagéré de sa propre grandeur. Rien qu'à parcourir cette ville sonore, on comprenait confusément que sa prospérité n'était plus qu'un mensonge, et sa grandeur un rêve. Ce palais dont Louis XIV seul fut le châtelain, dont les deux rois ses successeurs, ne furent que les portiers, encore un jour, encore une heure, il sera trop étroit pour le peuple souverain, pendant que ces hôtels bâtis pour ces ministres, ces capitaines, ces évêques, ces seigneurs seraient trop vastes et trop beaux pour de simples citoyens. La mort pesait déjà sur cette ville insensée à force de richesse et de grandeur, comme elle a pesé sur les villes des lacs sulfureux de l'Écriture, ou sur les villes profanes de la molle Ionie, et sur toi, Venise, ô reine, ô prostituée! A peine elle a perdu sa loi, sa force, elle se fait courtisane, et elle se perd dans la débauche et le plaisir.

Telle elle m'a paru vide, endormie, oublieuse du passé, sans souci du présent, et déjà courbant la tête sous la main pesante de l'avenir, telle on m'a dit qu'elle était encore aujourd'hui, cette ville ouverte à toutes les dégradations. Comme elle vivait de la royauté, elle est morte avec elle. Elle a succombé sous le poids de ses habitudes paresseuses; elle est semblable à ces grands sépulcres ouvragés, taillés et ciselés par les grands artistes que la postérité étudie et contemple sans trop s'inquiéter du nom des morts, enfouis dans ce magnifique cercueil. Quand je le vis, pour la dernière fois, ce temple dégradé où se tenait la majesté de Louis XIV, déjà tout était sombre et mort, l'herbe, ornement des cimetières croissait déjà dans les places publiques, les volets de ses maisons se fermaient silencieusement comme on les ferme à l'heure où l'on part pour un long voyage, tout est fermé au dehors; tout est sombre au dedans; le feu est éteint;

le lit est défait; le meuble est recouvert de ses toiles, la pendule a cessé de sonner les heures, le jardin est mort, vide est le bûcher; la vie est absente à jamais de ces murailles; plus d'enfant qui va naître et plus de vieillard qui va mourir! spectacle épouvantable! Une ville entière qui se meurt! Un règne entier qui s'efface! Une maison pareille, la maison de Bourbon qui tombe en ruine! Versailles aux abois, tout Versailles!... Moi, cependant, je la contemplais dans son agonie, et dans son abandon, cette antique cité des miracles, lorsque au bas de l'escalier du palais j'aperçus un étranger dont la figure douce et calme, l'attitude aimable et le sourire bienveillant attiraient tous mes regards... Il se tenait devant un autre personnage qui portait sur sa poitrine une croix militaire, et qui vendait des petits gâteaux.

Je m'approchai de l'étranger, il me salua. — Voulez-vous manger un petit gâteau avec moi, Monsieur? La reine et le roi sont à Saint-Cloud, et Leurs Majestés ne nous verront pas:

— Je suis bien sûr, répondis-je en acceptant l'offre de l'étranger, que si le roi et la reine nous voyaient, plutôt que de nous blâmer, ils partageraient notre repas, rien que pour faire honneur à cette croix de Saint-Louis.

— La reine surtout, reprit mon homme en puisant de nouveau à la corbeille, elle est si belle... et si bonne.

— Oui, répondis-je, et cette croix est la meilleure preuve que Sa Majesté n'a pas mangé de ces gâteaux; cette croix, elle l'aurait vue; elle voit les malheureux de si loin!

— Et cependant, reprit l'amateur de petits gâteaux, vous voyez bien cette dalle de pierre; elle a cédé de deux pouces depuis que ce brave officier est venu se poser à cette place, pour la première fois.

Ainsi nous devisâmes, lui, l'officier et moi. Lui était affectueux, bienveillant et causeur, l'officier était simple et réservé, moi j'étais fort à l'aise en cette société d'honnêtes gens sans prétentions, et je trouvais les petits gâteaux excellents.

L'étranger était un causeur très-fin, et très-ingénieux; il courait après les plus imperceptibles nuances de la pensée et des objets extérieurs. Je ne saurais vous dire toutes les histoires dont il était le héros, il en avait de charmantes, à propos de rien. Par exemple, il nous montra ses gants, et il nous raconta comment il les avait achetés... — Dans une humble boutique éclairée à demi; le comptoir est tenu par une aimable et charmante femme aux yeux noirs, à la peau blanche, et qui sourit à merveille...

Ainsi la confiance allait s'établissant entre nous; j'étais tout oreille et le bon chevalier de Saint-Louis souriait doucement à sa corbeille à peu près vide... encore un gâteau, j'allais savoir toute sa vie... un importun qui descendait par le grand escalier et qui vint à moi, les bras ouverts, en me saluant de tous mes titres, emporta la confiance de ces deux hommes... Au premier salut du courtisan, le pauvre chevalier de Saint-Louis releva la tête, il prit sa corbeille des deux mains, et se retira lentement d'un air calme et résigné; l'étranger, le suivit, en me jetant un regard de reproche et de pitié. — Je les suivis longtemps des yeux l'un et l'autre, et quand *ils* eurent disparu, je sentis que je les aimais.

Je fus désespéré de les avoir perdus si vite. — Mon Dieu! Monsieur, m'écriai-je en parlant au courtisan, vous me tirez de la plus agréable conversation qui se puisse entendre : ces deux hommes sont vraiment d'honnêtes gens. Pourquoi donc votre aspect leur a-t-il fait tant de peur?

— Mais, reprit l'homme à l'habit, je l'ignore; on n'est pas fait, que je sache, à épouvanter ces messieurs : l'un est un pauvre diable qui a la rage, malgré la consigne, de faire son commerce sur les marches du château; l'autre, savez-vous qui est l'autre?

— Je voudrais bien savoir son nom, répondis-je avec empressement.

— Je vais vous le dire, monseigneur, et quand vous le saurez, plaignez-vous encore de mon intervention... L'autre n'est rien moins que le fou en titre du roi d'Angleterre, à qui je viens de faire délivrer un passe-port.

— Et son nom, je vous prie, Monsieur?

— Dame un nom de bouffon :... il s'appelle Yorick.

CHAPITRE IV

Le secret que j'avais confié au papier, je l'aurais dit volontiers à Mirabeau; mais s'il aimait beaucoup les dames, en revanche il les estimait assez peu, et je craignais son ironie... Au contraire, il me sembla que Barnave était tout à fait le confident que je cherchais, et je lui racontai non pas sans un peu de honte, ma bonne fortune et les doutes qu'elle avait fait naître en mon esprit.

— Bon! dit-il, vous avez trouvé la fin du roman! quelle étrange passion, et quel scrupule incroyable? Une inconnue... Un bonheur incomplet... un baiser qu'on vous a refusé... Ah! triple Allemand que vous êtes, et que dirait M. de Lauzun, s'il avait entendu votre histoire?... Au fait d'où vous vient cet embarras inexplicable? A tout prendre, l'accident qui vous arrive est un accident heureux. Une seule femme que vous ne connaissez pas, si vous savez profiter de l'aventure, peut vous tenir lieu de toutes les autres. Vous donc qui preniez en pitié le fou de la reine, on ne vous manquerait pas de respect en vous donnant un grain d'ellébore! — Ah! dites-vous, la dame était masquée! — Eh bien! prêtez-lui tous les visages qui lui conviennent le mieux! Son masque a caché cette femme à vos yeux, il en cache en même temps mille autres plus belles et plus charmantes, celle-ci que celle-là... Pour vous cette femme est partout; elle a tous les noms, elle prend tous les visages, elle est jeune, elle est belle, elle est noble... elle a tout... Rêvez le reste, et ne pleurez pas! Ainsi parlait Barnave, avec un accent léger, vif, pénétrant, en homme habitué aux objections... Puis, comme il ne me voyait pas calmé...

— O fortune! ô destin, disait-il : une monarchie est en péril, un peuple est renouvelé, l'Europe entière est haletante à l'annonce des plus grands événements, Mirabeau monte à la tribune, éclipsant tout ce qui se présente, et moi, Barnave un élu du peuple, en ce moment je suis le confident des incroyables amours d'un grand prince! A cette heure, et bon gré, malgré moi, et toute affaire cessante, il faut que je m'occupe à compléter une intrigue de bal; il faut que j'assiste aux commencements d'une passion finie! Holà! le joli métier pour toi, Barnave! Et cependant, ajouta-t-il en me prenant la main, je ne trouve pas cela ridicule, je vous assure. Je suis assez malheureux pour respecter toutes les passions; cherchons donc, puisque vous le voulez, quelque remède à vos douleurs d'amour.

— Il faudrait, repris-je un peu rassuré, découvrir quelle était cette femme, comment elle était venue à ce bal et pourquoi donc elle m'a choisi dans la foule, et laissé là, l'instant d'après, sans me dire : *Au revoir!*

— Ma foi, reprit mon nouvel ami, si j'étais que de vous... je me ferais le plus beau du monde, et la tête haute, et le jarret tendu, j'irais, je viendrais, je chercherais... je ne m'adresserais pas à un orateur populaire, animé de toutes les passions d'une révolution sans pitié, je voudrais deviner, à moi tout seul, la dame et souveraine de ma pensée; je la reconnaîtrais à sa voix, à son geste, au feu de ses yeux, à ses mains, à sa parole, à son silence, aux révélations du sixième sens... et puis, si elle échappait à ma recherche, à mes transports, voulant compléter absolument l'amour et le bonheur qu'elle m'a donnés, je chercherais dans la plus belle foule, et quand j'aurais rencontré assez de beauté, de jeunesse et de grâce amoureuse, alors, prosterné sous le regard de cette beauté, je lui dirais : O Madame, un baiser! un seul baiser!... Je ferais mieux, j'irais dérober, comme un voleur de nuit, la sensation qui vous manque, après quoi, j'en demanderais pardon à la dame!... Il y a des injures que les femmes pardonnent toujours. Ainsi, bel et bien votre émotion sera complète, ainsi rien ne manque à votre roman de vingt ans!

Et comme il vit à mon désespoir muet que le remède était trop grand pour le mal : — Non, non, me dit-il, ne faites pas cela. Faites mieux; recommencez un autre amour, un amour complet, retournez au bal et gardez assez de sang-froid pour arracher le masque de la première qui se livrera. Vous avez raison, point de moitié de bonheur, je n'en veux pas pour moi, nous n'en voulons pas, nous autres qui avons une âme. Et cependant, cher prince, moi, qu'un abîme aussi sépare à jamais de l'amour qui me tue, ah! si j'avais touché seulement sa main, si son regard était tombé sur moi, agenouillé, à ses pieds, si j'avais entendu sa voix m'appeler par mon nom : *François Barnave*! En ce moment, je n'aurais plus été Barnave. En ce moment, dompté, docile et soumis aux moindres caprices de la beauté que j'aime, et dont nul ne saura le nom, jamais, François Barnave serait descendu de cette tribune éclatante... il eût déserté la cause de Mirabeau, la cause du peuple; il eût tout foulé aux pieds : honneur, devoir, conscience; et plus sage et plus amoureux que vous, Monseigneur, il eût trouvé son bonheur complet! Dieu du ciel! j'aurais été heureux autant qu'un mortel peut l'être ici-bas! Hélas! je ne vaux pas un sourire de sa lèvre, un regard de ses yeux, un soupir de son cœur. Ce nom-là : Barnave! En vain je l'ai fait terrible... en vain je le veux célèbre, elle l'ignore! En vain ma voix puissante a pesé dans les affaires de ce monde, elle n'a rien entendu, rien compris... Elle ne m'a pas vu une seule fois dans la foule; elle ne me connaît pas assez pour me craindre; et me voilà si loin de mon espérance... et si loin de son désespoir!

Disant ces mots, Barnave était hors de lui. Je le regardais avec un étonnement qui le déconcerta, il domina son trouble, et reprenant son sang-froid :

— Vous voyez, me dit-il, que votre passion n'est pas la seule ridicule! Et moi aussi j'ai ressenti des passions inexplicables; mais j'en suis le maître et je m'en sers pour avoir du cœur. D'ailleurs, quelle que soit la passion qui occupe les hommes, croyez-moi, elle est toujours couverte d'un masque, et le plus sage est de ne pas chercher à le soulever.

Il reprit, d'un air de résolution effrayant : — Voulez-vous que je vous dise absolument, le voulez-vous? quelle était votre inconnue?... Interrogez votre âme et sondez votre cœur!... Répondez-moi!

— Quoi qu'il arrive, et quel que soit le danger qu'elle et moi, nous courions, Barnave, eh bien oui, je veux le savoir.

— Prenez garde, jeune homme, répondit Barnave. Il y a de grands repentirs dans votre curiosité satisfaite. Encore une fois, le mystère est souvent un grand bonheur; songez-y. Qu'aurez-vous de plus, je vous en prie, aussitôt que vous saurez ce nom-là, ce nom caché? Comme il sonnera tristement à vos oreilles, quand vous l'aurez entendu! Combien les faveurs de cette nuit d'ivresse et de fièvre innocente vous paraîtront cruelles, quand vous saurez d'où elles viennent! Mais, vous le voulez... préparez-vous à tout savoir.

J'attendis.

Il reprit en ces termes : — Vous connaissez, ou du moins vous avez vu, sur le chemin de Luciennes, une femme à la démarche élégante et molle, à la taille svelte et légère, un œil qui brille, un regard qui blesse, un pied qui glisse en passant !

— Mais, lui dis-je, où prenez-vous le chemin de Luciennes ?... Et cependant, j'étais déjà fort inquiet.

— Oh ! oh ! reprit Barnave, ainsi que tout chemin mène à Rome, il y a mille sentiers qui mènent au château de Luciennes. Dans ce château, la dame est un mystère, une fable, une aventure, un accident ! Rien de trop haut pour elle... et rien de trop perdu dans les fanges. Les uns la saluent jusqu'à terre et par habitude, les autres font semblant de ne pas la reconnaître, ingrats ! à qui cette femme a tout donné !

Quant aux duchesses, aux marquises, aux tabourets de la cour, elles couvrent de leurs mépris cette infortunée... Il est vrai que ces mépris sont bel et bien de l'envie, uniquement de l'envie... Elle, alors arrogante et superbe comme une fille de joie et de fortune royale, elle méprise également ces respects et ces dédains ; elle marche, et le front levé dans ce Paris, dont elle fut la souveraine ; et elle va partout, en simple artiste, qui est restée et femme et reine, en dépit de tous les changements de son visage et de sa destinée...

— Or ça, repris-je, ému jusqu'au fond du cœur, si je vous comprends bien, cette femme est une prostituée, une honteuse personne élevée à toutes les grandeurs de la prostitution ! Elle a vécu de honte et d'infamie ; elle a fait pleurer le misérable ; honoré le lâche, adoré le brigand ; elle a rempli les Bastilles et vidé le trésor ?

— Oui, dit Barnave, et c'est cela pour quelques-uns ; mais pour les autres, c'est une idéale créature, encore adorable ! Elle est le rêve enchanteur de la dernière passion des rois de France. Elle a remplacé Agnès Sorel, dame de beauté, comme le feu roi remplaçait Pharamond; authentique et précieuse relique de l'amour, comme l'entendaient les vieux Bourbons de France, au temps du pouvoir absolu; c'est une savante à chasser les nuages d'un front couronné; c'est un jovial cynique exhalant les parfums les plus rares, vêtu de gaze et chargé de fleurs; c'est un des lutins de Cazotte, un prophète; c'est mieux qu'une femme, il y a bien des jeunes gens, et des plus beaux qui la rêvent. Comprenez-vous? c'est la seule entre toutes les choses qu'il allait perdre à jamais qu'ait regrettée, à son lit de mort, le roi Louis XV dans ce beau royaume qui fut à lui le dernier.

Je me levai presque désespéré. — Assez, assez, Barnave; cessez de grâce, et brisons là cette exécrable moquerie. O ciel! serait-ce possible et vraisemblable, en effet? Cette femme... aurait-elle à ce point l'ingénuité, la grâce et le charme? Aurait-elle, en son abandon même, la voix, la plainte et la douleur de la vertu qui succombe... Ah! feindre ainsi! jouer ce rôle affreux de la courtisane amoureuse, oublier si complétement ce qu'elle était dans ces palais fangeux, dans les bras de ce vieillard, dans le tumulte et le bruit de ses tristes amours... Madame du Barry sous ce masque, y pensez-vous?

— Qui vous dit que ce n'est pas madame du Barry ellemême? Elle a l'habitude et la conduite de ces sortes d'intrigues; elle a présidé, la première, à ces bals où tout est possible, où tout est permis; elle est la vanité même, elle n'a plus de roi de France à séduire; elle a voulu savoir ce qu'il fallait penser d'un prince de Wolfenbuttel...

— Et je suis parfaitement de votre avis, reprit une grosse voix... Voilà, trait pour trait, l'image exacte de la plus séduisante coquine qui se soit assise au trône de France... Et, vive Dieu! mon prince... il faut que vous soyez né sous une heureuse étoile pour avoir rencontré madame du Barry.

CHAPITRE V

L'homme qui parlait ainsi, c'était Mirabeau lui-même! Il avait l'œil du lynx et l'oreille de la taupe; il concevait, il comprenait, il entendait toute chose; et de toute chose il faisait un profit, disant que c'était dans son domaine... Enfin ce qu'il n'entendait pas, il le devinait. — Vive à jamais la comtesse du Barry! s'écria-t-il... Et plût au ciel, mon confrère... et mon rival, Barnave, que vous n'ayez pas d'autre amour...

Interpellé brusquement par cette voix irrésistible, Barnave étonné s'éloigna sans mot dire, et s'inquiétant fort peu des doutes dans lesquels il m'avait plongé... Mirabeau suivit du regard Barnave qui s'éloignait. Il y avait dans ce regard de l'intérêt et de la pitié: — Noble jeune homme, dit-il, sublime enfant, dont le cœur vaut mieux que la tête! Génie inquiet dont l'éloquence n'a pas d'égale! Barnave, emporté par la passion qui te brûle! Infortuné! comme il a menti à sa vocation, lorsqu'il a pris sa place au premier rang des grands démolisseurs...

— Dites-moi, pourtant, Monseigneur, reprit Mirabeau, ce que venait faire ici madame du Barry, quel chagrin pressait Barnave et pourquoi fuit-il ainsi à mon aspect?

— Vous êtes entré dans un de ces moments de malaise qui attristent souvent notre ami, répondis-je, il n'eût pas voulu être surpris, surtout par vous, dans cet état de faiblesse et d'égarement.

— C'est grand dommage, en vérité, que toute cette âme et tout ce cœur en soient réduits là qu'ils n'osent plus se montrer, dit Mirabeau ; en vérité, c'est un grand malheur d'aller si vite, quand on marche dans un sentier si mal frayé et si obscur!

— Mais, repris-je, est-ce bien vous, Monsieur, qui parlez ainsi, et ces regrets conviennent-ils à la bouche de Mirabeau! Il me semble, en effet, que si la France obéit aux passions qui l'emportent, et si elle parcourt des sentiers obscurs, c'est bien vous qui l'avez voulu. C'est votre main qui l'a poussée hors des sentiers battus, c'est aux accents de cette voix souveraine qu'elle s'est mise à courir çà et là, échevelée et saisie de terreur. Voyez, monsieur, que d'épouvante! En ce moment, le trône est ébranlé, l'ardente calomnie entoure incessamment votre jeune reine, le vieux temps est perdu, les vieilles mœurs sont effacées, les ruines s'amoncellent dans ce royaume où rien ne se fonde... où tout est mort. Le hasard, aveugle dieu, préside aux destinées de ce beau royaume. Écoutez! mille prédictions sinistres pèsent sur ce roi plein de respect! En ce moment, plus d'appui pour le trône au dedans, au dehors la vieillesse des uns et la jeunesse des autres lui sont également funestes; en vérité je ne sais rien de plus triste que cette position des affaires qui ne fait le bonheur de personne; il est vrai qu'elle a fait votre gloire à vous, Mirabeau, mais que de doute et de malaise au fond de cette gloire unique et sans rivale! Hélas la triste position! qui a réduit notre Barnave à cette lutte terrible de son esprit et de son cœur, et qui le perdra, n'en doutez pas!

Mirabeau se prit à réfléchir profondément : — Je conviens, reprit-il après un silence, et j'avoue en effet que ce sont là de grands malheurs généraux et particuliers. Toutefois c'est bien malgré moi que le trône en est venu à cette extrémité. Je suis né un sujet du roi, un sujet loyal, et rien ne m'eût été facile comme d'oublier les abus cruels du pouvoir, sur ma personne et sur ma liberté. Malheureusement le roi est mal conseillé ; il est aveugle! Il ne comprend pas! Il ne sait pas que la parole est la force et la vie... Et quand je venais au roi, le regard plein de pitié, le cœur plein de pardons, quand j'implorais... la permission de me perdre en sauvant le trône... ils se sont écriés que je jouais ma comédie, et que le trône serait déshonoré d'être sauvé par Mirabeau! Les voilà bien... les voilà tous!... Et maintenant ils m'implorent, ils me supplient, ils se prosternent : Mirabeau, sauvez-nous! Sauvez-nous, Mirabeau... Il est trop tard! Je voudrais les sauver, mais que faire? ô royauté misérable! C'est la faute de son orgueil et non pas la mienne, à moi, abreuvé de tous ses dédains!

J'observais Mirabeau disant ces paroles. Son front était chargé de nuages, son visage, ouvert et franc, s'était contracté sous une sensation pénible; il y avait dans toute sa personne éloquente et superbe quelque chose qui ressemblait au remords, mais à un remords combattu.

Le Titan... le voilà écrasé sous les montagnes qu'il a soulevées! Phaéton, le voilà brisé sous le char qu'il a conduit! Le révolté recule à l'aspect de sa révolte! Ah! tu veux détruire et renverser... ruine et détruis, brise et renverse afin que l'heure arrive où ton crime apparaisse à ta conscience, ivre de vengeance et de remords.

Cependant, nous restions plongés l'un et l'autre dans une méditation profonde, interrogeant l'avenir, épouvantés de l'heure présente... Et Mirabeau reprenant la parole, en secouant la tête avec fierté : — Certes, il y aurait de la lâcheté à désespérer du trône : avec la constitution telle qu'elle est, tout peut se réparer encore à condition que les mêmes hommes qui ont poussé le royaume à ces progrès inespérés arrêteront le char dans sa course... il n'y a pas d'autre remède, et pas d'autre secours.

— Et voilà précisément, monsieur de Mirabeau, où est mon doute. C'est un singulier maître et difficile à régler, le mouvement : quand une fois on lui a livré l'âme d'un peuple, et sitôt que le peuple aveugle s'est mis en marche emportant les vœux, les espérances et les craintes d'un royaume, allez dire à ce peuple : *Halte-là !*

— C'est vrai, Monsieur, le char est lancé, mais peut-être, en me plaçant tout vivant sous sa roue, au risque d'être écrasé, pourrai-je l'arrêter un instant? Rien qu'une heure et tout serait sauvé. On revient si vite en France à la vérité, au bon sens, pour peu que la France ait le temps de se reconnaître. Enfin, croyez-moi, voilà mon ambition présente... Sauver le roi ou périr. Car, entre nous, mon entreprise est une tâche odieuse, absurde, impossible, et ma royauté me poursuit comme une honte. J'étais né peut-être, comme mon cousin le duc de Guise, pour être un héros des dissensions armées, des guerres civiles, des révoltes de citoyens; mais jamais je n'aurais accepté ces émeutes que pour venir, après un jour de victoire, m'agenouiller orgueilleusement devant la majesté soumise de mon roi. Oui, j'aurais été heureux et fier de me montrer sujet fidèle, après avoir prouvé que j'étais un sujet redoutable. A l'heure où nous sommes la sédition est changée, et la révolte a perdu toute sa grâce à mes yeux, depuis qu'elle n'aboutit plus aux pieds du trône... Ah ! fi d'une sédition en guenilles ! Fi de ces mains mal lavées ! Que m'importe, en effet, d'avoir brisé le joug léger de la cour, s'il faut porter le joug d'un autre souverain qu'on appelle le peuple? Sous cet étrange souverain que nous nous sommes donné, l'esclavage est une honte et devient un joug insupportable; moi-même, le maître absolu de ce peuple, dont j'ai retrouvé le nom perdu, après que Montesquieu eut retrouvé ses titres égarés, à quelles humiliations m'a condamné son caprice ! Allons, Mirabeau, parle haut, dis ceci, dis cela, si tu veux qu'on t'applaudisse; allons, Mirabeau, notre histrion Mirabeau, de la colère ou de la haine, si tu veux que nous soyons contents; allons, Mirabeau, éclate et tonne, prie et pleure et calomnie, au gré de nos passions, renverse et brise et tue ! O popularité fatale ! humiliante protection ! indigne succès ! A ce vil métier j'ai perdu toute mon âme; pour cette vile royauté j'ai renoncé à mes préjugés les plus chers; j'ai brisé ma précieuse couronne de comte, que j'avais défendue contre les Caramans eux-mêmes; je suis devenu un fanatique ! Mes vices, mes vices si chers, je les ai oubliés et je leur impose un frein. Je me cache, oh ! qui l'eût dit ! pour aimer ma chère maîtresse, et je me drape en vertueux. Que je m'ennuie et quel vide en tout ceci ! Pour moi, la vie est le néant, elle me pèse et me lasse; et je sens dans mon cœur le plus poignant des remords, non pas le remords d'un crime inutile, mais le remords d'une folie sans excuse; le remords d'une faute ! Enfin quand je songe aussi que l'opposition n'est plus de mon côté; que c'est moi qui suis le maître, et qu'il y a à défendre une monarchie... un roi, quinze siècles; quand je me vois, à présent le maître absolu, sans obstacle, et que là-bas une reine de France, une femme... appelle en vain le ciel et les hommes à son aide !... et que moi je suis là, frappant cette monarchie à terre, méprisé par cette reine, odieux à ce bon roi qui m'a délivré !... Non certes ! non, cela ne peut durer; il faut que je sorte à tout prix de ce malaise et de cette honte; il faut que j'en sorte ou que je meure !...

Ainsi il parlait désespéré; il attendait une réponse; il hésitait.

— Ne craignez-vous pas, lui dis-je enfin, de rencontrer des obstacles, même dans votre bonne volonté pour cette monarchie au désespoir?

— Vous voulez parler des courtisans, reprit-il; vous avez raison, c'est une race dangereuse. Mais populace pour populace, et tout bien pesé, j'aime encore mieux celle-là que celle-ci; celle-là rampe, et je l'écrase; au contraire, l'autre est reine, et c'est moi qui la flatte. La plus dangereuse des populaces, c'est la vraie populace, qui hurle et qui s'en va dans la rue en criant : *tue et tue!* Elle hait la guerre, elle hait le génie et le linge blanc. Elle a cru me faire une grâce extrême en me permettant la poudre à mes cheveux, un carosse, et derrière mon carosse un laquais. Décidément, c'est un parti pris; là, dans mon âme, et là, dans ma tête, il faut, sujet, que je revienne au roi; homme, que je revienne à la reine... orateur, que j'impose au peuple qui m'entend, mes volontés suprêmes... Seulement, dites-moi, dans cette grande résolution que je prends aujourd'hui, voulez-vous me servir?

— Vous ne doutez pas de mon zèle à vous servir, monsieur de Mirabeau! je suis tout à vous, ordonnez. A mon premier voyage à Versailles, je l'ai promis à Barnave; pour sauver la reine de France, pour sauver la sœur de notre empereur, rien ne doit me coûter; ma vie est à vous, à ce prix.

— Ainsi, ce soir, à onze heures, vous consentez à me prêter un cheval et à me suivre, vous-même, vous tout seul, au rendez-vous de cette nuit?

— Mes chevaux seront prêts à onze heures.

— Il faudra prendre garde à ne pas être remarqué, ce soir. Il y va du salut de la monarchie, il y va de ma vie, une vie aujourd'hui précieuse entre toutes, car bien certainement, si le loyal parti dont je me suis fait l'esclave vient à me deviner, je suis mort! et, véritablement, avant ma tâche accomplie, il me serait pénible, il me serait affreux de mourir.

— Que dites-vous, Monsieur? votre mort ce serait un grand deuil pour les âmes intelligentes qui vous suivent dans cette ardente carrière; ce serait un coup fatal qui dérangerait cette lutte inégale entre le roi et le peuple, à laquelle seul, tout seul, vous pouvez mettre un terme. Enfin, pour ma part, ce me serait une profonde, une inconsolable douleur de vous perdre à l'heure où je commence à vous connaître, ô vous, mon grand homme et mon héros!

— Votre héros! après Barnave pourtant.

— Barnave est si malheureux!

— Ajoutez, il est si jeune et si grand rêveur, si cruellement marqué par le destin! Ici il passa la main sur son front en relevant sa crinière.

— Mais qui de nous n'est pas frappé à mort? Moi même je sens à mon front le signe fatal.

Puis se retournant vivement :— Ce soir à onze heures dans votre cour.

— Les chevaux et le courrier de M. le comte... seront prêts à partir!

CHAPITRE VI

A onze heures du soir nous étions à cheval. Mirabeau se mit en selle en excellent cavalier qu'il était. Avant de sortir dans la rue, il s'enveloppa de son manteau, et le voilà parti les yeux baissés. D'abord nous marchâmes avec précaution; nous fîmes plusieurs détours pour n'être pas suivis; puis bientôt quittant Versailles, nous entrions dans ces bois épais qui mènent de Versailles à Saint-Germain. La nuit était sombre, le vent agitait la cime des arbres, l'herbe se froissait sous les pas des chevaux, le gibier de la forêt passait et repassait avec mille bruits confus... Mirabeau marchait le premier, moi, je le suivais en silence avec l'obéissance passive d'un cavalier qui suit son capitaine, et sans avoir demandé où nous allions.

J'en étais venu, encore une fois, à jouer le rôle secondaire auquel je m'étais vu condamné tout d'abord; — le rôle d'un agent sans intelligence, qui ne sait même pas pourquoi il est dévoué, et qui cependant se dévoue, entraîné par une force irrésistible. Ainsi j'allais subjugué par Mirabeau, le suivant en aveugle et sur de vagues promesses échappées à son découragement. Le Mirabeau populaire, en ce moment le voilà qui trahit sa cause et qui revient par instinct à ses amours primitives; le voilà qui va sauver le trône qu'il a perdu; il se glisse en ces ténèbres, cachant son visage et dissimulant sa route, livré aux angoisses d'un nouvel avenir et d'un passé qui le lie étroitement avec les principes qu'il va combattre. — A quelle lutte horrible était soumise cette âme ardente, active et pleine d'incertitude! Il ne restait plus rien de l'échappé de la Bastille, du calomnié, du méprisé qui se venge, et qui devient dieu dans la foule; c'était l'homme d'État, pensif et réfléchi, s'arrêtant honteux devant des ruines, et tiré de son enivrement par des voix de détresse. O misère! Il tremble à l'idée que de toutes ces ruines il n'en saurait relever une seule! Aussi bien je n'ai jamais vu plus d'abattement et de tristesse que dans la marche silencieuse de Mirabeau traversant la longue forêt : sa tête était penchée sur sa poitrine, et de temps à autre de violents coups d'éperons dans les flancs de son cheval venaient attester la violence des passions qui le brûlaient.

Nous marchions toujours, lui, silencieux et préoccupé; moi, pensif et tout entier à mille idées étranges que je rougissais de m'avouer; héros tous deux, lui, à la façon d'un grand homme qui s'est trompé; moi, comme un homme faible et qui va au hasard sans savoir où.

La forêt était sombre et le ciel était noir, la route ne finissait pas. Où allions-nous?

Hélas, je vous porte envie, ô Mirabeau! Votre étoile vous guide : une reine est là-bas qui vous attend; vous savez où vous allez; quelle voix vos oreilles vont entendre; et quelles prières, quelles paroles! quelle main vous sera tendue en signe de confiance! Pour moi, je vais à votre bon plaisir; je ne sais d'où je viens, où je vais, et ce que je suis aujourd'hui, sinon le très-humble valet des passions et des hommes qui ont besoin de moi!

Nous n'avions pas encore rompu le silence, quand

nous arrivâmes au carrefour de la forêt : six chemins à la fois se présentèrent à nos pas incertains, un poteau unique étendant six bras de chêne indiquait aux passants la route à suivre; mais la nuit était déjà sombre, et il devenait impossible de lire les inscriptions tracées sur le poteau.

Mirabeau s'arrêta; il releva la tête, il tourna autour du poteau indicateur, cherchant sa route, et déjà fort inquiet, et tremblant de laisser passer l'heure du rendez-vous.

Plus il cherchait, plus il tournait dans le rond point, plus les chemins se croisaient, se heurtaient, se mêlaient; c'était comme une danse échevelée où les arbres tournent, remuant leurs branches avec l'élégance d'un danseur dont la tête est chargée de plumes : ainsi dansait la forêt. On eût dit, la voyant se mouvoir en cercle devant nous, d'une roue de fortune entraînant avec les vœux animés, les espérances, la bonne humeur, et les imprécations terribles des joueurs.

Mirabeau était immobile, éperdu, béant; il sentait qu'il était doublement hors de sa route, égaré à jamais, doublement égaré, comme un homme qui ne peut avancer ni reculer.

Les nuages marchaient dans le ciel parsemé de taches lactées, c'était au ciel un mouvement inverse avec celui de la terre, c'était une rotation double en sens divers, double et sur un mouvement inégal, sur une mesure entrecoupée; un chaos sans règle, un mouvement sans cause, un pêle-mêle, une fascination nocturne impossible à décrire et dont il était impossible en effet de se tirer..

Le chaos était là, avançant, reculant, s'alongeant à terre et s'élevant jusqu'aux cieux; il se cachait dans l'arbre épineux, il soupirait dans le buisson touffu, il riait à gorge déployée, accroupi au sommet du poteau invisible; le chaos, pâle et gigantesque, flagrant, moqueur, il nous tendait ses sept bras mystérieux pour nous étouffer.

On entendait à la fois des bruits étranges; des ombres glissaient, voilées et soupirant; le carrefour s'approchait, reculait, prenait toutes les formes, carré, long, oblong, rond, en pointe, en pyramide, en trapèze, ou plat comme la pierre d'une tombe, élevé comme une colonne triomphale, saisissant à faire peur toutes les formules géométriques; il eût fallu un génie à la Newton pour soumettre à la moindre équation ces lignes brisées, ces trapèzes fantastiques, ces capricieux sphéroïdes qui naissent, qui grandissent, qui s'effacent, comme grandit et s'efface en se déridant le cercle fragile de l'onde ouverte au caillou.

Arrivés à cet endroit du chemin, nous sentîmes que nous étions égarés, égarés jusqu'au lendemain, sans un bruit qui nous guide, un frisson, un tintement, un cri de bête fauve, un chant d'oiseau, une onde, un murmure, un écho, une fumée au-dessus des arbres, sans une étoile dans le ciel... Perdus, perdus, absolument perdus!

Mirabeau descendit de cheval, il s'assit au pied du poteau, il porta sa main sur ses yeux, et je l'entendis soupirer profondément. C'étaient de rudes soupirs, partis du fond d'une vaste poitrine; il y avait dans ce soupir je ne sais quoi de ferme et de résolu, qui attestait le découragement d'une homme supérieur.

Il resta un quart d'heure à se lamenter tout bas. J'étais descendu de cheval à son exemple, et je m'étais assis à ses côtés.

— Vous voyez que le ciel ne veut pas la sauver, me dit-il en me montrant le ciel.

Puis il reprit : — Oui, là-haut un nuage, un mince nuage au-dessus d'une mince étoile, et voilà une reine à jamais perdue! Une reine! une femme! une femme qui m'attend, sous ce ciel glacé; elle frémit, elle pâlit, elle tremble au souvenir de mon nom; elle prête, attentive, l'oreille à l'horloge de son château, pour savoir si l'horloge sonnera minuit, l'heure où vient le fantôme ! — et cette nuit le fantôme attendu ne viendra pas ! La grille de fer restera fermée ; à tous mes crimes envers elle, elle ajoutera un nouveau crime, elle dira : *C'est un lâche !* Et elle sera irritée, non pas en reine, en femme ; elle se méprisera d'avoir songé à moi, qu'elle méprise ! Alors le mépris plein le cœur, elle regagnera la couche de son triste époux, et cet époux endormi, qui ronfle, insouciant comme un villageois dont la récolte est achevée, elle le regardera avec complaisance, et, songeant à moi, elle le trouvera beau ! Moi, cependant je vaudrai à ce mari vulgaire un baiser de sa femme, et je réchaufferai cette couche inerte. Ah ! femme et reine, elle imaginera que je me suis vanté auprès de la reine et qu'on m'a vanté près de la femme ! Ah ! je ne suis ni le tribun qu'on lui a dit, ni l'amoureux qu'on lui a vanté. Elle croira qu'une nuit passée à tous les vents d'un ciel orageux me fait peur. Alors dans cette obscure forêt s'accomplira ma vie, et je mourrai en conspirateur subalterne ! Après quoi elle racontera que je venais pour demander pardon, et qu'elle m'a fait fermer sa porte ! Ah ! malédiction sur moi, Mirabeau ! malédiction sur la terre et sur le ciel, sur cette terre qui tourne et sur ce ciel qui reste noir ! »

Il frappait sa poitrine et sa tête, il était hurlant. J'en eus pitié, je ne lui parlai pas.

— Malheureuse ! Ah ! malheureuse ! reprenait-il, je venais si content et si fier de la sauver ! Je portais à ces pieds sacrés et charmants tant de zèle et tant de respects ! Je lui voulais crier grâce ! et merci ! pardon !... mais ce maudit nuage a tout effacé, tout brisé ! tout déshonoré ! Pourtant cette royauté que j'allais sauver, qu'a-t-elle fait au ciel, pour qu'il se voile ainsi sans pitié ? Vieille monarchie, antique rempart... Royauté de la France ! morte ! morte ! morte ! Morte ! parce que j'ai passé la jeunesse d'un libertin; parce que j'ai été désœuvré et joueur. Morte! parce que j'ai fait des dettes que je n'ai pas payées, parce que j'ai été séducteur adultère et vagabond sans respect pour mon père, et sans obéissance à mon roi! Parce que j'ai enlevé la jeune femme à son vieil époux. Morte! parce qu'un nuage passe dans le ciel effaçant les lettres de ce poteau au moment où je franchis ce carrefour. Je voudrais bien tenir ici quelque philosophe, un philosophe chrétien, pour lui expliquer la vanité de l'histoire du monde, et pour lui dire à combien peu tient un sage, à commencer par un apôtre, à finir par moi, dont mon cheval aurait pitié! »

Il se mit à pousser un éclat de rire, comme s'il eût entendu lire en cet instant l'Histoire universelle de Bossuet.

Ce fut tout à fait comme s'il eût parlé; son rire ici, dans la forêt, autant que sa parole à la tribune, rencontra l'écho obéissant! Il fut se briser contre le tronc des arbres, contre la pierre du rocher, contre la voûte du ciel, il se prolongea bien loin, plus loin que nos oreilles purent l'entendre; il ne s'arrêta que dans le jardin de la reine, à la place même où Mirabeau était attendu.

— On m'a parlé, reprit-il, des stoïciens. Pour être stoïcien il fallait avoir un manteau; j'ai un manteau; le stoïcien s'enveloppait dans un manteau, et il attendait. C'est ainsi qu'on a tué César : il était appuyé contre la statue du grand Pompée, comme je suis appuyé contre ce hêtre...

Il ajouta, toujours avec la voix du désespoir : — Je ne voudrais pas être Brutus, j'aimerais mieux mourir dans le manteau de César!

Il s'enveloppa dans son manteau; il s'étendit de tout son long auprès du hêtre, et, chose étrange... il s'endormit.

Il rêva, il rêva tout haut. Il rêva de noblesse et de

liberté; il rêva de la reine et de ses maîtresses; il rêva la plus extrême indigence et la plus incroyable richesse; il rêva de Maury et de Duport; il rêva de l'Angleterre et de la France; il eut des éclats de rire et des sanglots; il sentit ses mains chargées de chaînes, et il entendit tomber la Bastille; joie immense et sans frein, atroces douleurs, orgueil satisfait, inépuisable repentir, cris, larmes, sanglots, sourires, chansons, baisers lascifs, procès, calomnies, tribune, éloquence, ivresse, travail, perte ou gain, amitié, haine, dévoûment et vengeance, ah! les passions viles, les passions d'un noble cœur! Il y eut de tout cela dans son rêve. Un rêve affreux, le rêve idiot d'un géant ivre mort; le rêve enchanté des plus belles années! C'était de l'épouvante, et c'était de l'extase, ici, là haut, là bas, dans l'enfer! Le vieux hêtre, enivré de ce sommeil douloureux, se balançait sur cette tête volcanique; la brise soufflait dans cette épaisse chevelure, un buisson ardent. J'assistais, sans le savoir, à l'un de ces sommeils solennels; sommeil de visions étranges comme en eut un le dernier Brutus aux champs de Philippes, dernier sommeil d'un grand homme qui résume sa vie, et qui sent au dedans de lui-même qu'il va mourir.

Tout à coup, sans aucun bruit avant-coureur, et comme s'il se fût échappé de l'arbre entr'ouvert, je vis un homme auprès de Mirabeau qui dormait. Cet homme était vêtu de noir; il me parut d'une taille gigantesque. Il étendit une large main sur l'orateur endormi, et le secouant fortement :

— Debout! debout! disait-il d'une voix basse et solennelle, allons, debout! Est-ce bien le temps de dormir, ouvrier maladroit qui reviens si tard à la vigne de ton seigneur! Ne voilà-t-il pas, Monseigneur, une aventure héroïque? O l'événement honteux! Cet homme sort de sa maison comme un voleur; il se cache dans l'ombre, il se dérobe à ses espions, il part sous la sauvegarde et sur l'honneur d'un étranger; il marche vite parce qu'il sait combien le retard peut être funeste et quel but dangereux il se propose; il remonte à rebours de sa vie, il nage contre le torrent qu'il a suivi jusqu'alors, et puis à la moindre difficulté de la route, au moindre obstacle, ô douleur, ce héros, sorti de chez lui pour être un héros, il hésite, il s'arrête, il s'assied sur l'herbe, il s'endort; il dort, comme si la question qu'il va débattre était une simple question de vie et de mort. Oh! courageux pour tout détruire, lâche au contraire et nonchalant quand il faut réparer! Prêt à dormir, à rêver quand il faut agir! il lui faut pour être un homme une tribune, un écho! seul avec lui-même, il n'est plus qu'un lâche et un fou! C'est un présomptueux qui se perd, qui perd tout le monde, oubliant même sa passion pour les femmes, la seule passion de son cœur, sa plus criminelle passion, la passion la plus chère à son âme! Or, il faut que ce soit moi qui le réveille, et j'ai beau le secouer, il ne se réveille pas!

Et il le secouait toujours, mais en vain! C'était un sommeil de plomb, un rêve enraciné dans l'âme, un drame hardiment commencé dans une partie de ce crâne inaccessible à tout bruit terrestre, et qui s'accomplissait lentement! Alors l'inconnu se penchant sur Mirabeau :

— Mirabeau! comte de Mirabeau! cria-t-il.

— Qui m'appelle? allons! me voici! cria à la fin Mirabeau du fond de sa poitrine avec une voix lointaine, une voix qui s'échapperait du tombeau!

— Mirabeau! comte de Mirabeau! n'avez-vous pas promis d'être exact à un rendez-vous, cette nuit même? Avez-vous tendu la main à la monarchie aux abois? Avez-vous quitté votre banc à l'assemblée pour aller donner un démenti formel à vos révoltes passées? N'êtes-vous pas un traître à votre parti plébéien? ne marchez-vous pas, dans la nuit, sur les bords d'un abîme sans fin? Comte de Mirabeau! pourquoi donc vous endormir sur les bords de cet abîme? Il sera toujours assez temps de vous reposer quand vous y serez tombé; réveillez-vous, comte de Mirabeau! réveille-toi, Mirabeau!

Mirabeau se leva sur son séant. Ses yeux étaient ouverts, mais il ne voyait pas; son regard était transparent et terne, il le fixait sur l'inconnu :

— Oh! dit-il, par pitié! laisse-moi dormir, je dors! La fatigue à la fin m'a pris, il faut que je me repose et que je dorme, absolument je veux dormir! Il y a si longtemps que je suis actif! Tiens, prends mes mains, attache-les; lie avec des chaînes de fer ces deux pieds inutiles, apportez ici la Bastille, entourez-moi de ses murs épais, j'y consens, je le veux, je t'en prie, et qu'on me ramène en prison. En prison, on dort, on pense, on fait l'amour, on vit d'amour, on n'est pas enivré par cette fausse gloire, on n'entend pas ces clameurs d'un peuple injuste, on n'a pas à revenir sur ses actions de la veille, on n'a pas à renier son nom et sa gloire, on n'a pas de remords. C'en est fait, ma route est finie, à jamais finie, et je reste ici, ici à jamais! Ainsi parlait ce lutteur encore endormi.

Mais l'inconnu reprenait, toujours d'une voix grave et lente : — Mirabeau, comte de Mirabeau, réveillez-vous, debout! à cheval! à cheval! le temps fuit, minuit approche, une femme vous attend!

Et Mirabeau déjà plus éveillé : — Une femme, en effet... elle m'attend; elle est belle et jeune et m'appelle, elle me sourit; une créature à part dont l'aspect m'était défendu et dont j'approcherai assez près, cette nuit, pour respirer le parfum de ses vêtements. Que de progrès n'as-tu pas faits, Mirabeau, depuis la femme du cantinier, au fort de Joux? — Mais qui donc me dira le nom de la grande dame qui m'attend? reprit-il en élevant la voix.

— Monsieur de Mirabeau, s'écria l'inconnu, un galant homme, un seigneur, a-t-il jamais oublié le nom de la femme qui l'attend?

Mirabeau releva la tête : — O Mirabeau! pauvre homme et pauvre fou, dit-il, que tu es différent de toi-même! A me voir étendu et dormant, dirait-on que je marche à la faveur la plus enviée? Ah! certes, j'en ai bien connu des hommes, des républicains qui donneraient leur vie en échange du quart d'heure qui m'attend. Surtout, et disant ces mots il mettait son doigt sur sa bouche en façon de secret ; surtout, il est un jeune homme accompli en génie et en amour, qui languit et qui se meurt, parce qu'il m'a trouvé sur son chemin, moi plus puissant que lui dans le peuple, et parce que je l'ai caché dans mon ombre, lui si jeune et si beau, et que les regards qui m'arrivaient n'ont pas su l'atteindre. Ainsi va le monde! Il est fait ainsi! Ce jeune homme eût tout sauvé!... Versailles ne sait pas même le nom de ce jeune homme! Et moi, vaincu, brisé, on m'appelle! Cette aimable et jeune renommée, on l'ignore dans ces hautes régions, pendant que mon épouvantable renom m'ouvre à tous battants toutes les portes. Il irait, lui, à cette cour tremblante et qui demande enfin pardon à l'éloquence, au génie, à la liberté, il irait pour sauver la femme uniquement ; j'y vais, moi, pour sauver la reine. Et maintenant que j'y songe, ami, tu as raison, le temps presse, hâtons-nous, j'ai trop dormi ; debout! debout! à cheval! à cheval! comte de Mirabeau! » Disant ces mots, il était déjà à cheval.

L'inconnu s'enfonça dans un des six chemins, en nous disant : *Suivez-moi!...*

Nous le suivîmes quelque temps. Arrivés à une hauteur, nous découvrîmes à nos pieds le château de Saint-Cloud qui dormait au milieu de son parc immense, au bruit des flots.

— Voilà votre chemin, nous dit le guide ; allez à votre but, M. le comte, et rendez-moi grâce enfin de vous avoir réveillé, le sommeil le plus involontaire peut être un crime en ces temps de révolutions. Or vous ayant tiré de ce mauvais pas, écoutez ma prière au nom de votre âme, au nom de votre honneur : sauvez la reine et sauvez-la par tous les moyens que vous trouverez dans votre cœur ou dans votre génie. Au nom du ciel, sauvez-la! au nom des hommes, sauvez-la! Enfin, si j'ose ainsi parler, au nom des combats qui déchirent mon âme, au nom des angoisses les plus cruelles qui puissent flétrir la jeunesse et l'*intelligence*, au nom d'un amour insensé, en mon propre nom... ô maître absolu des opinions et des volontés de la France!... ayez pitié de la reine. Ah! sauvez-la! sauvez-la!

— Oui, oui, je la sauverai, en ton nom et par pitié pour toi, Barnave! Au nom de ton amour, s'écria Mirabeau.

Je m'écriai : — Barnave!

— Oui, reprit l'inconnu, Barnave! Et malheur à ceux qui douteraient de la reine! et malheur à vous, Mirabeau, si jamais cette illustre occasion était perdue! Ah! que de repentirs! quels remords à notre dernier jour!

A ces mots, il partit. — Barnave, où vas-tu? cria Mirabeau. Il se fit un moment de silence, et nous entendîmes une voix dans le lointain : — Je retourne à l'assemblée, où je veux abattre à tout jamais le trône que tu vas sauver.

CHAPITRE VII

Nous étions, sans le savoir, sous les murs du château de Saint-Cloud. Au mot d'ordre et prononcé tout bas, la grille s'ouvrit pour nous laisser passer et se renferma en silence ; nous parcourûmes lentement la vaste avenue entre la Seine et le palais sombre. Arrivés au grand bassin, couvert de mousse, où dormait le cygne à l'abri de son aile, un homme attendait qui nous invita à descendre, et qui prit nos chevaux, nous indiquant du geste un sentier escarpé qui grimpait en côtoyant les cascades du jet d'eau, jusqu'à la plate-forme, au sommet du château. Mirabeau grimpa péniblement à travers le sentier glissant, et, en s'appuyant sur mon bras, il parvint à un certain point de l'avenue où il s'arrêta.

L'endroit était parfaitement découvert, un vase italien chargé d'un palmier indiquait le lieu du rendez-vous. Là s'arrêta Mirabeau..— Tenez-vous à l'écart, me dit-il, et asseyez-vous sur ce banc, dans le feuillage. Il me fallait un témoin de ce qui va se passer ici, et je vous ai choisi, parce que je n'en connais pas un qui soit plus désintéressé dans ces questions formidables. Vous témoignerez pour moi, quoi qu'il arrive, et véritablement j'ai mérité assez de haines dans ce palais pour avoir quelque raison de n'y être pas en sûreté. Ainsi ne me perdez pas de vue, et, quoi qu'il arrive, il y aura là quelqu'un pour attester que Mirabeau arrivait en ce lieu sans haine et sans peur, mais aussi plein de zèle et de bonnes intentions.

Mon mandat était d'obéir, j'obéis. J'abandonnai cet homme à ses réflexions; je me plaçai sous une tonnelle d'où je pouvais tout voir, et je me mis à penser aux chances funestes d'une révolution qui, à cette heure, en cette nuit douteuse, arrachait la fille des Césars au lit de son royal époux, la forçant d'implorer la grâce et la pitié de ce demi-dieu que la foule avait porté sur ses autels. Trop heureuse encore, ô majesté! que ce tout-puissant vous pardonne et vous protége! Heureuse aussi qu'il vous ait accordé ce moment d'audience! Hâtez-vous donc, reine! hâtez-vous, le tribun n'est pas fait pour attendre; il est un homme impatient, de sa nature; il croira, si vous tardez, que vous manquez à sa dignité personnelle, ou bien encore, il n'attendra plus la reine, il attendra Marie-Antoinette... alors il sera patient, il attendra jusqu'au jour, et tant que vous voudrez. Reine, hâtez-vous, il vaut mieux encore, ô majesté vaincue! implorer la pitié du tribun triomphant, que de venir, femme superbe et vaine, et longtemps attendue, écouter les prières de Mirabeau agenouillé.

J'en étais là de mes tristes pensées, quand du côté du palais, je vis arriver trois femmes... on eût dit trois ombres qui glissaient sur le gazon, elles se hâtaient lentement; elles avaient peur. Cependant, Mirabeau, calme et fier, se promenait à pas comptés et réguliers avec l'habitude d'un homme qui s'est longtemps promené sur la plate-forme circonscrite des donjons.

En hésitant les trois femmes s'approchèrent; deux d'entre elles passèrent devant moi. C'était la reine et ma mère avec elle. La reine était pâle, elle allait, les yeux baissés et les deux mains jointes, elle tremblait... elle était résolue. Une robe blanche, à longs plis enflés par le vent du soir, dessinait sa taille; ses cheveux blonds couvraient ses épaules : figurez-vous, par une lune voilée, à minuit, l'apparition d'une jeune femme enlevée, il n'y a pas trois heures, par une mort implacable, et qui revient avec le négligé de sa nuit de noces sur une terre où ses pas n'ont plus d'écho, où son corps n'a plus d'ombre, où son souffle, hélas! n'a plus de bruit!

Ma mère suivait la reine et de très-près. Ma mère était toujours impassible; son pas était grave et sa tête immobile : elle marchait comme si elle eût été en présence de toute la cour, un jour de réception solennelle dans la grande salle du palais.

C'est à peine si je m'aperçus que la troisième de ces dames entrait sous la tonnelle où je me trouvais, tant j'étais attentif à regarder le spectacle imposant que j'avais sous les yeux!

Ce fut d'abord la plus étrange et la plus entière confusion. La nuit était profonde autour de nous; le ciel était taché de blancheur, à de rares intervalles; sa clarté incertaine imposait et prenait toutes les formes : le silence était effrayant!

Quand la reine eut dépassé le berceau sous lequel je me trouvais, elle hâta le pas, comme si elle eût oublié ce qu'elle cherchait dans ce jardin; puis, tout à coup, face à face avec Mirabeau elle poussa un cri et elle recula d'un pas. Alors seulement je m'aperçus que je n'étais pas seul sous la charmille où je m'étais caché.

Une femme était là qui voulait s'élancer au cri de la reine... je la retins : — Pardon, Madame! et patience, je vous prie! Il ne s'agit pas ici d'un cri de détresse... un peu d'étonnement, voilà tout. Donc ne troublons pas cette entrevue en prévenances inutiles; ceci est une nécessité qu'il faut subir : subissons-la.

Aussi bien, vous le voyez, la reine est remise et salue. En ce moment l'homme approche... Il s'incline avec le plus profond respect... Ils se parlent; la conférence est commencée, et puisse-t-elle bien finir!

La dame à qui je parlais tremblait comme une feuille au souffle du vent d'hiver. Hélas! disait-elle, elle a tremblé toute la nuit! Elle prononça à voix basse des mots entrecoupés de sanglots... Ah! Monsieur, qui ne serait touché par tant de grâce et de malheur!

La voix qui me parlait était si douce et si touchante que, malgré le spectacle qui m'occupait, je retournai la tête, et je reconnus ma cousine Hélène, elle-même! A peine si je l'avais entrevue à Versailles dans la nuit même où le devin nous avait annoncé tant de peines, de menaces d'échafaud, d'exils et de prisons!

— O ma cousine Hélène, est-ce donc vous que je revois? Vous à côté de moi, dans l'ombre! aussi pâle que la reine elle-même! et qui m'avez à peine reconnu! Parlez-moi de grâce; me reconnaissez-vous, à présent?

Elle me regarda tendrement, elle me tendit la main.— Frédéric!

— Hélas! lui dis-je, il me semblait qu'Hélène avait oublié même le nom d'un proche parent! Il y a si longtemps déjà que vous m'appeliez si bien... Frédéric!

Elle rougit, et d'une voix tremblante : — Écoutez! la reine appelle!... elle a besoin de moi.

— La reine est là-bas tout entière aux paroles qu'elle prononce, aux paroles qu'elle écoute! Il y va de la vie et de la mort, gardons-nous bien de l'interrompre! En ce moment vont s'accomplir toutes ses destinées... Que de tempêtes! Qui dirait que la propre fille de Marie-Thérèse est là, dans cette ombre immense, implorant le pardon de tant de grandeurs! Quant à moi, à peine ai-je mis le pied sur ce volcan, j'aurais voulu partir et revenir en notre Allemagne heureuse et bien aimée... Est-ce donc que vous n'y pensez jamais, Madame, et que vous ayez tout oublié?

Elle m'écoutait... attentive, autant que l'était la reine aux paroles de Mirabeau. Même je vis dans ses yeux briller une larme, et d'une voix qui me fit tressaillir :

— O destin! fit-elle... et d'une voix plus calme elle reprit : Une patrie, un ciel allemand! un royaume heureux et tranquille! un trône affermi! une royauté respectée! un peuple obéissant! Si vous saviez, Monseigneur, ces hurlements, ces volontés, ces menaces, ces cris du peuple! à quelles fureurs il s'abandonne! à quel point il est implacable! Il est là, menaçant, furieux, affamé, son enfant à sa gauche, et sa femme à sa droite... Il a le feu dans les yeux, la menace à la bouche et la fureur dans le cœur... Que vous dites vrai! notre Allemagne! Allemagne! Hélas! qui me rendra mon Allemagne et son peuple et son beau ciel? Il fait froid ici; la bise est glacée! On est mal en France. O peine! ô terreur!.. Ainsi elle parlait, et de ses belles mains glacées, elle disputait son voile au vent funèbre de minuit.

— Eh bien! chère Hélène, eh bien! qui vous arrête et qui vous empêche? Elle est là-bas, la chère et sainte patrie! Elle appelle! elle nous tend les bras à nous ses fils. Voyez au delà du Rhin nos châteaux forts, nos gothiques cathédrales, nos vieilles galeries, nos jardins, nos remparts...Tout cela nous attend, nous appelle, allons-y...

— Tout cela se trompe, ou nous trompe, ami! Notre patrie... elle est ici! Elle est ici, aussi longtemps que cette humble et triste fille des Césars, cette reine au désespoir que vous voyez là-bas éperdue, et plaintive, et tremblante, n'aura pas repassé la frontière où s'arrête enfin son triste royaume! Hélas! pensez-vous donc que je puisse redevenir Autrichienne aussi longtemps que notre archiduchesse, elle, sera Française, une Française accusée, insultée, accablée, ô misère! d'humiliations, réduite à implorer, dans la nuit, dans un horrible tête-à-tête, je ne sais quelle étrange puissance assez semblable aux dieux occultes qu'adoraient les anciens Germains! Non, non, il n'est plus de patrie, il n'est plus rien pour moi qui vous parle, au delà de ces écueils, au-dessus de ces abîmes! Je reste ici comme elle, avec elle, et c'est l'honneur qui le veut.

Elle parlait si bien, que je l'écoutais même quand elle eut cessé de parler... Cependant nous pouvions suivre et reconnaître à sa robe blanche, à côté de ce manteau noir, la forme exquise qui représentait la reine de France... On entendait parfois une exclamation pleine de pitié et de douleur...

— Monsieur, reprit Hélène après un silence, peut-on vous demander qui donc est cet homme appelé par la reine? A son ordre, elle a tout quitté pour l'attendre, il lui parle... elle écoute, elle pleure, elle a peur! Vous, cependant un prince de l'Empire, vous voilà servant de piqueur à ce fantôme.... Il faut que ce soit le démon!

— Si ce n'était que le démon! repris-je; ah! Dieu du ciel! si nous n'avions à conjurer, cette nuit, que la puissance infernale!... Un mot de la reine eût suffi pour le dompter!

— Vous avez raison, reprit-elle. Il tient de quelque dieu plus sombre! Il appartient à une éternité plus farouche! Il résiste... il se débat! La reine pleure... Il ne l'entend pas pleurer... ô monstre! Et j'ai bien peur d'avoir deviné ce nom-là!

— La chose est ainsi! cet homme est un génie! Il peut tout perdre... ou tout sauver. Il est le maître! Il faut courber la tête, il faut obéir!

— Toujours obéir! toujours trembler! toujours implorer ces regards sans pitié, ces cœurs sans pardon, ces puissances d'en bas! Quelle vie, hélas! quelle vie... et mieux vaudrait mourir!

Toute notre âme et tout notre cœur restaient suspendus au plus léger bruit qui nous venait de cette rencontre abominable et surnaturelle. Un grain de sable, un cri d'oiseau, une feuille, une branche, un soupir... Tantôt la voix de l'homme éclatante et domptée... ou bien la voix timide et touchante de la femme! Elle plaidait pour son mari, pour son roi, pour ses enfants, pour les droits de sa race; elle plaidait, éloquente, inspirée, indignée, attestant le passé, invoquant l'avenir, appelant à son aide tous les siècles et toutes les grandeurs de la maison de Bourbon; elle disait ses transes, ses peines, ses journées de haine et d'insulte, et ses nuits sans sommeil! Elle racontait les pamphlets, les calomnies, les injures, le duc d'Orléans, le cardinal de Rohan, le fameux collier, par quelles misères elle en était venue à redouter les colères de ce peuple qui l'adorait naguère, et comment elle doutait, à cette heure funeste, de l'éternité de sa race et de la grandeur de sa maison!... De ces plaintes, de ces terreurs pas un mot n'arrivait jusqu'à nous, et cependant nous n'en perdions pas une, Hélène et moi, tant elle était intelligente, et tant j'étais moi-même intelligent de ces royales misères; elle retenait son souffle! Elle était une âme, un esprit, un ange gardien! Elle apposait, pour mieux entendre, son bras charmant sur mon épaule, et sa joue à ma joue, elle écoutait, parfaitement oublieuse de ses dix-huit ans, de mes vingt ans.

De son côté... le monstre (elle l'appelait ainsi), répondait au discours de la reine, et par quelques paroles échappées à cette voix portée à l'éclat, nous refaisions, Hélène et moi, tout son discours. Il expliquait... ses révoltes, ses colères, sa déclaration de guerre à cette royauté qui l'avait tenu captif : « parce que c'était son bon plaisir. » Il disait, lui aussi, ses angoisses, ses douleurs, sa propre ruine, et comment il se trouvait attaché par des chaînes de fer à cette popularité qui lui faisait peur; que du reste, il était bon gentilhomme, ami du roi, plein de respect pour la reine, et qu'il sentait dans ses veines que bon sang ne pouvait pas mentir. Tant qu'il parlait, nous suivions son sourire et le feu de ses yeux! Il était dans l'ombre, et pourtant son attitude et son geste étaient si vivement dessinés que l'ombre même en conservait la grâce et l'énergie! On comprenait que le lion baissait la tête! on reconnaissait qu'il était muselé! O reine, en ce moment quel triomphe! ô majesté, quel retour! Hélène et moi, dans la même émotion et dans le même enthousiasme, heureux, charmés, fascinés, nous nous disions tout bas : la reine est sauvée! Elle est victorieuse! ô joie! ô bonheur! ô fête étrange! Ah! dit Hélène... à la fin, je le reconnais, c'est bien lui, c'est le comte de Mirabeau... Et dans son épouvante, et contente, elle se jeta dans mes bras... Quelle violence il me fallut en ce moment pour résister à la tentation de lui dire : *Hélène, aimez-moi!*

En ce moment, la lune au ciel, que voilait un épais nuage, entr'ouvrit ce voile funèbre, et de son pâle et doux rayon elle éclaira le visage aimable et charmant, le front terrible et tout-puissant! Que la reine était belle et touchante, en ce dernier moment de sa grandeur! Que le tribun était superbe et semblable au Titan frappé de la foudre, au moment où, sur le clair gazon, et sous le regard limpide, il tombait agenouillé à ces pieds charmants!

Elle était là, les yeux baissés sur cet homme à genoux; elle triomphait de la victoire avec un sourire!... Elle se croyait sauvée... il avait juré de la sauver! — Madame, ô Reine! dit-il, quand S. M. l'impératrice, votre auguste mère, envoyait un capitaine à la bataille, elle lui donnait sa main à baiser... Alors la reine étendit sa main royale... Il la toucha de ses lèvres, et relevant la tête : — Allons! dit-il, obéissons au destin, au devoir, à la volonté de ma reine, et perdons-nous avec elle, s'il ne m'est pas permis de la sauver.

On eût dit, en ce moment, qu'il portait à son front l'auréole, et qu'il venait de découvrir une étoile inconnue au plus haut des cieux.

La reine en même temps s'éloigna sans mot dire. Hélène et ma mère la suivant d'un pas calme et silencieux. Mirabeau et moi nous redescendîmes par le chemin qui nous avait conduits sur la terrasse. Il marchait le premier, tout pensif et comme accablé sous le poids de ses visions... Nous eûmes bientôt rejoint la grande allée où nous avions laissé nos chevaux.

Le même homme à qui nous les avions confiés les promenait, au pas, au milieu de l'allée, avec la patience d'un laquais qui attend son maître...

Par je ne sais quelle préférence, il visita avec soin la sangle du cheval de Mirabeau, même il voulut lui tenir l'étrier quand il remonta à cheval.

Alors seulement Mirabeau reconnut le fou de la reine et avec le plus charmant sourire :

— Ah! monsieur le marquis, lui dit-il, vous me pardonnerez d'avoir souffert qu'un premier président me tînt l'étrier, ce soir, puisque j'ai pour écuyer un prince de l'Empire, un parent de Sa Majesté.

M. de Castelnaux répondit plein d'émotion :

— Et puisqu'il en est ainsi, monsieur le comte, puisqu'enfin vous revenez à la reine, quand je serais un Riquety ou un Montmorency, je consentirais à vous servir de laquais pour le reste de mes jours.

— Non! Monsieur, reprit le tribun, des serviteurs tels que vous n'appartiennent qu'à des reines; quant à moi, je vous demande humblement la permission de me dire, après vous, un serviteur de Sa Majesté. — Vous êtes plus que son serviteur, Monsieur, vous serez son sauveur et son ami. Moi je serai son valet toute ma vie, et pourvu que je la voie heureuse, alors je suis heureux ! Adieu donc !... et que rien ne vous retienne en vos projets sauveurs ; adieu, notre espoir, adieu notre force, adieu, Mirabeau ; adieu aussi à vous, cher Seigneur, me dit-il en se tournant vers moi, votre cœur est honnête et vous aimez notre reine autant que vous pouvez aimer.

— Monsieur le marquis, reprit Mirabeau, voyez-vous cette étoile au plus haut du ciel ? c'est l'étoile de la reine et le plus brillant de tous les astres, à dater de ce soir.

Castelnaux ôta son chapeau, Mirabeau ôta le sien, j'étais tête nue, et tous les trois nous avons salué la pâle et douce constellation.

Et partis au galop, nous entendîmes dans le lointain la voix de Castelnaux qui s'écriait : *Tout mon sang est à vous, comte de Mirabeau !*

QUATRIÈME PARTIE

CHAPITRE I

Tels sont les événements dont je me souviens comme s'ils étaient d'hier!... Tout le reste échappe à mon souvenir, et le premier venu saura mieux que moi l'histoire appartenant à tout le monde! Un bruit confus m'est resté des paroles de la tribune, des hurlements de la foule, de cette royauté sur laquelle un peuple agité, furieux, frappe à toute heure sans rémission! Je me rappelle aussi très-confusément l'agitation des provinces, la misère publique, l'infâme banqueroute et l'émeute allant dans la ville à main armée! Mais quoi... les détails de cette abominable histoire devaient m'échapper; fatigué de tant de passions diverses, las de souffrir sans oser me plaindre, honteux de mon peu d'intelligence, indifférent à la cour qui n'avait aucun besoin de mes services flegmatiques, inaperçu dans le peuple, qui n'en voulait qu'aux sommités françaises, je m'étais plongé de nouveau dans les contemplations si chères à ma paresse et dont j'avais été distrait violemment.

Je ne saurais vous dire aujourd'hui combien j'ai subi

de déceptions en ce genre. Hélas! ce dix-huitième siècle a fini dans le nuage, et j'y rencontre, à chaque pas, cette espèce de mensonge ambulant au moyen duquel il était convenu qu'un homme était juste et bon, à la condition que pour la justice et pour la bonté il ne sortirait pas de certaines limites qu'il se traçait à lui-même, et qu'il avait soin de se tracer aussi peu reculées que possible. Le fabuleux roi Louis XV avait mis à la mode (avec tant de lâcheté!) cette bonté facile et misérable qui consiste à être myope et presque sourd; de ces hommes bons... à si bon marché, j'en trouvais partout; ils affluaient à Paris, ils remplissaient le royaume, ils venaient du dedans, ils arrivaient du dehors; aussi bien cette philanthropie a-t-elle porté des fruits dignes d'elle, et quand elle fut poussée au bout de ses limites, la terreur s'empara en souveraine de ces justices douteuses, de ces bontés limitées, de tous ces égoïsmes honteux; elle trancha la tête à ces vertus, elle les frappa l'une après l'autre, et sans qu'elles songeassent à sortir des bornes qu'elles s'étaient imposées, à se secourir l'une et l'autre, en combattant, ou du moins en criant ensemble *au secours!*

C'était acheter bien cher cette fureur de comploter lentement, minutieusement; étrange erreur des temps de sophisme! Ils ne comprennent pas l'unité; ils rêvent une fausse unité qu'ils ne sauraient atteindre! Ainsi fut le siècle, ainsi étais-je aussi, moi-même, incessamment tenté de faire un tout, avec des parties éparses, comme si l'unité se composait de fragments! En ce moment, la France, encore une fois. changeait d'aspect, elle succombait enfin sous la dévorante épilepsie d'opinions et d'idées qui la devaient perdre. Ah! Dieu! si la crise était longue et si le dénoûment fut terrible! en ce monde ouvert aux plus grands crimes tout était mystère ou conspiration. C'était je ne sais quoi de plus dangereux que le creuset de l'alchimiste ou la conjuration diabolique du sorcier. La magie ordinaire travaillait seule; or, la conspiration, qui fut la magie et le péril du dix-huitième siècle, se réunissait, s'agglomérait, ne faisait qu'un seul et même corps, et se cachait uniquement pour se donner un air plus solennel. A cette heure de l'histoire de France, les têtes tournaient, les esprits se dénaturaient, le mensonge et le faux planaient en maîtres sur cette société pervertie! Il y avait la peur, la haine, la vengeance, l'envie et le désespoir sans frein, les ambitions déchaînées, les vices hideux, les sophismes menaçants, la colère aveugle et les passions mauvaises, délire, ivresse et sommeil, les rêves; la philosophie en manteau, la religion vêtue en fille de joie! Ici, le vieux temps masqué et burlesque, et plus loin, le temps présent dans sa nudité misérable avec la débauche et le jeu, l'anglomanie et le Nouveau Monde... un tas de paradoxes; tout cela s'emparait de la France, à la façon de ce livre du poëme de Virgile où les Grecs, vainqueurs par la ruse, s'emparent de Troie à la clarté des flammes, au râle des mourants!

C'était donc une confusion profonde, incroyable, un bourdonnement sans frein; vengeances, paradoxes, passions, délires, assouvissement de la bête fauve acharnée à sa proie... une folie, une honte, une ivresse... et cette ivresse, où le sang se mêle au vin des coupes, se communique, abominable, à la ville, à la cour, à Paris, à la province. Tout chancelle en cette France au désespoir. O ruine! ô meurtre! Il lui fallut trente années de combats et de gloire avant de se remettre de ses frayeurs.

Ainsi pressé, ainsi épouvanté moi-même, ainsi fatigué de ce rêve ingrat que je faisais tout éveillé, vous comprenez ma hâte au départ, et mon désir immense, inassouvi de revoir ma chère patrie! Absolument, cette fois encore, il me semblait que je pouvais partir.

— Allons, me disais-je, il faut renoncer à mes rêves, il faut obéir au conseil de Barnave, il faut partir. Cependant, avant mon départ, je voulus revoir Barnave et Mirabeau, mes deux *camarades!* Depuis longtemps Barnave m'évitait. A peine il avait l'air de me reconnaître, si le hasard me mettait sur sa route, et souvent je n'obtenais qu'un froid salut! Jamais il ne me parlait des confidences que je lui avais faites, il semblait uniquement occupé des affaires publiques et de ces discours courageux et funestes qui paralysaient l'éloquence même de Mirabeau.

Quant à celui-ci, depuis son voyage nocturne, il n'était plus le même homme... On eût dit qu'il avait la conscience enfin du mal qu'il avait fait et du bien qu'il pouvait faire. Ange et démon, il portait la même activité dans tout son rôle. Sa vie était grave et laborieuse. Plus de jeux, plus de fêtes, de festins somptueux, de femmes enlevées, de filles séduites, plus rien de l'ancien Mirabeau que l'éloquence et le génie. En ce moment de son retour aux doctrines des royalistes, il se disait qu'il était fait pour gouverner la France, et s'il l'eût gouvernée à son gré elle pouvait être sauvée ; ainsi, il redoublait de travail et de zèle chaque jour. Ses premiers succès de tribune, entraînants, victorieux, irrésistibles tant qu'il parlait de sa voix de tonnerre aux passions de la multitude, étaient devenus une lutte, un combat, un danger, aussitôt qu'il voulut mettre un frein aux passions qu'il avait soulevées et qui ne lui obéissaient plus.

Je ne saurais dire exactement quel fut cet unique instant dans la vie et dans l'honneur de ces deux hommes, quand Mirabeau se mit à peser sa parole, et quand Barnave à son tour devint tout à fait un orateur. Un changement dans les saisons, un astre inconnu dans le ciel m'auraient frappé moins vivement que le tribun devenu sage et prudent, où Barnave accomplissait chaque jour son projet de remplacer Mirabeau lui-même dans l'admiration, l'enthousiasme et les respects qu'il inspirait à son peuple. Évidemment, les rôles de ces deux hommes étaient changés. Mais si je comprenais la conversion du premier, je cherchais à comprendre à qui donc en voulait Barnave, et d'où lui venait cet incroyable acharnement ?

Barnave en ce moment évitait ma présence, ont eût dit qu'il ne m'avait jamais connu ; il était tout entier à sa rage, à sa joie, aux accents de la foule, aux fureurs de l'assemblée, aux cris de la rue, aux violences du journal, à ses traînées sanglantes, présages funestes des plus mauvais jours de cette révolution qui semblait emporter la terre elle-même ! Ah ! ce Barnave... un jour cependant comme il entrait dans le jardin des Tuileries, je le rencontre, et je l'arrête.

— Un moment, lui dis-je, et permettez que je vous demande si j'ai démérité de vous ?

— Monsieur, me dit-il, d'une voix brusque, évitez, croyez-moi, toute explication inutile ! Vous êtes étranger, vous êtes un seigneur : nous marchons sur des charbons ardents ; mon amitié pouvait être fatale à votre bonne renommée, et votre amitié pouvait me rendre suspect au despote que je sers ; voilà pourquoi j'ai rompu avec vous... j'imagine aussi que nous n'avons plus rien à nous dire à présent.

— Monsieur ! lui dis-je, entre vous et moi, il y avait d'abord une amitié commencée, il y avait ensuite un double secret, et je ne comprendrais guère que ce petit danger d'amoindrir une popularité si brillante ait tant de pouvoir sur votre esprit, que vous soyez forcé d'oublier que vous avez été mon confident et que je suis le vôtre ! A coup sûr, je sais votre secret, citoyen Barnave, et vous savez le mien, ou du moins vous en savez tout ce que j'en sais moi-même, et dans ma *naïveté* allemande, il me semblait que ce double lien ne pouvait pas et ne devait pas se rompre ainsi...

— Monsieur, reprit Barnave, on est presque en république... et l'on n'est pas toujours son maître! Un jour de plus, dans les temps où nous sommes, a souvent changé bien des âmes. La dernière fois que je vous ai vu, vous m'avez raconté une histoire galante à laquelle vous avez attaché plus d'intérêt qu'il ne convient, et que j'ai tout à fait oubliée... Oubliez aussi quelques paroles imprudentes que j'ai pu dire... et dont je me souviens à peine. Et puis la belle heure, et bien choisie, après tout, pour ces belles passions!

Pourtant, reprit-il, si je le voulais bien, je vous raconterais... mais on m'attend, ce sera, s'il vous plaît, pour un autre jour!

— Non, non, m'écriai-je, et vous vous expliquerez à l'instant.

— Apprenez donc, Monseigneur, qu'il y a peu de jours, comme j'étais à rêver dans un coin de mon logis, je vis entrer... une dame voilée... Elle pleurait, à travers son voile; elle était belle, elle me parla avec désespoir. Elle rougit quand elle me raconta ce que vous m'avez raconté vous-même : l'ivresse du bal, son masque et sa faiblesse en ce lieu d'enivrement, et les remords de son amour pour vous, ses terreurs d'être découverte, et la peine que vous lui causiez, vous, si jeune, et qui perdiez dans cette recherche les plus belles heures de votre jeunesse! Ah! vous aviez raison, mon prince, et voilà certes la beauté même, et la grâce en personne. Elle me connaît, certes, et moi je ne sais pas où donc je l'ai vue... Et quand elle eut ajouté que vous deviez l'oublier, que vous ne la verriez plus jamais, non, plus jamais, elle ajouta, de sa voix la plus touchante, qu'elle vous priait et vous suppliait de ne plus vous occuper d'elle, et de cesser tout reproche inutile.—Et dites-lui bien, monsieur Barnave, vous son ami, que je veux qu'il parte, à l'instant, et qu'il retourne au fond de l'Allemagne... et qu'il m'oublie!... Ah! oui... Elle pleurait, elle suppliait et quand elle eut essuyé ses yeux, elle pleura; puis voyant qu'elle était restée avec moi trop longtemps, elle rougit, elle se leva; elle me fit jurer de ne pas la suivre, et de ne pas la reconnaître si je venais à la retrouver; elle me dit adieu pour vous et pour moi. Je n'ai jamais vu plus de noblesse et plus de grâce, unies à plus de décence et de désespoir!

— Mon Dieu! Barnave, pourquoi ne m'avoir pas dit un mot de cette rencontre? Votre conduite envers moi est dure, convenez-en.

— Eh! je savais bien que mon récit aurait l'effet tout contraire de celui qu'attendait la belle inconnue; en même temps j'espérais, à vous voir calme et résigné, que vous aviez oublié cette heure d'enivrement. Mais puisqu'enfin vous y pensez encore, eh bien! j'obéirai à la dame inconnue... Oui, cette femme est jeune; elle est belle! et, vous l'aviez devinée. En même temps, elle est une femme honnête et sérieuse, elle pleure avec des larmes de sang la folie et l'ivresse de cette nuit folle, et quand, par ma voix, elle vous commande, à vous, de partir, de l'oublier, pour votre honneur!... il me semble, en effet, que vous devez obéir.

— Non, Monsieur, non, vous dis-je, et tant qu'elle ne me l'aura pas commandé elle-même, et tant qu'elle me devra... cet adieu que j'invoque, eh bien! je m'obstine à sa recherche, et je reste au milieu de cet horrible Paris où tout se dénature, au milieu de ce peuple affreux qui me regarde avec défiance, au milieu de ces cris, de cette ivresse, de cette famine, de cette lèse-majesté divine et humaine, de ces meurtres sans fin! Elle le veut!... Je reste, immobile témoin, au hideux spectacle de cette anarchie violente; encore une fois je ne partirai pas d'ici, Barnave, et vous me direz qui elle est, vous me direz où elle est, que je la voie et que je lui parle,... enfin!

— Monsieur, reprit Barnave après un silence, il y a

des circonstances de la vie où la passion est un contre-sens. Voyez-moi, vous savez combien j'ai souffert d'un amour sans espoir; à présent, je n'y songe plus. Faites comme je fais, occupez-vous. Deux grandes parties se jouent en France; les paris sont ouverts, la chance, avant peu, sera décidée; intéressez-vous à cette partie éclatante et terrible dont votre tête sera l'enjeu. Voyez, je suis ferme et loyal avec vous. Vous êtes arrivé chez nous comme un gentilhomme révolté contre les préjugés de sa caste et partisan de toutes les innovations! Moi seul, et parce qu'en effet c'était votre devoir, je vous ai maintenu dans le parti de la cour. Je sentais qu'il y allait de votre gloire et de votre honneur de rester à côté de votre mère et de votre archiduchesse; homme de parti, je vous en ai épargné toutes les peines; je vous ai aplani toutes les voies; je vous ai fait le représentant de la bonne moitié de moi-même, et c'est vous, Monsieur, que j'ai chargé de mon dévouement à la reine; voulant sauver la reine, moi, l'ennemi du roi, je vous ai choisi pour mon second; je me suis fié à vous pour accomplir la partie honorable et sainte de la mission que je me suis donnée! Or çà, soyez un homme, et patientez encore un jour! Barnave, le révolutionnaire accomplira seul la tâche impérieuse de sa révolution, Barnave le royaliste, a besoin de vous, mon prince, pour sauver la reine de France!... Elle est perdue... à moins d'un miracle... Or, ce miracle, à nous deux, nous l'accomplirons, je l'espère, et quand vous l'aurez accompli, je vous en laisserai tout l'honneur. Pensez donc à la reconnaissance, à l'orgueil du peuple allemand, quand vous lui ramènerez Marie-Antoinette, et si l'Allemagne vous recevra à bras ouverts.

Ou bien, si je succombe, si je meurs à la peine, j'aurai besoin de vous pour dire à la reine que jamais Barnave n'a été son ennemi personnel, malgré tous les outrages dont il l'a abreuvée; que Barnave a suivi sans colère et sans passion la voie que les progrès du temps et les besoins de la France lui avaient tracée, et que si Mirabeau ne se fût pas rencontré sur le passage de Barnave, pour l'éclipser et le réduire à la seconde place, j'aurais été moins emporté, moins fanatique! Ainsi vous me ferez pardonner, si je meurs! Ainsi, vous sauverez la reine, si le trône s'écroule! Ainsi, vous le voyez, votre part est assez belle, vous êtes destiné ou à sauver ma mémoire, ou à sauver la reine... Allons! vivez! oubliez!... et souvenez-vous!

Il me parla fort longtemps avec l'affection d'un père; il me fit honte enfin de moi-même et de mes lâchetés; il rendit quelque repos à mon âme, un peu de sérénité à mon cœur en me prouvant que j'étais utile.

— Utile, indispensable, et parce que vos services n'auront pas d'éclat, parce que vous aurez le courage d'accomplir les fonctions d'un subalterne qui trouve sa plus douce récompense en son cœur, parce que si vous mourez, vous, vous mourrez inconnu! Si bien, Monseigneur, que vous serez un des hommes de cœur de cette révolution!

— Oh! repris-je, accomplir ce qu'on appelle une illustre action, et me faire un nom dans votre histoire, ce n'est pas cela que j'ambitionne. Le premier jour où je vous ai rencontré, vous vous êtes emparé de toutes mes volontés, comme un maître. Le rôle le plus subalterne, vous le savez, ne m'a jamais fait peur. J'ai servi d'écuyer au comte de Mirabeau, et maintenant, puisqu'il vous faut un subalterne, je vous obéirai, j'y consens; mais quand j'aurai tout fait pour vous, quand j'aurai oublié, pour vous, mon nom, ma seigneurie et jusqu'aux vagues rêveries de mon amour malheureux... ne ferez-vous rien pour moi?

— Il y aura un moment, soyez en sûr, où Barnave, qu'il soit triomphant ou vaincu, ne saurait pas refuser l'homme généreux que Barnave a chargé de sa gloire et de son propre honneur! Que je joue encore un jour le rôle de Mirabeau, encore un jour que je sois le premier à cette tribune dont il fut le roi jusqu'à son voyage de Saint-Cloud! Que la France, attentive à ma parole, espère, et que le roi tremble! En même temps que les derniers abus soient effacés, que les priviléges soient anéantis jusqu'au dernier... et puis, je vous dirai : — Elle est là... la femme que vous cherchez! ma gloire m'a délié de mon serment.

Oui! que je sois Mirabeau! que je force, à mon tour, la reine elle-même à m'appeler dans la nuit, qu'elle vienne à moi en s'écriant : « Sauvez-moi, Barnave! » et que je meure empoisonné comme Mirabeau!...

Je poussai un cri terrible. — O Dieu! que parlez-vous de poison et de Mirabeau?

— Quoi! reprit-il, l'ignorez-vous? Mirabeau se meurt...

— Mirabeau! notre espoir, notre dernier espoir, l'aîné de sa race et le premier né de l'éloquence?

— Il n'y a qu'un Mirabeau dans ce monde... il se meurt... il est mort!

— Empoisonné, Barnave! Et par qui?

— Par la main terrible, implacable! Elle a frappé tous les grands pouvoirs quand leur tâche est finie. Un grain de sable dans l'urètre de Cromwel, ou un grain d'arsenic dans la coupe de Mirabeau! Il faut qu'elles tombent à un jour marqué, ces extraordinaires puissances qui changent le monde; et c'est un de leurs priviléges les plus sacrés, les plus incontestables : mourir à temps!

CHAPITRE II

Véritablement, ce dernier soutien d'une cause perdue, il se mourait... je l'ai vu mourir. D'abord il avait lutté contre le mal, le mal avait été plus fort que ce génie... Il était vaincu, pour la première fois. Cet homme (il touchait à l'immortalité de tant de côtés divers), cet homme, il allait si vite et si droit! la mort l'arrête en son ardente carrière, elle le terrasse; il tombe, écrasé par la logique meurtrière des partis; il tombe, héroïque victime de son propre ouvrage, à savoir: l'émancipation de l'humanité. Croyez-moi, il fallait un grand courage, un dévouement extrême aux libertés qui venaient de se faire jour en France, pour hasarder cet immense attentat... la mort de Mirabeau. Il fallait que l'émancipation des peuples se sentît bien forte en effet pour assassiner son père et pour se passer, au premier moment de gêne, de la force qui l'avait fait naître. Enfin pour se délivrer de l'obéissance par un crime... un crime funeste! et qui se paie avec des crimes au delà de toute prévoyance et de toute vraisemblance. A l'aspect de cette joie immense, il était facile à l'Assemblée nationale de prévoir son sort à venir!

On n'a pas assez parlé de cette mort. Elle a changé les destinées de l'Europe. La révolution, en perdant Mirabeau, son maître, a jeté plus de bave et de venin qu'elle n'eût pu en jeter s'il eût vécu pour la comprimer. S'il eût vécu, le héros des temps modernes, la France n'aurait connu ni Robespierre, ni Bonaparte. Bonaparte, en venant au monde, aurait trouvé un maître, et il n'eût point songé à le devenir. Dans mon opinion, Mirabeau représente, et complétement, le pouvoir populaire, aussi complétement que Richelieu l'autorité du prêtre et Louis XIV le pouvoir royal. Mirabeau mort, le peuple est mort, et maintenant que le sceptre a passé dans tant de mains, à présent qu'il a été violemment arraché de toutes ces mains, devenues trop faibles pour le soutenir, que deviendrait le vieux sceptre impossible à porter? Par quelle flatterie ou par quelle gloire, ajoutez par quelles grandes actions se maintiendra l'autorité dans la main qui le porte? Difficile question, qui ne peut être résolue que par le temps.

Je reviens à Mirabeau. Quand il sut qu'il fallait mourir, absolument, et qu'il était au delà de toute espérance, il se résigna à la mort. Il rejeta bien loin tous les secours de la médecine...; il comprenait qu'un homme de sa sorte était fait pour bien mourir.

Amis qui le pleurez, adorateurs de son génie, esprits reconnaissants de tant de biens qu'il a rêvés pour son peuple, accourez à son aide! Écoutez sa plainte suprême! Ouvrez la fenêtre qui donne sur les jardins, approchez son lit de l'arbre en fleurs, laissez pénétrer les rayons du soleil printanier et les premiers chants de l'oiseau; le soleil est clair comme au jour où mourut Jean-Jacques; l'air est embaumé; l'abeille bourdonne et l'oiseau chante; la nature est presque aussi belle qu'elle était belle au Bignon, quand le jeune homme, agriculteur sous son père, allait parcourant les campagnes, rêvant tout haut, jetant au vent la poésie et les soupirs de son âme. Hélas! hélas! c'est bien le même soleil, ce sont les mêmes fleurs, c'est le même chant des oiseaux : rien ne meurt, rien ne change, ô bruits, chansons, parfums! Rien n'est changé dans cette France, que la loi, et le roi et la royauté : rien n'est changé... il est là étendu, le roi de son temps, le Mirabeau qui parcourait les joyeux chemins, en criminel d'État, le Mirabeau du fort de Joux et du donjon de Vincennes : alors aussi, il voyait le soleil étincelant à travers les grilles; il lui tendait les mains de sa fenêtre; ô mains impuissantes à l'atteindre hier comme aujourd'hui : hier retenu par ses fers, aujourd'hui retenu par la mort!

Le voilà donc arrivé tout à fait, le maître jour, brisant les derniers verroux, ouvrant le dernier cachot! Approchez, bons serviteurs; venez, votre maître appelle : il s'agit de le dépouiller de ses habits de malade, et de le parer de son habit de cour! Allons! des fleurs! des broderies : le talon rouge au soulier, la poudre aux cheveux, l'épée au côté; Mirabeau, *marchand de draps*, redevient un gentilhomme! Il veut mourir debout, souriant, calme et fort, et que son dernier jour soit un jour de fête. Il renonce, et sans pleurer, à ce bel avenir qu'il s'était ouvert.

Hélas! il mourait au moment où il venait de comprendre toute sa force, et comme il était sûr que le monde, à son tour, saurait quelle perte il avait faite en perdant son tribun, Mirabeau donc pouvait mourir. Ouvrez les portes de sa chambre et laissez entrer ses amis, sa maîtresse et ses enfants, ses sœurs, tout ce qu'il aime... il n'a plus qu'un instant à les entendre... à les bénir.

Il est donc vrai! encore une heure et tout sera mort. Grâce, esprit, éloquence, autorité, geste et regard, intelligence, âme et cœur! Tant de qualités mêlées à tant de vices! tant de vertus, tant de courage! O maître... ô fantôme! Ainsi, grâce à cette mort imprévue... et trop heureux, il ne verra pas mourir la monarchie éternelle qu'il voulait sauver! Il n'assistera pas au convoi de ce monarque auquel il a pardonné, lui, si souvent emprisonné et mendiant! Il ne le suivra pas dans ses fanges et dans ses chutes éternelles le tombereau de cette reine infortunée, aux touchants souvenirs, quand elle portait sur l'échafaud sa tête blanchie avant l'heure! Ah! pauvre femme, à peine vêtue de la robe noire qu'elle avait raccommodée de ses mains! Ah! Majesté!... *Un cercueil pour la veuve Capet..., sept francs !*

Heureux de mourir, Mirabeau, trop heureux, avant d'entendre à son oreille indignée ces bruits sinistres de république à peine fondée, et d'échafauds permanents sur les places les plus vastes de ce Paris des élégances et des poésies! Trop heureux en effet au seul aspect de ce maître... appelé la Terreur, il eût réclamé ses titres de noblesse, ou bien, si, malgré sa noblesse et ses épreuves ardentes, le bourreau l'eût épargné par respect, vous l'eussiez vu, quand vint la réaction thermidorienne, réclamer son titre de citoyen dans le peuple! Il était un de ces hardis courages qui ont peur du sang, et qui meurent, plutôt que d'en respirer la vapeur.

Il meurt! Adieu, Mirabeau! Adieu au dix-huitième siècle! Adieu nos années de délivrance! Adieu le règne éclatant de Voltaire et de l'esprit français! Adieu, vieux monde, qui ne te soutiens plus que par le souvenir! Autel, adieu! Trône, adieu! Majestés souveraines, poésie et philosophie, histoire, aristocratie et majestés de l'autre monde, adieu! L'ancien monde à Mirabeau s'arrête... ainsi que le Nouveau Monde fut l'Europe, le jour même où Christophe Colomb porta le pied sur ces terres ignorées. Silence donc et courage! A présent que Mirabeau n'est plus, vous n'avez qu'un choix, vous qui vivez encore : allons! vivre en plein chaos... ou mourir!......

Longue et triste agonie! ô lente, impitoyable et superbe douleur! Parfois la nature prenait le dessus, le malade semblait renaître! Le sang circulait dans ce vaste corps, le feu remontait à ce regard éteint ; le mal vaincu se taisait, alors il redevenait tout à fait Mirabeau.

Ce fut dans un de ces instants de calme et de paix qu'il me vit au pied de son lit, comme je le regardais mourir. Il m'appela, du regard, à son chevet, et la tête penchée il me parla de la reine. « L'avez-vous vue... et n'aura-t-elle pas un mot à me dire avant la mort? Et le roi, lui pour qui je meurs! » Son regard inquiet cherchait en vain le messager royal... personne de cette cour ingrate ne vint au lit de mort de Mirabeau.

Tout à coup la porte s'ouvrit à deux battants ; un éclair de joie et d'orgueil brilla dans ses yeux éteints : — Qui va là? demanda-t-il.

— C'est une députation de l'Assemblée nationale qui vient pour saluer son héros ; Barnave la conduit.

Il se leva en souriant; il salua de la main ses collègues; puis il prit Barnave de ses deux mains, et l'attirant à soi comme pour l'embrasser : — Barnave, ô bon jeune homme! ô Barnave, eh bien! C'est vrai, je meurs! Désormais, soyez le premier à la tribune, et si vous avez été jaloux de Mirabeau, pardonnez-lui, Barnave, il vous bénit au lit de mort; vous êtes un grand cœur! Vous êtes un orateur à ma taille, et vous mourrez comme moi, assassiné; cela est sûr, aussi sûr que je meurs... Hâtez-vous de montrer qui vous êtes, vous mourrez avant peu. Vous êtes tous morts, moi mort. Je te bénis donc, Barnave; esprit loyal! honnête cœur! Dévoué! fidèle... et malheureux! Adieu donc!... Et baissant la voix : Si vous aimez la reine (et vous l'aimez!) dites-lui que tout est perdu!... Qu'ils la tueront... Qu'ils tueront le roi... et son enfant... que ce sont des bêtes féroces... et qu'il n'est plus de salut que dans la fuite, à présent que Mirabeau est mort... Il entrait, en ce moment, dans les douleurs de la suprême agonie... et de l'agonie, il entrait dans le râle... il dormait, puis il se réveillait, pour embrasser ses amis; il leur tendait la main avec un muet sourire. Il songea à dicter son testament... Il n'avait rien à donner. Un de ses amis, le plus hardi, le plus heureux, lui donna sa fortune, afin qu'il eût quelque chose à donner. Mirabeau l'accepta.

Même il y eut une scène d'une effrayante solennité.

Nous entourions le lit du moribond, il reposait. Tout à coup entre un homme, il marchait doucement, respirant à peine, son visage était résolu; il se posa devant Cabanis, et lui tendant son bras nu, il lui dit à demi voix :

— Mirabeau n'a plus de sang : son sang est brûlé et perdu; la prison et l'amour ne lui en ont pas laissé. Les Anglais savent ranimer les cadavres par la transfusion, il ne s'agit que de trouver du sang à remplir les veines du cadavre. Voici ma veine, ouvrez-la, prenez mon sang, un sang pur et fort, honnête et dévoué, qui remontera au cœur de la monarchie expirante sur ce lit. Prenez mon sang, docteur, il appartient à Mirabeau, prenez! qu'il vive, et que je meure en criant : *Vive le roi!*

On regardait cet homme avec admiration : des larmes, les larmes retenues jusqu'alors, tombaient en silence de toutes les paupières, on cherchait à se souvenir si jamais le deuil du peuple était allé jusque-là? J'eus encore, à ce propos, un vil moment de jalousie et je m'écriai tout bas : *C'est le fou de la reine, Messieurs!* Mais lui, reprenant la parole, et tendant son bras de nouveau :

— Non pas, non pas, dit-il, je ne suis pas un fou; ceci n'est pas l'action d'un fou, il me semble; je n'ai jamais été un insensé, comme vous dites. Si c'est vraiment Mirabeau qui est couché sur ce lit, pâle et blême et pris par le râle, eh bien! c'est chose sage et sensée au premier venu de dire à ce cadavre : Ami, prends mon sang! C'est chose honnête et prudente de donner tout son sang à ce cadavre! Il ne s'agit pas d'un homme isolé, un père, un fils, un époux, un de ces malades vulgaires que l'on pleure, dont on porte le deuil, auquel on élève un tombeau sous un cyprès... douleur d'un jour, que le temps emporte aux premières feuilles du cyprès! Ceci, c'est la monarchie expirante! Ceci, c'est la France au désespoir... c'est vraiment la France qui râle et qui est morte! Si je suis un fou, Messieurs, de venir apporter mon sang dans ces veines, c'est que peut-être arrivé-je trop tard. En ce cas seulement je suis un fou, je le veux bien, j'y consens, je suis des vôtres... un fou... je ne l'ai pas toujours été!

Il s'approcha du lit, et se penchant sur le corps étendu du mourant : Tu meurs, dit-il, utile, intelligent, dévoué! vaincu, pardonné, impuissant et glorieux ami de la bonne cause! Ainsi tu meurs entouré, honoré, pleuré;... encore un jour, et tu venais à bout de ta noble entreprise! O ciel!... Le ciel ne veut pas, il te rappelle, et personne ici-bas ne prendra ta place, personne! et pas même un royaliste de ma sorte qui te donne tout mon sang, si tu veux vivre encore huit jours!

Ses paroles furent étouffées par les sanglots.

On tira un coup de canon à l'intérieur : Mirabeau se leva sur son séant, et d'une voix encore sonore et franche : *N'est-ce pas le commencement des funérailles d'Achille?*

C'était mieux que les funérailles d'Achille, c'était la mort d'Hector.

C'était la constitution française qui venait de perdre, elle aussi, son premier Dieu, comme toutes les religions accomplies.

Soudain il fut saisi de ces atroces douleurs sous lesquelles il se tordait comme du fer. Il voulut parler, la parole haletante échappa à sa lèvre... et cette voix éloquente, qui avait suffi à donner la liberté à tout un peuple, elle resta muette!

Il ferma les yeux quelque temps, il opposa l'inertie à

la douleur, il se laissa tenailler comme un martyr à la question, après quoi il ouvrit les yeux, et, sur une page commencée, il écrivit en grosses lettres ce simple mot : DORMIR !

Il avait vu le ciel, il avait respiré les derniers parfums, il avait entendu les derniers concerts de la terre, il avait dit adieu à ses amis, à sa sœur, à son enfant; il avait entendu les derniers sanglots de sa maîtresse qui pleurait agenouillée au seuil de sa porte... il avait compris les angoisses de la foule... A présent il voulait dormir.

Il s'endormait, quand il fut réveillé au nom de Pitt. Ce nom d'un commençant politique le tira de sa léthargie et lui rendit un instant la parole : — « Euh ! si j'avais vécu, je lui aurais été fatal. »

Fatal, en effet, car si la même France avait eu, tenu dans son sein un Bourbon légitime, une constitution légale, Mirabeau ministre, et Bonaparte général, je vous demande où serait la grandeur de M. Pitt ?

Il dit à l'ami qui soutenait sa tête accablée et couverte de sueur : *Tu soutiens cependant la tête la plus forte de la monarchie !*

A ces mots j'entendis *le fou de la reine* qui disait tout bas :

— Et la plus forte tête, après celle de Mirabeau, c'est la mienne... O ! la tête d'un pauvre fou, qui n'est bonne à rien, pas même à jeter à la populace,... un jour de crime et de fureur !

Quand la tête de Mirabeau retomba sur l'oreiller, nous étions à genoux. Il y a des têtes privilégiées dans le monde, leur dernier bond a de singuliers échos. La tête d'Alexandre retombe en brisant la monarchie universelle. La tête de Mirabeau brisait plus que la tête d'Alexandre n'a brisé, elle faisait voler en éclats la monarchie *immortelle* de saint Louis, de Henri IV et de Louis le Grand !

CHAPITRE III

Ainsi plus d'espoir! Le dernier soupir exhalé de cette vaste poitrine emportait toute une monarchie; il me semblait que le ciel aurait dû se couvrir, à ce triste et solennel moment. Je sortis de cette maison funèbre; je traversai cette galerie encombrée de livres en désordre, ces cabinets dont les murs étaient chargés de portraits de femmes; je vis, sans les voir, tous ces appartements consacrés aux festins, à l'étude, à l'éloquence, à l'amour, désormais pleins de deuil. Il avait laissé, en ce logis, la trace évidente de son génie et de son désordre, il en avait fait un pêle-mêle étrange où se retrouvaient les passions, les habitudes et les instincts de sa vie entière! Évidemment, cette demeure abritait autant de vices que de vertus! Le bois de chêne sculpté, les vieux cadres entourés de guirlandes, les fauteuils aux larges bras, la bergère en vieille étoffe, empruntée aux vieux salons du grand roi, la tenture à l'aiguille, et tout le vieux siècle étoffé, reluisant, épais et riche! En même temps, sur ces meubles magnifiques, étaient épars dans la poussière et le mépris des livres, des journaux, des discours, des pamphlets, tout l'attirail moderne de la pensée révoltée... On voyait que cet homme avait vécu à la hâte, et qu'il était mort brusquement. Comme il était un bon homme à la maison, chez lui, ses domestiques le pleuraient, le vieux chien hurlait, et la sœur du mort, appuyée au marbre d'une console, était plongée dans les plus amères réflexions.

A la porte, il y avait des mendiants en guenilles, au teint hâve; ils avaient l'air fort tristes d'avoir perdu *leur bon seigneur;* car à force de bienfaisance et d'urbanité la féodalité chassée de toutes parts se retrouvait encore à la porte de Mirabeau avec ses respectueuses formules; à la porte de Mirabeau, il y avait même un prêtre... un prêtre en surplis qui consolait les pauvres, en leur distribuant les dernières aumônes de Mirabeau.

O Mirabeau! génie! audace! intelligence! esprit bizarre! esprit charmant! grâce et bonté! force et courage!... Un monument placé sur les limites de la philosophie et de la politique! Il a réuni, par un privilége unique, à l'entraînement du grand siècle, le doute et l'ironie ingénieuse du siècle de Voltaire; il a forcé même ses passions à l'obéissance, il a dompté même son génie, il est mort après l'avoir vaincu, après l'avoir fait rentrer dans la voie étroite qui lui déplaisait! Pleurez, vous qui aimez la patrie! Il est revenu le nouveau Coriolan, de son exil chez les Volsques; lui aussi, il a été fléchi par la voix d'une femme; il a embrassé avec transports les portes de la ville natale. Pleurez-le, républicains et gentilshommes; aux républicains il a donné le vrai et sincère langage qui se doit parler parmi les hommes attachés à la chose publique... et s'il meurt c'est, en fin de compte, parce qu'au milieu de sa victoire, il n'a pas consenti entièrement à son état d'homme nouveau, de citoyen, d'égalité.

Il était né pour la fête, pour le plaisir, cet homme éloquent dévoré par la politique; il aimait les danses, les festins, les musiques, les menuets, les rondes, les gavottes, les musettes. Ce hardi compagnon avait brisé les outres dans lesquelles étaient contenus tous les vents de l'orage et les tempêtes les plus bruyantes du genre humain. — L'outre une fois percée, il n'en fut plus maître, et le voilà qui succombe à son tour, sous les vents qu'il a déchaînés. Ainsi, grand homme-enfant, tu n'as pas eu de rivaux, tu n'auras pas d'imitateurs, et maintenant que te voilà mort tout entier, le trône de France renversé de fond en comble te servira d'oraison funèbre, d'épitaphe et de tombeau !

J'arrivai jusqu'au fond du jardin, malheureux, éperdu, ne concevant rien à la douleur qui me saisissait à l'âme ; jamais je n'avais ressenti pareille douleur ; hélas ! jamais je n'aurais imaginé que la perte de cet homme amènerait pour moi un découragement si complet. Mirabeau mort, adieu la fiction, adieu les rêves de l'avenir, adieu mon ami qui me protégeait, adieu la reine, adieu Barnave ; il était la reine, il était Barnave, il était moi-même ; il était le drame autour duquel nous tournions les uns et les autres, incessamment poussés par une force invisible. Il me semblait que l'histoire et le roman de ma jeunesse étaient finis à ce cercueil. Mort Mirabeau, mort le joyeux convive et l'aventureux jeune homme aux bondissantes amours ; morte aussi cette voix puissante qui avait un écho dans toutes les capitales du monde ; il n'est plus ce génie, il ne bat plus ce grand cœur, elle est épuisée, enfin (qui l'eût dit?) cette passion qui s'emportait çà et là, abandonnée à ses propres hennissements.

Au détour de l'allée où l'Amour, en riant, posait le pied sur la flamme éteinte de son flambeau renversé, je rencontrai un homme à demi penché sur un rosier mousseux dont il étudiait l'architecture. La méditation de cet homme était profonde, et l'enthousiasme perçait dans tous ses traits. Je reconnus mon amateur de roses ; il avait trouvé dans ces jardins abandonnés la fleur qui manquait à sa collection, et courbé jusqu'à terre, il était devant cet arbuste, ivre, heureux, content.... Si l'on disait à cet homme : ami, de cette fleur qui vient de naître et du bouton qui s'épanouira demain, je te prie, faisons un funèbre hommage à ce grand esprit qui vient de s'éteindre? — Oh! que non pas, dirait-il, cette rose est rare, elle est à moi, c'est ma collection! c'est ma vie! et puis, vous avez tant d'autres fleurs pour composer vos couronnes! Vous avez l'œillet, le lys, l'anémone et la pervenche, et le laurier, et l'*immortelle*... Ah! de grâce, épargnez ma collection!

C'est ainsi que la nation française a porté le deuil de Mirabeau! Elle a fait comme l'amateur de roses, elle a défendu sa passion jusqu'à la fin, puis au mort qu'elle pleurait, elle a sacrifié tout le reste. Aussi, quand l'heure est venue, et qu'il s'agit d'honorer ces dépouilles mortelles, demandez à ce peuple éloigné de son Dieu, qui ne lit plus l'Évangile, et qui ne va plus aux anciens autels, le plus grand, le plus beau de ses temples, pour y déposer ce corps... le peuple aussitôt donnera ce temple qui n'entre plus dans sa collection favorite; il chassera le Dieu du sanctuaire, il renversera les saints de leur base, il prendra la pierre consacrée de l'autel, et chargée encore de reliques, il la posera sur le tombeau de son héros d'hier... Voilà tout ce qu'il peut faire en ce moment; un temple où le Dieu n'est plus! Mais demandez à ce peuple ingrat, au nom de son grand homme, en souvenir des services rendus, l'oubli d'une colère, ou le renoncement à une injustice : au nom de Mirabeau, son Dieu qui vient de mourir, priez cette nation d'épargner une seule tête... une seule... Elle dira, comme l'amateur de roses : c'est ma collection qui l'ordonne... il me faut cette tête encore... Il me la faut! J'ai donné un de mes vieux temples à Mirabeau... il peut bien me laisser sa reine et son roi, pour que j'en fasse à mon plaisir!

Voilà comment le paradoxe enfante inévitablement tout ce qu'il y a de plus lâche et de plus cruel !

Et maintenant que Mirabeau, mon maître, a laissé sans condition son humble écuyer, je veux quitter ce volcan qui me dédaigne ; il faut m'arracher à la perpétuelle moquerie, au sarcasme impitoyable. Il est mort, Barnave me dédaigne, et la cour m'est fermée ; ici je ne suis aimé de personne ; ici je ne puis rien voir de ce qui se passe en ce monde ; ici j'étouffe et je meurs ; je ne crois plus à rien ; en si peu de jours, j'ai tout épuisé, partons.

Adieu donc Paris, la cité reine ; adieu, Versailles, la cité morte ; adieu, le petit Trianon ; adieu les bains d'Apollon ; adieu, l'Opéra et ses nocturnes saturnales ; adieu aux petites maisons lambrissées et dorées par le vice ; adieu à cette société fardée, en nœuds roses et en larges manchettes ; adieu, France, adieu, belle ruine, adieu ! Je pars !... En quelque endroit où j'habite, en ce bas monde, hélas ! le bruit de ta chute arrivera jusqu'à moi !

CHAPITRE IV

Ma résolution prise une fois, les préparatifs de mon départ furent bientôt arrêtés. C'était par une chaude journée, au mois de juin, j'étais prêt dès le matin ; mais avant de partir, je voulus saluer une dernière fois tous ces lieux où j'avais laissé tant de souvenirs. Je me rendis à la taverne du *Trompette blessé*, je montai dans la salle haute, où j'avais vu, pour la première fois, les héros de ce nouveau monde évanoui déjà ! Quel bruit c'était alors ! les brûlantes paroles ! les cruels sarcasmes !... quel silence aujourd'hui, quel abandon ! Les anciens habitués de ce cabaret, si vifs, si jeunes et si forts, étaient vaincus ou dépassés ! Ils étaient déjà vieux, perdus et morts : le vieux Saturne avait dévoré ses enfants. Aujourd'hui, dans ce cabaret, sur ces mêmes bancs, tachés du vin de la dernière orgie, étaient assis les pouvoirs nouveaux de la France ! L'enthousiasme était moins sincère, il avait oublié le magnifique et superbe écho de ces voix solennelles. Il est donc vrai, *la théorie* est une grâce, une force, une fête... et l'expérience apporte avec soi une tristesse abominable. Où donc étaient les orateurs de ce club innocent encore ? Ils étaient remplacés par des conspirateurs, cachés dans l'ombre, et chargés des livrées de l'émeute!... Où tonnait Mirabeau gloussait une ignoble terreur enfantée au beau milieu du club des Jacobins... Ces femmes gorgées de vin seront bientôt des tricoteuses; ces Brutus et ces Scipions, demain seront des pourvoyeurs d'échafauds!

Ainsi la taverne était un club; l'Opéra était une caverne, et dans cette caverne arrivaient, à pied, les anciennes divinités de cet olympe anéanti! Madame Guimard sans carrosse et madame Camargo sans livrée!

Divinités détrônées et humiliées, on vendait leurs chevaux et leurs hôtels, on les interrompait dans leurs danses les plus gracieuses; l'art était caché, plaintif, en haillons! Il avait froid; il avait faim!... Poursuivi par ces tristes images, je cherchais en vain autour du monument dégradé quelques ombres errantes des sourires d'autrefois.

Aux colonnes du Théâtre-Français, le *Mariage de Figaro* avait disparu de l'affiche; il était remplacé par des drames de son école, avec moins d'esprit, de style et de talent! Voilà ce que c'est! vous semez la révolte et l'ironie, étonnez-vous de recueillir le doute et l'abandon.

La rue ouverte à la ruine était un immense, un incomparable encan. Les livres, les tableaux, les statues, les gravures, les médailles, les chevaux pour la course et les meutes pour la chasse, en un mot, tout ce qui faisait jadis l'intérieur d'un gentilhomme, et tout ce qui composait naguère une vie élégante, heureuse, abondante, ces trésors du luxe et du goût étaient étendus au hasard, sur les quais et sur les places publiques; ils étaient exposés sans ordre et sans choix à la curiosité indifférente des passants. On comprenait que les portraits de famille arriveraient à leur tour dans cet encan à l'usage de la populace; non-seulement les enfants ont souffert des rigueurs de cette époque, mais encore leurs pères et leurs mères, arrachés aux nobles lambris où ils étaient fixés depuis le grand roi !

C'est grand dommage, en vérité, de porter des mains impures sur les générations anciennes, de les arracher violemment à cette vie intelligente que leur donne la toile ou le ciseau, d'exposer tant de figures vénérables sur les places publiques et dans les carrefours, de déshonorer l'intérieur des familles, de profaner leurs souvenirs. A l'époque dont je parle, il n'y avait déjà plus de logis pour personne en France, le logis du roi lui-même avait été profané, le premier.

Je l'avoue, hélas! j'eus la faiblesse aussi de repasser devant cette maison aux fenêtres mystérieuses où j'avais vu tant de personnages divers, où j'avais entendu tant de choses inouïes; cette élégante petite maison... elle appartenait aux sans culottes, aux bonnets rouges... à ce qu'il y avait de plus déguenillé et de plus hideux.

A la porte de Mirabeau, une pancarte flottante indiquait que l'appartement était à louer. On passait devant la maison, sans se découvrir.

J'avais voulu m'assurer, avant mon départ, que rien ne pouvait plus me retenir. Partons donc, puisqu'ils ont tout gâté en si peu de temps. Ils ont ôté sa majesté à la maison de Mirabeau, ses grâces à l'Opéra, son esprit à la Comédie-Française, son inviolabilité à la vie intérieure; ils ont gâté, jusqu'aux joies du cabaret, les malheureux!

Tel fut l'emploi, le triste emploi de ma dernière journée... Hâtons-nous, me disais-je, et partons!

J'en ai trop vu! Je suis vaincu; je suis mort... je veux partir!

Ici je fus pris de vertige. — Eh quoi, partir sans voir Barnave, et sans dire adieu à ma mère? Partir sans revoir Hélène, et sans présenter mes respects à la reine; enfin quitter Paris, comme j'ai quitté Vienne, en écolier délivré de son précepteur! Certes, je ne saurais partir ainsi;

je ferai, du moins, mes adieux à ma mère... et pourtant je quitterai Paris ce soir.

Quand j'eus mis ordre à mon départ, je quittai mon hôtel de Paris, pour me rendre en toute hâte chez ma mère... Il était huit heures du soir; cette nuit d'été rayonnait de mille étoiles. Je ne sais quelle ville incroyable, en ce moment, j'avais sous les yeux, dans quel tumulte et dans quel bruit, dans quelle tempête et dans quels périls. Tout hurlait, criait, transportait, menaçait et déclamait! Le Palais-Royal était soulevé par Camille Desmoulins! Chaque feuille empruntée à ses arbres devenait une cocarde et chaque écho devenait une menace aux carrefours; sur chaque place et sur tous les seuils, en voiture, à cheval, sur les bancs, sur les chaises des jardins, au balcon des maisons, sur la borne et dans l'échoppe, on trouvait, à cette heure, des énergumènes qui faisaient entendre éternellement des cris de mort. Les citoyens s'assemblaient autour de ces forcenés et les écoutaient bouche béante; on eût dit des Italiens réunis, par un beau clair de lune, autour d'un improvisateur favori; les rues étaient pleines de gardes nationaux et de soldats, les corps-de-garde étincelaient de feux sinistres, les chevaux des officiers traversaient la ville en piaffant; tel était l'aspect général, une inquiétude immense, un malaise incomparable! Ainsi j'allais, comme on va dans un rêve... Et, dans ma course, il survint plusieurs accidents qui me parurent de mauvais présage : je heurtai, en marchant, un homme qui remettait la boucle de son soulier; cet homme avait les traits du roi; au coin d'une rue où je voulus appeler un fiacre, le cocher se retourna pour me dire qu'il était retenu, cet homme... ô vision! ressemblait au comte de Fersen; un postillon passa, solidement assis sur son cheval... je crus reconnaître un écuyer de la reine, M. de Valory. Cependant, je me dirigeais toujours vers les Tuileries surveillées, torturées, espionnées, fermées. Aux approches du palais, je rencontre une femme d'une taille élégante et d'une noble démarche, elle baissait la tête, elle donnait le bras à un jeune homme... elle allait tremblante... et malgré moi, je hâtai le pas pour la voir... Tout à coup passe au galop un grand carrosse, entouré de gardes et de laquais. Les laquais portaient des torches brûlantes, comme autrefois la livrée au devant du carrosse du roi !...

Ce carrosse... il ramenait, en grand triomphe, aux Tuileries, M. de Lafayette... et cette femme inconnue, allant seule à travers la rue ameutée... O misère !... et pensez si j'eus peur... je reconnus à son orgueil, à l'éclair de ses yeux, à la majesté de sa démarche... Oui, je reconnus la reine !... Elle était libre... elle allait dans la ville...

Eh quoi ! toute la cour vagabonde ? Eh ! quoi ! le roi et la reine dans les rues de Paris, à l'heure de leur sommeil ! Est-ce veille ou songe ?

Et tout à coup, poussant un grand cri : — Et la comtesse Hélène. Et ma mère, où sont-elles ? qu'en a-t-on fait ? Qui les défendra sinon moi, le fils et le cousin ? Et je me précipitai dans les cours du château.

La sentinelle me demanda où j'allais ?

— Je vais, lui dis-je, au pavillon de Marsan, chez madame la douairière de Wolfenbuttel.

CHAPITRE V

Dans la cour du château, tout au bas du perron de Leurs Majestés, je vis arrêté le carrosse aux flambeaux. Plusieurs gardes s'étaient groupés autour de cette apparition; d'autres gardes se promenaient en grand nombre, au milieu de la vaste cour; tout était tranquille en ce moment; l'horloge sonnait onze heures; on entendait les pas réguliers de la garde nationale dont on relevait les sentinelles; tout le château avait l'aspect accoutumé. Je pensai que j'étais le jouet d'une folle vision, et que tout ce que j'avais vu appartenait à l'exaltation de ma tête : alors je me rassurai quelque peu, et je ralentis le pas.

La même voiture arrivée au galop, repartit au galop : les sentinelles portèrent les armes, la grande porte se referma, et tout rentra dans le repos.

Cependant, je demandai ma mère. Elle était chez elle; je montai, un domestique vint m'ouvrir.

— Madame n'y est pour personne, ce soir, me dit-il. Il refusa de m'annoncer.

Je voulus entrer dans l'appartement : la porte était fermée en dedans... ce que ma mère ne faisait jamais.

Je grattai à la porte : d'abord on ne me répondit pas;

je frappai de nouveau. Une voix faible et tremblante cria : — *Que me veut-on?*

— C'est moi, c'est moi, Madame, ouvrez-moi!

— J'entendis ma mère qui faisait un effort pour se lever; mais elle retomba sur son siége : — Les jambes me refusent tout service, Hélène!

— Je vais ouvrir, Madame, répondit une voix qui m'était bien connue, et la porte s'ouvrit.

Hélène me salua tristement d'un signe de tête; ma mère, à mon aspect, sembla se ranimer, elle me regarda d'un air suppliant. Ce regard me toucha jusqu'au fond du cœur... nous changeâmes alors de rôle, ma mère et moi; elle m'avait guidé jusqu'ici, désormais je comprends que je suis son guide et son appui.

La comtesse avait repris sa place à la fenêtre... elle tenait sa tête entre ses deux mains.

Voyant que l'une et l'autre gardaient le silence : — Je viens de rencontrer Sa Majesté, Madame, dis-je à ma mère avec l'accent de la plus profonde affliction.

— Quelle Majesté? reprit vivement Hélène, et ses joues se couvrirent de rougeur : de quelle Majesté parlez-vous, monsieur?... il y en a tant aujourd'hui!

— Vous savez, ma cousine, que je n'en connais que deux... le roi et la reine. Oui, repris-je et j'ai vu... le roi et la reine dans la rue, à cette heure, et si je viens au palais, cette nuit, c'est pour vous, ma mère! et pour vous sauver, ma cousine, l'une et l'autre de la fureur du peuple, aussitôt qu'il apprendra que ses victimes lui échappent; donc je vous sauve, ou bien je meurs avec vous, choisissez!

— Vous avez vu le roi? reprit ma mère.

— Oui, Madame, le roi, bien déguisé; j'ai reconnu la reine aux flambeaux d'un carrosse qui vient d'entrer dans la cour, il n'y a qu'un instant.

Les deux femmes pâlirent. — Quoi! la reine a rencontré cette fatale voiture?.. s'écria ma mère en joignant les mains.

— Oui, Madame, elle l'a rencontrée; et elle ne s'est pas contenue, elle l'a frappée de son fouet, et quand ces flambeaux ont passé, elle ne s'est plus cachée, et c'est à sa royale allure que je l'ai reconnue; elle doit être bien loin à présent.

— O ma noble maîtresse! ô ma fille! s'écria ma mère, en pleurant, te voilà sauvée. Et béni soit Dieu qui t'a conduite à travers tant d'obstacles! A présent, ma chère Hélène, il ne nous reste plus qu'à la rejoindre, et à partager de nouveau ses périls.

— Madame, repris-je, agréez tous mes services. Ma chaise de poste m'attend à la porte Saint-Denis; quel que soit le chemin qu'aient pris Leurs Majestés, nous pouvons arriver presque en même temps à la frontière. Allons, venez, ma mère; et venez, ma cousine, allons, rentrons dans notre heureuse, notre paisible Autriche, et fuyons ce volcan, il finira par tout engloutir.

— Rejoignons la reine! Allons à notre œuvre! à notre devoir, Monsieur, reprit Hélène, à côté de la reine est ma patrie; votre patrie, à vous, c'est votre mère; en ces périls pressants, soyons à la hauteur de tant d'infortunes, n'oublions jamais, vous ni moi, notre devoir.

Ma mère était agenouillée à son prie-Dieu! Elle fit une humble prière, et se releva pleine de courage... Les deux femmes se revêtirent d'un mantelet noir, elles se cachèrent sous de vastes chapeaux, et, me prenant le bras, les voilà qui s'abandonnent à tous les hasards.

Quand j'eus au bras ces deux femmes qui m'étaient si chères, que je les sentis à mes côtés, éperdues et tremblantes, la ville me parut beaucoup plus sombre et plus menaçante. La nuit s'épaissit à mes yeux, et je marchai dans ces rues, presque au hasard. Hélas! ma pauvre mère, à pied, à cette heure, elle s'abandonnait, pour la première fois de sa vie à ma conduite, et Dieu sait, malgré tant d'angoisses, si j'étais fier de l'emporter !

A ma droite et s'appuyant à peine à mon bras, marchait ma cousine Hélène. Bien plus que ma mère, elle avait la conscience du danger que nous courions. A chaque instant elle prêtait l'oreille ; on eût dit que Paris se réveillait en sursaut et que la grande voix du peuple ameuté se démenait autour de ce palais déshonoré dont il avait fait une prison !... Quelquefois Hélène hâtait le pas, comme si nous eussions été poursuivis. Ce fut un horrible, un dangereux moment ! Ma mère allait à peine, Hélène aurait voulu courir ; j'aurais voulu porter ma mère, et courir avec Hélène ! O fatale, ô fatale nuit !

Nous avancions, peu à peu, jusqu'à la porte Saint-Denis ; nous avions déjà détourné plus d'une rue ; à la lueur du réverbère, Hélène aperçut un homme qui nous suivait, enveloppé dans un large manteau.

Il nous suivait, rasant la muraille ; où nous allions... il allait : nous faisions halte, il s'arrêtait. Nous allions à gauche, il était à gauche : on eût dit une ombre impassible qui suivait tous nos mouvements, avec le sang-froid et le silence d'un espion qui tient sa proie. A cette vue, il me sembla que nous étions perdus.

Je regardai ma mère qui se traînait à peine, n'ayant aucune idée du danger que nous courions ; Hélène, avait l'œil fixé sur l'homme au manteau noir, elle tremblait autant que moi.

A la fin, elle me dit tout bas : — Si nous allons plus loin, nous trahissons la reine... On nous suit, prenez garde, changeons de route,... à coup sûr, nous sommes épiés !

Je sentis en même temps que les forces de ma mère l'abandonnaient.

Je dis à Hélène : — Il est impossible d'aller plus loin, ma mère est accablée... attendons sur cette borne jusqu'au jour, nous ne trahirons pas le chemin de la reine... elle sera sauvée... au petit jour, et déjà bien loin de ses geôliers.

La rue était étroite. A la porte d'une maison de peu d'apparence il y avait un banc de pierre, où je les fis asseoir... je me tins debout dans l'angle de la porte; ainsi nous étions dans l'ombre. A quelques pas, du côté opposé, se tenait notre espion, immobile, et dans l'ombre aussi!

La nuit était profonde et le silence était terrible... Serrés tous les trois l'un contre l'autre, nous attendions.

Tout à coup, à travers les fenêtres de la maison opposée, à l'instant le plus grand de notre découragement, une étrange apparition attira nos regards. Une vive lumière vint à frapper sur cette fenêtre, et dans l'appartement ainsi éclairé, nous vîmes entrer plusieurs figures d'une apparence triste et pensive qui se placèrent à genoux contre les murailles.

Quand ces personnages furent à genoux, un enfant alluma le lustre attaché au plancher de la salle, et cette scène lugubre fut éclairée à la façon d'un spectacle qui se serait donné pour nous seuls.

A la première lueur de la fenêtre, Hélène et moi nous avions regardé de toutes nos forces cette scène nocturne; ma mère tenait toujours la tête baissée. Inquiet de ce que nous allions voir, je portais mes regards de cette scène étrange à ma mère, et bientôt, quand nos yeux, habitués à cette obscurité éclairée, purent distinguer les objets, nous aperçûmes toutes ces ombres à genoux, hommes et femmes, prêtres en surplis, jeunes filles en robes blanches qui priaient et se frappaient la poitrine. A la fin, s'ouvrit une porte latérale, et nous vîmes sortir de cette porte un vieux prêtre qui traînait une croix de bois; cette croix était noire et massive, et le vieux prêtre avait peine à la traîner. Quand la croix fut posée au milieu de l'appartement, l'enfant passa au prêtre son surplis; le prêtre à genoux, on alluma un cierge, on apporta l'eau bénite, on apporta les clous et les clous furent bénits. Quand tout fut préparé, la même porte latérale s'ouvrit de nouveau; cette fois la victime venait après l'instrument du supplice. Deux femmes âgées conduisaient, appuyée sur leurs bras, une jeune fille aux yeux hagards. La victime était de petite taille, à la tête penchée, au sourire grimaçant; ses épaules étaient couvertes de longs cheveux, ses pieds étaient enveloppés de linges sanglants; elle tenait ses deux mains jointes; une force surnaturelle s'empara de ses sens, quand elle vit la croix et les clous. A cette vue, elle se leva par un mouvement convulsif, elle marcha seule, elle grandit de deux coudées; elle arracha elle-même ses charpies (ses pieds saignaient encore du supplice de la veille), elle se coucha sur la croix, levant la tête, et croisant ses pieds l'un sur l'autre, étendant les deux bras, ouvrant ses deux mains, deux mains sanglantes... en cette posture elle attendait; elle se tenait patiente et résignée... elle aussi : — *Je sauverai le monde à force de douleurs.*

Voici ce qu'on lisait dans son regard, fasciné par le jeûne et la mortification.

Je m'assurai, d'un coup d'œil rapide, que ma mère avait toujours la tête penchée; et, plein de fièvre, je reportai mes regards vers ce drame épouvantable, dont la réalité me paraissait douteuse, en dépit du témoignage de mes yeux. Hélène s'était levée de son siége, elle se tenait debout, pour mieux voir.

Horrible nuit! La croix, le prêtre et la victime étendue; ici, les assistants immobiles, nous dans la rue, et ma mère endormie, et, là bas, l'espion immobile qui nous regarde, éclairés par le reflet de la faible lumière... et je revenais toujours à ce chapitre en action de la Passion de Notre-Seigneur.

La victime était prête. Alors le vieux prêtre s'approcha d'elle ; il baisa ses pieds et ses mains avec le respect du moribond qui baise les sept plaies du Christ. En même temps l'enfant lui présente un marteau de fer sur un plat d'argent. Le marteau enfonce un grand clou sur les pieds, un clou entre les mains de la victime... Et le clou sépara les chairs, écarta les tendons, pénétra les os, le sang coula sur le sein de la crucifiée ! Et là, crucifiée, elle était attachée à la croix... l'œil gonflé, les joues pendantes, le sein qui bat, le cou parsemé de veines bleues, la tête expirante... ô profanation !

Nous assistions, sans nous en douter, au dernier effort du dix-huitième siècle pour croire encore à cette religion chrétienne, qui avait fait toutes les destinées de la France. En ce lieu, plein de ténèbres, ces hommes et ces femmes, ces malheureux parodistes étaient les seuls chrétiens que la France eût gardés, ils étaient les seuls croyants que le doute eût épargnés sur son passage. Étranges chrétiens, qui démontrent la divinité de leur Dieu par le cadavre d'une femme attachée à une croix ! Étrange foi, qui se rattache à ces preuves toutes matérielles ! Digne résultat de tant de sophismes !.. de tant de miracles! Voilà une femme appelée en témoignage de la divinité d'un Dieu. Que si cette femme eût faibli, si seulement elle eût appelé à son secours le vinaigre et le fiel, c'était fait de l'Évangile dans le cœur des assistants !

Il y eut un moment de cette affreuse scène où ma jeune compagne poussa un grand cri.

Ce cri réveilla ma mère. A son premier regard, ma mère découvrit cette croix noire, attachée au mur blanchi, et sur cette croix ce cadavre, au bas de ce cadavre le cierge qui vacillait dans la main de l'enfant de chœur.

Elle se mit à fuir en appelant l'exorcisme à son aide... elle voyait l'enfer !

Elle serait tombée avant que j'eusse pu la rejoindre,

elle se serait brisé le crâne contre le pavé; mais l'espion se détachant de la muraille, elle tomba évanouie entre ses bras...

— O ma mère! m'écriai-je, sentant que ses mains étaient froides; puis me retournant vers son étrange sauveur, je reconnus *le fou de la reine*...

Il tenait dans ses bras ma mère évanouie; il me reconnut, d'un regard, et sans mot dire, il marcha devant nous, portant ma mère; Hélène et moi, nous le suivions sans parler.

Nous arrivâmes ainsi à une maison peu éloignée, et dont la porte basse était entr'ouverte. Castelnaux entra le premier; tout était sombre. Un tapis moelleux était étendu sur l'escalier; d'invisibles parfums, à peine entré dans ce lieu, vous saisissaient; d'invisibles échos répétaient vos pas dans un vide invisible; des ombres erraient sur les murs, comme en un miroir, les plafonds étaient chargés de figures mystérieures qui, dans la nuit, semblaient gigantesques; l'appartement était vaste, à peine éclairé de ce pâle crépuscule du matin, qui n'est plus la nuit, qui n'est pas le jour; c'étaient partout, dans ce lieu, des lustres éteints, des miroirs voilés de gaze, des siéges de soie, des peintures bizarres. Castelnaux déposa ma mère contre un meuble inconnu, qui répétait les paroles et jusqu'aux soupirs de cette épouvantée... Il y avait, en ces ténèbres, une horrible et mystérieuse confusion!

Nous étions seuls. Castelnaux appela du secours: l'instrument d'airain lui répondit par un sourd gémissement, il ne vint personne et pas une lumière ne brilla, pas une porte ne s'ouvrit, pas une voix ne se fit entendre... A la fin, ma mère reprenait ses sens: je sentis le sang revenir à sa joue, et le battement à son cœur.

— Personne ici! dit Castelnaux, personne pour porter secours à une femme évanouie, en cette maison qui guérissait tous les maux! Où est-il donc allé, le grand médécin? Qu'est-il devenu l'infaillible et le guérisseur? Autrefois, cette salle était pleine de malades de tout rang et de tout sexe; autrefois, la santé planait au sommet de ce plafond solennel; hier encore, aux bords de cette grande cuve d'airain vous eussiez trouvé des consolations pour toutes les douleurs, des parfums pour les maux de l'âme, un feu caché pour les maux du corps!... Puis, voyant ma mère ouvrir les yeux enfin, il prenait ses deux mains et les plaçant sur les bords de la cuve : — Ne sentez-vous pas, Madame, une force nouvelle? Votre âme n'est-elle pas remise de toutes ses secousses? Penchez-vous, disait-il, penchez-vous sur cet abîme. Il est très-vrai que moi qui vous parle, je suis entré malade ici, j'en suis sorti guéri!

Ce remède indiqué par Castelnaux me fit peur. — De grâce, un verre d'eau pour ma mère, un peu d'air, je la sens qui revient, et si vous voulez nous aider, nous pourrons partir; il est temps de partir; le jour vient, dans une heure nous sommes perdus!

Il sortit. J'entendis ma mère qui m'appelait. — Où sommes-nous, me dit-elle d'une voix faible, et pourquoi ne fait-il pas jour? — Nous sommes dans la maison d'un médecin, ma mère, et le jour va bientôt venir.

La cuve d'airain répétait chacune de mes paroles; ma mère se retourna à ce bruit; et fatigués que nous étions tous les trois, nous nous trouvâmes alors, sans nous en douter, autour du baquet de Mesmer, attendant le retour de Castelnaux.

Debout, machinalement appuyés sur les bords de la cuve, nos idées n'allèrent pas plus loin que l'heure présente. La fatigue, la terreur, la nuit, nous retenaient à cette place, autour de cette cuve reluisante autant que l'or. Peu à peu je m'abandonnais aux visions qui voltigeaient informes et sans bruit, entre les mille branches d'airain croisées les unes sur les autres, sur les bords de ce gouffre, au fond du gouffre, au-dessus du gouffre, assemblage inouï d'ombres légères, de bruits étranges, écho mouvant qui eût répété les battements du cœur.

L'âme entière, abandonnée, séduite à ces harmonies invisibles, se plongeait dans cette vague obscurité. Bientôt je cherchai à découvrir Hélène... Elle ne parlait pas, mais je sentais qu'elle était fascinée et que son regard plongeait où plongeait mon regard! Chère âme, en ce moment elle cherchait mon âme; à cette heure et dans cette muette contemplation il se formait entre elle et moi une union inexplicable et certaine. Oh! si Mesmer eût été là, donnant la chaleur à l'airain, faisant jaillir la flamme électrique de ce fer, à présent refroidi... si la foule eût entouré le baquet magique de ses mille regards, de ses mille espérances, de ses mille terreurs; si à chaque nouveau venu, il nous eût été donné de comprendre enfin qu'un nouveau malade arrivait pour partager avec nous son malaise; et si l'imagination, vague désir, et la peur, sa plus puissante compagne, eussent présidé à ces enchantements; si j'avais ignoré qu'Hélène était près de moi dans l'ombre, et qu'au milieu de la foule muette, au milieu de ces soupirs qui s'élèvent et qui s'abaissent en cadence, au milieu de ce monde confus, pêle-mêle, malade, et blasé, crédule aussi, j'eusse pu deviner à son soupir, à son regard, aux parfums de sa robe, à ses frissons, la femme inconnue... et ma maîtresse que je cherchais depuis si longtemps; à coup sûr, guidé par le sixième sens, et le suivant dans le sentier lumineux, si j'avais pu la saisir dans l'ombre, et réclamer tous mes droits, acquis dans le bal... si j'avais pu toucher seulement sa lèvre de mes lèvres, et la prendre enfin dans la foule : ô bonheur! ô miracle! ô Mesmer!

En ce moment de peine et de doute, aussitôt j'aurais reconnu ton pouvoir, j'aurais proclamé ta science en appelant Mesmer mon sauveur. Ce qui est vrai, c'est que malgré moi je fus soumis à une puissante fascination. Le regard tendu, et cherchant au fond du baquet des restes de magnétisme à mon usage, il me sembla que je trouverais une explication à tous ces mystères! Je voulais retenir à mon profit quelques-uns de ces violents plaisirs, qui donnaient aux corps tant de secousses. Je cherchais, dans cette solitude, une part du drame accompli dans ces ténèbres. A force d'attention, je tombai dans une rêverie étrange, le rêve magnétique s'empara de mon âme; ainsi j'allai de la terre au ciel, du rire aux larmes, de l'espérance à la terreur; j'entendis des voix célestes et des hurlements d'enfer; dans le fond de la cuve où s'agitait mon rêve, mon rêve se nouait et se démenait comme ferait un ballet de l'Opéra joué en grand costume, et sérieusement, dans la nuit profonde, et quand le lustre est éteint.

Ah! ce siècle était un siècle infini de paradoxes tels que jamais le monde autrefois n'en avait vu! Il faisait du sophisme à propos de tout; sophiste à propos des maladies de l'âme, il crucifie une femme pour démontrer un Dieu! Sophiste à propos des maladies du corps, il invente un sixième sens pour n'avoir plus à s'occuper des cinq autres. Triste condition de la religion et de la science en cette France au désespoir!.. D'abord sujets féconds en moqueries indestructibles, puis enfin parodiées l'une et l'autre, jusqu'au crime, à l'absurde, et jusqu'à ce qu'il n'en reste plus rien, pas même le nom!

CHAPITRE VI

Le retour de Castelnaux me rendit à moi-même; en ce moment ma mère allait mieux; notre voiture, grâce à Castelnaux, était à la porte. — Partez, nous dit-il, il est temps; à présent, s'il y a un Dieu dans le ciel, la reine est sauvée, et la révolution a perdu sa proie... Et demain le faubourg Saint-Antoine n'aura plus de lit royal à fouiller avec ses baïonnettes, plus de têtes royales à souiller de son bonnet rouge; demain les mégères des faubourgs ne souilleront plus les chastes oreilles des enfants de Marie-Antoinette avec leurs propos de mauvais lieux et leurs blasphèmes de carrefour; à présent la royauté est sauvée! Allons, partez, vous ne courez plus le danger de mettre l'ennemi sur ses traces; partez, le peuple va se réveiller dans une heure... et je veux assister à son réveil.

Oui je tirerai ma vengeance! et de ce pas je vais m'asseoir aux Tuileries, à l'angle du pont, vis-à-vis la fenêtre de la reine, fermée encore, et gardée, et surveillée. Ah! ma sentinelle bien veillée! Ah! mon peuple... eh bien! hurle et calomnie... Ah! ah! l'entendez-vous! il crie, il vocifère, il maudit la reine. — *A bas la reine! A bas la reine!* et cependant la fenêtre est toujours fermée. *A bas la reine! mort à la reine!* Et quand il verra, malgré ses cris, que la reine enfin ne vient pas le saluer humblement, lui le souverain déguenillé, quand il ne verra pas la reine en larmes, son dauphin dans les bras, lui rendre un sourire pour un blasphème, un *bonjour* pour ses cris de mort; le peuple, à lui-même, il se dira : — (il sait que sa victime est matinale... il a tué son sommeil!) il dira : — pardieu, l'*Autrichienne* a diablement prié ce matin! Et quand ce peuple hideux la sait à genoux, en prières, pour son époux, pour ses enfants, pour la France, il redouble, ô blasphémateur, de rage et de fureur :

— *La Reine à mort!... à la lanterne!..* Elle est le fragile jouet du peuple. Il s'est donné rendez-vous autour de sa tête, et la fait pleurer à volonté. Il la fait sourire, il la menace, il la pousse, il l'emprisonne, il la chasse, et le tigre tenant sa proie, il se la renvoie comme un jouet; la mordant jusqu'au sang, en attendant qu'il la dévore... A Versailles même, et dans le palais des rois, ce peuple impie est entré chez elle, une nuit, comme un époux jaloux, après un long pèlerinage, en brisant les portes, en se précipitant au lit nuptial...— Ah! foule insolente!... à la fin, ta proie, elle échappe à tes appétits! et maintenant qu'elle est partie... et qu'elle est sauvée... allons, va le chercher ton jouet: *la reine! eh! la reine!* Plus de reine et plus de jouet, plus de femme et plus de mère, et plus d'épouse et plus de prisonnière, et plus de victime, et plus d'injures... Or çà, citoyens, vous n'avez plus que le ciel à blasphémer! »

Ainsi parlant, Castelnaux se frottait les mains de joie, il bondissait autour du salon, il crachait dans le baquet de Mesmer, il était triomphant, il était fou tout à fait... fou de triomphe et de bonheur.

— Dans une heure ou deux, disait-il, on frappe au palais; on frappe à la porte du roi. On entre en même temps chez le roi. Personne! On se trouble, on court, on cherche, on appelle... Il est perdu. Plus de roi! Croyez-vous qu'il y ait de la pâleur, à cette heure, dans l'histoire de France, à cette nouvelle impitoyable : Il n'y a plus de roi, et le roi n'est pas mort! Il y aura un jour, dans la création, où la voix venue de l'Orient dira aussi à la terre... Il n'y a plus de soleil! Eh bien! ce mot sans forme et sans nom : plus de roi! plus de roi à immoler! plus de reine à charger d'outrages! plus de royauté qu'on insulte, et plus rien dans ce royaume!... Il faut que je sois le premier à l'entendre, à m'en réjouir! Cette effrayante pâleur d'un peuple sans pitié, Castelnaux veut la voir, pour se venger; ces palais déserts, ces temples déserts, parce que les palais sont déserts, Castelnaux les veut parcourir, pour savoir ce que c'est qu'un trône inoccupé... un sanctuaire inerte et vide. Il veut savoir ce que dit l'écho de pareilles solitudes, et si cela fait peur aux nations, quand le trône et l'autel rendent un son funèbre, privé de son roi dégradé, de son Dieu! Victoire à Castelnaux, cette nuit est une nuit de triomphe. Il est l'Achille et l'Ajax Télamon de cette nuit troyenne. A moi l'honneur, chassant les sans-culottes, les sans roi et les sans Dieu, d'éventrer, le premier, la muraille de la ville assiégée. Aussitôt vous voyez entrer, de toutes parts et par la brèche, la mort, la peur, la famine et la vengeance du ciel et le châtiment des hommes, les meurtres sans fin, le pillage, les réactions sanguinaires, les longues terreurs, l'anarchie et la guerre civile avec la banqueroute et les misères accomplies des bourreaux, enfantant des massacres et des échafauds sanglants! Entrez, tout cela, entrez! Le roi et la reine, il n'y en a plus; entrez, tout cela, c'est Castelnaux qui vous ouvre la porte! Entrez, dissensions intestines, bavardages sans fin; entrez, brigands armés; entrez, populace; entrez, femmes sans honte et sans robe nuptiale; entrez, faubourgs; entrez, armées étrangères : Anglais, Prussiens, hordes sauvages, vagabonds, Cosaques, Russiens, gorgez-vous d'or et de sang, pillez les églises, renversez les châteaux, incendiez les chaumières, dévalisez les sacristies, ouvrez les tombeaux, brûlez les livres, déchirez les chartes, violez les vierges, chassez les saintes filles des saints monastères, ruez-vous dans le désordre, à la proie, au meurtre, à l'incendie; allons! çà! brisez les statues et les images, démolissez les maisons royales pour en vendre le plomb et la pierre; saccagez, brûlez, dévorez tout sur votre passage... à vous la France! Elle est à vous, à vous seuls; elle n'est plus ni à Dieu, ni au Roi; elle est à vous; venez, venez tous, Castelnaux vous appelle, entrez, et si en passant vous avez un chapeau ou un bonnet, tirez votre chapeau ou votre bonnet devant Castelnaux! »

Et nous le vîmes ainsi bondir tout un quart d'heure, et jamais dans tout Paris logis plus sombre et plus caché n'avait entendu un si grand bruit; la cuve, à ces cris, retentissait comme un tonnerre, et l'écho troublé balbutiait à peine ces paroles pressées et haletantes. Or ma mère, hébétée, était là, contemplant toutes ces choses sans y rien comprendre, Hélène, à mes côtés, se pressait effrayée et muette. Castelnaux brisait tout ce qui tombait dans ses mains. — O la belle nuit! disait-il; la belle nuit! Paris a perdu un roi, il a crucifié un Dieu, il a chassé Mesmer: royauté, religion, charlatanisme, et psit... tout est parti; tout a quitté Paris, cette nuit; il n'y a plus rien à Paris. Paris n'est plus! *De profundis... Alleluia!*

Quand il eut repris son sang-froid, il nous conduisit jusqu'à notre voiture, et il nous dit adieu en pleurant!

C'est ainsi que je le quittai, ce fameux Paris que je ne devais plus revoir. Je le laissai vide; il était si rempli quand j'y entrai, pour la première fois! J'étais si jeune alors, j'étais devenu si vieux en peu de temps! Tout ce que j'admirais était tombé! Je laissais dans ces ruines mes illusions, mes espérances, et maintenant je ne pensais plus qu'à suivre, à mes risques et périls, les traces de cette royauté perdue au milieu des grands chemins.

Triste retour! tristes sentiers battus par des rois tremblants! Ma mère était retombée en ce triste état d'anéantissement, voisin du rêve... ma cousine Hélène, abattue et pensive, semblait dévorer l'espace qui s'étendait devant nous. Elle oubliait ses dangers, à force de terreur.

Qui l'eût vue ainsi penchée à mon côté, et nous deux, au matin, courant la grande route où le soleil courait après nous, celui-là nous eût pris pour deux amants heureux qui se sont rencontrés dans l'ombre, et qui s'enfuient loin de leur vieux tuteur.

Qui m'eût vu l'entourant d'une tendresse ineffable eût juré ses grands dieux que nous accomplissions un de ces drames enchantés de la jeunesse heureuse, quand l'amour jouait un si grand rôle en ce royaume, éclairant les palais, illuminant les chaumières, animant le grand chemin, jetant partout la vie et les sourires dans ce beau pays, sous ces épais ombrages, dans ces vieux châteaux aux gothiques souvenirs.

Je dis à Mlle de*** en lui prenant les mains, en signe de témoignage et de serment : — Voulez-vous, Hélène, en ce péril, unir votre destinée à la mienne, et ne plus nous quitter jamais? Voulez-vous que je réveille en ce moment, qui peut être un moment solennel, ma mère endormie, et que je lui demande sa bénédiction pour nous deux? A cette brusque demande, elle ne parut pas étonnée, et comme je lui avais parlé simplement, elle me répondit simplement :

— Écoutez, Frédéric, nous n'avons pas de temps à perdre en vaines espérances; il ne faut pas espérer que nos destinées soient unies; notre séparation est proche, et, je le sens, deux devoirs différents nous appellent. J'appartiens à la reine, et vous appartenez à votre mère. Ainsi nous irons, vous et moi, où elles iront, chacun de son côté : nous ferons notre devoir, tout sérieux qu'il puisse être, et que Dieu nous protége! Hélas! l'heure est sérieuse, et nous devons, avant tout, racheter les fautes de notre jeunesse à force de dévoûment au malheur! Ainsi nous nous partagerons la ruine et les misères de cette royauté qui s'en va, comme nous avons partagé sa gloire et sa folie. O Frédéric! vous ne savez pas toutes les fautes que nous avons commises! toutes les erreurs dont nous devons porter la peine; et si vous saviez cela, mon cousin, combien nous avons été tous coupables, vous plaindriez ce peuple éperdu qui gronde et tue; vous trouveriez qu'il est juste en ses vengeances, vous comprendriez ces cris furibonds de liberté! Pour moi, je ne m'aveugle pas sur cette révolution. Cette révolution, c'est notre mort à tous... Mais vous ne comprenez pas cela, mon cousin; vous ne comprenez rien aux menaces d'un temps que vous n'avez pas vu, d'une histoire que vous ne savez pas. Vous n'avez vu, de la cour, que la surface, et du peuple que la lie immonde! Vous êtes venu en France au moment où nous renfermions nos vices en nous-mêmes, surpris par le grand jour, au moment où le peuple obéissait aux vengeances de quatre siècles de servitude. Hélas! notre malheur vous a trompé sur notre compte; innocent au milieu de nos corruptions et de nos vices, vous avez cru à notre innocence, et maintenant vous voulez partager notre infortune, et vous me dites à moi : Je suis à vous, Hélène! Imprudent que vous êtes! Ne voyez-vous pas que cette infortune est infamante, et ne voyez-vous pas que vous n'avez aucun droit, vous si jeune, à venir porter la peine de tous les crimes de Louis XV? Disant ces mots, elle appuya sa main droite sur ma tête, comme un témoignage d'une ineffable protection.

Je lui répondis avec toute l'assurance et toute la conviction qui étaient en moi; je me montrai bien décidé à ne la plus quitter, à la suivre, à l'aimer, à vivre à côté d'elle, à mourir avec elle... — Non, lui dis-je, il n'en sera pas, cette fois, comme de ma première passion d'amour!

Je n'ai pas peur de vous; je ne crains pas vos dédains; vous m'aimerez, vous m'aimerez, je vous aime et j'en suis sûr!... Innocent, dites-vous! mais j'ai partagé, j'ai copié tous ces vices! Innocent, en effet, et plus à plaindre que si j'avais été coupable! Un matin, capricieux jeune homme, je quitte l'Allemagne, exprès pour vous voir, ma cousine! et me voilà parti pour la France, que vous habitez; chemin faisant, je me rappelle avec une joie ineffable votre naissante et charmante beauté; j'entends vos chansons, je vous vois me sourire... Ainsi rêvant me voilà tombé sur les chemins, et brisé à demi je rencontre une petite fille agaçante et rieuse, et pour la petite fille aussitôt je vous oublie... Alors, me voilà, sur le chemin, aux genoux de cette fillette, et la suppliant d'accepter ma fortune et ma main! Voyez si j'étais sage!... Heureusement la fillette me rit au nez, et, sage autant que j'étais fou, elle épouse, à mon nez, mon valet de chambre. Désolé, je viens en France, et je vais à la cour, je vous vois, la nuit, près de la reine, sous un voile noir; on vous eût dit morte, et chez la reine vous me recevez avec une froide réserve... On eût dit que vous saviez mes infidélités de grande route... Éconduit par vous, faiblement reçu par la reine, oublié de ma mère, alors je vais au hasard, et je rencontre en tout lieu des hommes plus puissants que le roi : des libertins qui règnent au nom de la vertu; des charlatans qui proclament la vérité. Le vice est partout, l'égoïsme et la vanité encombrent toutes les âmes, la peur règne en souveraine, enfin vous tremblez tous. Moi, je fais un effort pour être, à l'exemple universel, un brouillon, un émeutier, un Don Juan de carnaval. Je prends Mirabeau pour maître et seigneur; je choisissais bien, convenez-en.

Ainsi... à mon premier pas, à mon premier appel, le vice aussitôt vient à moi dans ses atours les plus charmants. Rien de plus gai, de plus vif, de plus joli : l'esprit au regard, la grâce à la lèvre, un feu de vingt ans... Mon premier bal masqué fut un événement... J'en rêve encore, et voyez ma plainte!... Il advint que je sortis de cette fête amoureux comme un fou. De qui? je l'ignore... pourquoi? je le sais bien. Malheureux que je suis! je la regrette encore, et (soyons vrai!) j'ai bien peur de la regretter jusqu'au dernier de mes jours, cette nuit d'ivresse et de fête qui devait me dégager des illusions de ma jeunesse : au contraire, elle les renouvelle, elle les prolonge, elle les ravive, et voilà mes illusions qui me reviennent! Dès ce moment je suis poursuivi par les spasmes infinis de cette minute heureuse, et je n'entends plus rien, je ne vois plus rien, je cours après une ombre! Ah! Dieu du ciel! je reste un Allemand, rien qu'un Allemand, un Allemand sans vice et sans vertu. Pour un parfum... pour un sourire... pour une jupe fripée... Alors voyant que je n'étais qu'un faux vicieux, un Don Juan de hasard, je retourne à Mirabeau : Tu m'as trompé, lui dis-je... et c'est à peine s'il se rappelle une seule des leçons qu'il m'a données! Le Mirabeau que j'avais vu au bal, en plein délire, amoureux jusqu'au blasphème... en vingt-quatre heures il était devenu un grand homme... un homme d'État! La veille encore il m'avait fait le compagnon de son orgie; aujourd'hui il me fait monter à cheval, et, dans la nuit, enveloppé d'un manteau, seul avec lui, comme un fidèle écuyer, il me conduit à une conférence politique. Et de loin je le vois, réglant les destinées du royaume, et sans vous, que j'ai retrouvée, je jouais cette nuit-là le rôle d'Osmin ou de tout autre confident de tragédie! Honteux de moi-même, et poursuivi par mes rêves, je n'avais plus qu'un espoir, j'espérais en Barnave. Il était amoureux d'un amour sans espoir, j'étais possédé, moi aussi, d'un amour sans espoir. Donc, je le rencontre espérant qu'il me consolerait par le spectacle d'une misère semblable à la mienne... Barnave était changé autant que Mirabeau. Plus d'amour dans le cœur de Barnave et plus de vice dans la tête de Mirabeau : ils m'échappent l'un et l'autre, après avoir commencé mon éducation tous les deux.

Je trouve alors un nouveau Barnave... un Barnave austère, inflexible, ennemi de la reine, implacable... et voici que le même jour, la république dresse la tête à la voix de Barnave, et que la monarchie expire au lit de mort de Mirabeau ! Moi resté seul, seul et cherchant dans mon âme à quoi m'a servi mon dévouement à Mirabeau et à Barnave, à quoi m'ont servi ma science et mon amour ; je reviens à vous, ma chère Hélène, à vous dont le regard me ravive, et dont la voix me console : c'est vous qui me faites oublier à la fois tout ce que je voudrais oublier : mon isolement, mes vices inutiles, mon peu d'intelligence des faits et des hommes, mes regrets du passé, mon désespoir pour l'avenir !... et vous ne voulez pas m'épouser !

A ce long discours qu'elle écoutait, attentive et calme : — Votre malheur est étrange et me fait pitié, reprit Hélène. A vous entendre on dirait que le vice seul a manqué à votre bonheur ! Certes, voilà de ces malheurs qui ne sont arrivés qu'à vous ; cependant, mon malheureux cousin, je vous porte envie, à vous, malheureux de si peu !

Disant ces mots, Hélène se prit à rougir ; et moi, la suppliant du regard, j'essayai de donner le change à ma passion : — Non, non ! m'écriai-je ; à présent je n'ai plus d'amour que pour vous ; la femme elle-même que si longtemps j'ai cherchée, elle serait devant moi, je ne voudrais pas la voir ; je suis à vous, à vous seule, à la reine aussi, puisque vous pardonnez à la reine ; enfin, pour vous, j'ai entrepris mon voyage en France, et je veux le finir avec vous !

Ainsi je lui parlai longtemps ; elle m'écoutait tantôt avec peine et parfois avec bonheur, souvent émue ; et moi, misérable ! si j'eus un instant de calme, oh ! je le dis à ma honte, ce fut dans cette fuite où je foulais des traces royales sur ces chemins couverts de tant de désolations, dans ce jour d'effroi où la monarchie de Louis XIV, s'avouant vaincue, accepta les chaînes de la Convention, et s'en revint, esclave et désolée, au milieu de la fournaise ardente et souillée où elle devait mourir à petit feu.

CHAPITRE VII

Nous avions couru tout le jour : sur le chemin tout semblait tranquille; en ce moment, le soir tombait, et la Champagne, au loin, s'étendait devant nous. La chaleur du jour avait été suffocante, et la fatigue, unie aux terribles inquiétudes de la nuit, nous avait plongés dans cette espèce d'abattement du sommeil qui n'est pas sans charme. C'est un sommeil de seconde vue et rempli de visions surnaturelles; à ce moment, l'imagination peu à peu s'arrête, le cœur bat moins vite, et le malheur disparaît. Déjà même nous pensions voir la reine sauvée au delà du Rhin, et reçue à bras ouverts, quand notre voiture arrêta au relais, pour changer de chevaux.

C'était dans un misérable petit village, entre Épernay et Dormans. Comme nous étions sans inquiétude et sûrs d'arriver, nous fîmes d'abord fort peu d'attention à ce qui se passait autour de nous. Cependant plus d'un indice annonçait je ne sais quelle hésitation qui nous fut bientôt suspecte. La population du village, inquiète, obéissait à un peu plus de curiosité qu'à l'ordinaire au passage d'une chaise de poste; on s'assemblait, on pérorait. Les orateurs de l'endroit (car alors quel est le village qui n'avait pas son Barnave ou son Danton?) montaient sur les bornes de l'hôtellerie, invoquaient les soins de la police et les soucis de la liberté; bientôt, à ne plus en douter, nous remarquâmes des signes de défiance; enfin, le maître de poste, après avoir consulté son entourage, nous annonça qu'il lui était impossible de nous laisser continuer notre route avant d'en avoir reçu l'ordre de Paris même... En ce moment je me réveillai tout à fait..... je compris que le roi était perdu.

Comment je le compris, je l'ignore; en ces malheurs extraordinaires, la catastrophe aussitôt se devine. A la plus légère secousse, on comprend que la terre tremble; à la première fumée, on se dit : le volcan s'est ouvert! C'est ainsi qu'il y a des gens qui ont prédit, à cent lieues de Paris, la Saint-Barthélemy et l'assassinat de Henri IV, vingt-quatre heures avant que personne eût rien su des crimes et des horreurs de Paris.

Je dis à ma mère : — S'il vous plaît, vous reposerez ici cette nuit, ma mère; après cette pénible journée, il faut dormir dans cette hôtellerie, et demain nous regagnerons le temps perdu.

C'est ainsi que je cherchais à la rassurer sur l'interruption de notre route. Ah! soins inutiles! elle ne m'entendait pas. L'intelligence avait manqué à cette dame à l'ancienne marque; elle ne comprenait plus rien à ce qui se passait devant elle, et, ne voulant pas ajouter foi au rêve funeste qui l'agitait, elle s'était abandonnée au mouvement de la voiture; elle avait renoncé à la crainte, à l'espoir, à la joie, aux larmes, au sourire, elle obéissait.

Hélène, au contraire, animée à bien faire, et prête à l'exil, à la mort, hostie expiatoire du vieux temps, me comprit à mon premier regard. Elle vit tout d'un coup que quelque chose avait manqué à cette fuite royale, et que tout était perdu.

Elles descendirent en silence dans l'hôtellerie. Hélène entraîna ma mère dans une chambre retirée où elles restèrent, ma mère endormie à demi et priant Dieu, Hélène obéissante à la force implacable… et prête à tout!

Ces deux femmes, à mon sens, représentaient fort bien cette époque, abandonnée à tant de malheurs : d'une part, une vieillesse aveugle, éperdue, et qui tombe au premier souffle en courbant la tête, et cherchant en vain au chevet de son lit un prêtre pour la bénir, un fils pour le bénir, des vassaux pour porter son deuil; tristes moribonds! ils meurent isolés dans le plus stupide étonnement… Cependant ne les plaignons pas; par leur vieillesse même ils sont délivrés de toutes les terreurs, et par la mort de tous les dangers.

Mais d'autre part, et quand les vieillards expirent, les jeunes gens, voyant le volcan débordé, choisissent une place apparente où ils attendent le volcan, de pied ferme. Ils savent que la fuite est inutile, ils se disent qu'on les garde et d'en haut et d'en bas, et qu'il faut avoir du cœur.

Pour moi, quand ma mère et ma cousine furent retirées dans leur chambre à coucher, je revins sur la porte de l'auberge où je me mêlai à cette vie active, exaltée et violente. En vain, ce soir-là, vous eussiez cherché autour de l'auberge et dans l'intérieur de l'auberge une scène de repos et de gaieté; à l'intérieur, tout était morne et sombre; les fourneaux étaient éteints, les tables étaient dégarnies, aucune voix de buveur ne s'élevait dans l'enceinte, attristée et déserte; au dehors, sous le brouillard si joyeux naguère, on n'entendait ni chansons ni gaieté; du silence encore, ou bien, plus effrayant que le silence, un perpétuel chuchotement, des rires énigmatiques, des regards pitoyables. Les hommes, grands politiques, dissertaient tout bas avec émotion et chaleur; les femmes, animées comme à un conte plein de terreurs, se montraient du doigt la grande route. Elles avaient vu passer, sur le midi, l'énorme voiture; elles avaient donné à boire au joli enfant; elles avaient vu les pauvres du chemin tendre une main reconnaissante à la belle dame, qui leur avait fait l'aumône ; elles avaient vu tout cela, les femmes, et elles avaient compris qu'il y avait fuite et douleur, qu'il y avait bienfaisance dans ce carrosse ; elles avaient vu des femmes tremblantes, une jeune fille timide, un père de famille résigné, un jeune enfant insouciant et joueur. Pauvre enfant ! c'était la dernière fois qu'il allait dans les champs ; il saluait la foule heureuse ; il tendait sa joue aux bonnes femmes, ses mains aux arbres du sentier, son regard bleu au ciel bleu ; elles avaient vu tout cela, les femmes, elles avaient compris ces misères, ces malheurs, ces tendresses, et, les larmes dans les yeux et dans le cœur, elles avaient prié pour cette fuite, elles avaient embrassé leurs enfants avec plus d'amour ; elles avaient souri à leur pauvre chaumière, au mur tapissé de lierre, à la vigne grimpante, au pigeon familier qui s'abat sous les tuiles comme un familier génie. Elles comprenaient tes douceurs, ô sainte pauvreté du travail et du toit domestique ! elles savaient que le Louvre était vide, Trianon fermé, Saint-Cloud garni de canons ; elles se disaient que l'air, la campagne et l'ombrage des forêts, la clarté du ciel, les eaux limpides, les fleurs, la vie et la liberté, manquaient au roi, à la reine, à sa sœur, à leur fille, à leur fils, le petit dauphin.

La France, en ce moment suprême, appartenait aux indicibles angoisses d'une nation sans présent, qui renonce au passé, et qui doute de l'avenir. C'est une singulière épouvante pour les peuples si longtemps gouvernés par des intelligences honnêtes et par des pouvoirs réguliers, que d'attendre une chose qui ne vient pas, fût-ce la peste ou l'anarchie ! Et quand enfin le silence et la peur se sont emparés de cette nation malheureuse, quand elle est là sur sa porte, oisive, inquiète, attristée, et voyant passer à chaque instant des bourreaux et des victimes ; quand chaque jour son cœur s'endurcit à l'aspect des crimes et du sang, il arrive alors qu'elle se sépare en deux fractions bien distinctes : les faibles qui agissent et les forts qui souffrent ; les faibles qui plongent leurs mains dans le sang des innocents, et les forts qui tendent la tête ; les faibles qui insultent la royauté qui passe et la couvrent d'injures ; les forts qui pleurent sur sa destinée et qui, l'ayant accompagnée au pied de l'échafaud, meurent sur sa tombe vide, en voyant au loin ses ossements dispersés.

Ah ! s'il y a de la gloire, enfants, pour ceux qui pleurent, pour ceux qui souffrent, pour les héros de la foule osant saluer, quand la royauté passe en traînant ses fers, pardonnons aux criminels leur faiblesse ; hélas ! elle portera sa peine assez vite. Ainsi j'étais, moi, pendant cette soirée, à la porte de l'auberge, attendant des nouvelles que j'aurais pu dire à tout le monde. En ce moment, j'avais besoin de consolation et de pitié, donc je laissai les hommes à leur faiblesse, et, content de moi, je fus m'asseoir parmi les rouets et les travaux à l'aiguille, à côté de ces femmes fortes et pitoyables, qui n'avaient vu passer ni le roi ni la reine. Elles avaient vu passer un famille d'exilés : père, mère, enfants, et maintenant, charitables et chrétiennes, elles faisaient des vœux dans leur âme, pour que cette famille eût le bonheur de l'exil.

Dans ces alternatives de pitié, de terreurs, la soirée avançait. Tout entier à mes inquiétudes, j'avais fini par ne plus faire attention à ce qui se passait autour de moi ; d'ailleurs les habitants du petit village, un instant distraits par tant de bruits étranges, étaient rentrés, l'un après l'autre, en leur logis, et dans leurs habitudes ordinaires. L'intérieur de ces maisons s'éclairait peu à peu ; le villageois, voyant son troupeau revenu à l'étable, rentrait à la maison ; le repas du soir arrachait les hommes à la politique en plein vent ; l'enthousiasme et l'émotion de la journée, alors s'abaissant peu à peu, les femmes, les enfants, le coin du feu, reprenaient leur influence accoutumée ; à cette heure enfin, les jacobins les plus forcenés du village étaient redevenus d'honnêtes laboureurs très-disposés à l'indulgence pour tout le monde et même pour les rois malheureux.

Si vous saviez combien c'était un pays calme et réglé, la France! ancienne et poétique patrie où vivent en chrétiens des hommes simples et bons! Chaque heure, en ce vaste royaume, était une heure de travail ; le royaume s'endormait à la même heure, il se réveillait, il priait à la même heure! Trente millions d'hommes passaient leur vie à l'ombre d'un château ou d'une abbaye ; la cloche de leur baptême était aussi la cloche de leurs funérailles. On parle beaucoup de l'esprit de la France, en fait de bel esprit à cette époque... il n'y eut jamais en France que Paris même ; et, non-seulement Paris avait gardé tout l'esprit, mais encore (et comme cela était juste) tous les vices de la France et tous ses vertiges ; la France ne se perdit que le jour où Paris eut trop d'esprit. Alors il jeta son superflu sur les provinces, et la contagion gagnant les extrémités... tout fut perdu.

Resté seul, assis, je suivais, non sans intérêt, le mouvement de ces populations soumises encore à leurs modestes habitudes domestiques. Je voyais les groupes se dissoudre et les curieux les plus animés s'éloigner lentement ; j'entendais la sonnette et le bêlement des troupeaux ; je prêtais l'oreille au bruit de la fontaine jaillissante, dont le murmure étouffé par les clameurs de la foule reprenait sa mélancolie. Aussi bien, grâce à la nuit, la campagne et le village avaient retrouvé leur calme et leur charme ; on respirait de nouveau la paix des chaumières ; le pain cuisait au four banal ; les grenouilles du fossé défiaient le maître du château voisin ; l'auberge même avait retrouvé le mouvement, l'activité ; les fourneaux s'allumaient, les chiens hurlaient, les buveurs chantaient; la vie, un instant suspendue, arrivait et s'emparait de ce monde villageois. Hélas! ce fut un grand malheur pour le repos de ces campagnes, quand le malheur des temps fit passer sous leurs yeux attristés ces exils, ces crimes, ces douleurs; quand on les rassasia soudain de pitié, d'héroïsme et de terreur!

Tout à coup j'entendis dans le lointain, venant à nous, du côté de Paris, les grelots d'un cheval, le bruit du fouet et la voix du postillon qui demandait des chevaux.

Le postillon et le voyageur qu'il escortait s'arrêtèrent devant la porte de l'auberge; et le postillon descendit, le voyageur restant en selle, en criant : *un cheval! un cheval!*

Le postillon vint lui dire que depuis trois heures la poste ne donnait plus de chevaux à personne, en preuve il me montra du doigt, tranquillement assis à la porte, et regardant le voyageur d'un air curieux.

Ce voyageur, c'était Castelnaux. A ma vue il se jetait en bas de son cheval, il vint à moi, et les bras croisés : — Toujours Allemand! me dit-il, toujours couché, assis, patient, patient sur des ruines, patient sur un volcan qui brûle! Et vous ne demandez pas ce que fait Paris à cette heure?... à cette heure il est en route, il s'agite et se démène, insultant le ciel et les hommes, marchant à grands pas sur les traces de ses victimes; Paris, c'est l'ogre aux enjambées de sept lieues!... vous, cependant, vous l'attendez tranquillement à cette porte! et vous espérez que la ville aux cent mille têtes va passer devant vous, dans l'ordre d'une sainte procession des quatre-temps! Ah! si vous l'aviez vu comme je l'ai vu, moi qui vous parle, s'éveillant en sursaut, ce peuple enivré de carnage, et s'arrachant les cheveux de désespoir; tour à tour muet, hurlant, abattu, emporté, frappant ses chefs, aiguisant ses piques, tirant ses couteaux, rougissant ses bonnets, déchirant ses culottes : tête et sang! ruine et feu!...

Si vous l'aviez vu se frappant lui-même au visage et poussant son désespoir jusqu'à sa propre insulte, à coup sûr vous ne resteriez pas ainsi comme un campagnard sur sa porte, et vous ne prêteriez pas si complaisamment l'oreille au bruit lointain du torrent; le tonnerre approche, il arrive en hurlant, en brisant... Mais quoi! vous n'êtes qu'un Allemand, sans passion, sans amour, sans crainte. Or vous ne savez pas un mot des destins de la reine! vous ignorez si elle a touché la frontière, elle et son mari et ses enfants, et je suis sûr que vous allez dormir, cette nuit, d'un sommeil allemand! Puis se tournant vers les écuries : — Un cheval! criait-il, un cheval, ma vie entière pour un cheval! un cheval, messieurs! un cheval à moi, homme du peuple, un cheval à moi, qui suis républicain! un cheval à moi, aide de camp de Marat, cousin de Robespierre, ami de Danton, le valet du bourreau! Un cheval à moi, qui poursuis les traces de ce scélérat de Capet... un cheval, citoyens! il faut que j'arrête au passage ce tas de brigands, et que je vous les ramène pieds et poings liés; un cheval! je vous ramènerai, demain matin, la reine; alors vous vous assemblerez sur vos portes, en haillons; vous vous armerez de haine et d'insulte, vos femmes se mettront derrière vous et vous souffleront mille gentillesses de leur vocabulaire; au milieu de vous, bien foulés, je promènerai lentement la reine, et bien lentement... pour que chacun la couvre de boue à plaisir..... vous verrez, ce sera drôle, et pour que vous ayez tout le temps de la voir, je veux mettre un cheval décharné à sa voiture : le chemin sera long, soyez-en sûrs; une injure à chaque pas, à chaque tour de la roue une torture. O mes bons villageois! fiez-vous à moi : je suis un brigand! — Un cheval! et pour prix de ce cheval, vous insulterez la reine à votre aise une heure de plus que ceux de Varennes, de Sainte-Menehould, que ceux d'Épernay et de Dormans; vous serez traités comme le faubourg Saint-Antoine, et ni plus ni moins, citoyens laboureurs! Mais un cheval! par pitié, un cheval!

Je suis un scélérat, voyez-vous, je déteste les aristocrates; j'ai marché sur le crucifix avant de partir; je suis entré le premier dans la chambre de la reine; et c'est moi qui hurlais dans la cour, le jour de Versailles : *Plus d'enfant!* Le jour où l'on a voulu l'assassiner, c'est moi qui l'ai mise en joue, et c'est moi qui ai manqué tuer pour elle madame Élisabeth de France. Il y a sur mon bonnet du sang des suisses et des gardes du corps; c'est moi qui écrivais les biographies et les pamphlets venus d'Angleterre; oui, je suis un biographe à telle enseigne que j'ai volé le collier de la reine

Voulez-vous tout savoir, messieurs? je vais tout vous dire, à condition que vous me donnerez un cheval; je vous dirai mon nom et vous verrez que je suis un pur, messieurs, et vous verrez si je veux trahir la bonne cause; écoutez mon vrai nom et qui je suis; mais, de grâce, donnez-moi un cheval! un cheval! un cheval à Philippe Égalité! Et Castelnaux, disant ce nom formidable, recula épouvanté de ce qu'il avait dit.

Les cris de cet homme, ses prières, ses larmes, sa voix émue et son geste animé, tout le bruit qu'il faisait, attirèrent à lui toute l'auberge.

On se pressait autour de Castelnaux, les uns avec admiration, les autres avec défiance!... Il n'écoutait rien et ne connaissait personne; il se fût élancé à pied sur la route, s'il avait pu marcher!

CHAPITRE VIII

Cependant trois nouveaux venus étaient entrés dans l'auberge, à la faveur du bruit, sans avoir été aperçus ; Castelnaux criait encore : « *Un cheval! un cheval!* Un cheval à moi! Philippe Égalité! » quand l'un des trois hommes le frappant sur l'épaule : — Pourquoi donc un cheval à cette heure, Monseigneur? lui dit-il d'un air sérieux et affligé.

Castelnaux se retourna au son de cette voix si connue. Et voyant Barnave, il pâlit, il s'appuya contre la table. — « Voici le peuple ; allons, tout est dit, tout est perdu! »

Puis se retournant vers la foule avec la lenteur d'un homme qui prend un parti violent, mais nécessaire : — Assez de mensonges comme cela, dit-il, respectez-moi, messieurs, et ne m'obéissez pas ; je ne suis pas Philippe Égalité.

— Cependant tu m'avoueras, Joseph, dit-il à Barnave, qu'un pareil mensonge était fait pour obtenir un cheval!

Il prit la main de Barnave et la mienne ; il nous entraîna tous les deux hors de l'auberge ; il nous mena en silence sur le seuil de l'écurie, et quand il se fut assuré que nous étions seuls : — « Écoute, ami Joseph, dit-il à Barnave, ô Joseph! mon ami, mon fils, toi que j'ai tant aimé, je ne veux pas te faire de reproche. Tu étais un honnête homme, et tu te conduis comme un scélérat; tu pouvais te couvrir de gloire, et te voilà dans l'infamie! un peu de courage, et tu sauvais le trône! hélas! tu ne l'as pas voulu! mais pardonne aux reproches d'un insensé!

Qui suis-je, pour te donner des conseils, pour te faire des reproches? Tu sais bien que je suis un fou, comme cela est convenu; je suis un fou, tu es un républicain, et il n'y a rien de commun entre nous deux que mon amitié pour toi, et ta pitié pour moi. Tu sais bien que nous sommes amis, que nous avons été rivaux un instant... Oh! ne te fâche pas! Je ne t'en veux pas, Joseph!

Tu es un noble rival, ma jalousie était absurbe, enfin tu n'as pas voulu faire un si grand mal à ton pauvre ami Castelnaux; tu n'as pas voulu te faire aimer de la femme qu'il aimait. Au contraire, ami Joseph, tu l'as persécutée et tu as déclarée contre elle, en la couvrant d'humiliations; à présent qu'elle fuit la prison dure, et qu'elle est arrêtée à vingt pas de son pays natal... c'est toi qui la ramèneras dans sa prison, et tout cela tu l'as fait, Joseph, pour rassurer Castelnaux, bon Joseph! Mais aussi Castelnaux est reconnaissant, il t'aime, il t'honore, il ne t'adresse plus qu'une prière, une seule. Eh! oui, si tu es vraiment du peuple, ami, tu prendras pitié de moi, pauvre malade, et tu me laisseras partir! si tu es vraiment roi aujourd'hui, protége-moi, je suis ton sujet, Joseph!

C'est bon à toi, mon ami, de t'arrêter et de prendre un moment de repos, toi qui n'aimes plus rien, tu es un Stoïcien, un Brutus, un républicain de Plutarque, et tu frapperais tes enfants à mort, si tu avais des enfants, Joseph! Gloire à toi! mais moi je suis un fou, je tremble et je pleure; et je ne saurais me reposer ni dormir. Il y a là-bas, écoute bien cela, Joseph, il y a là-bas, au delà de la frontière, une femme que j'aime et qui m'attend, et qui ne saurait partir sans m'avoir avec elle.

Ainsi laisse-moi partir, je vais la rejoindre au delà du fleuve allemand.

Barnave ici fronça le sourcil : — Plût à Dieu, dit-il, ah ! plût à Dieu que la reine eût passé le Rhin !... Après un silence, il ajoutait à voix moins haute : — Elle est prise, elle est arrêtée, elle est à nous, la reine, elle sera ici demain.

— O Barnave ! ô Barnave ! ayez pitié de moi, s'écria le pauvre fou, laissez-moi partir ! que je la voie !

Une fois encore, oh ! faites cela par pitié ! Que la reine heurtée, écrasée et jouet de la foule, ait du moins un ami à voir dans cette foule. Oh ! faites cela ! Que ses yeux, au milieu de ces regards flamboyants, trouvent des yeux remplis de larmes ! que son sourire au moins rencontre un sourire ! que ses oreilles, au milieu des blasphèmes, entendent une prière, un cri de pitié dans ces accents de mort ! *Dieu protège la reine !*

Ayez pitié d'elle et de vous !... Il faut absolument que j'aille au-devant de la reine. Qu'elle retrouve au moins son pauvre fou, cette femme seule, abandonnée au désespoir, et qui n'a pas même un chien pour la défendre ou pour la consoler. Voyez, Barnave ! et si, durant la route, une longue route, la pauvre reine n'a pas une consolation, elle mourra ; vous ne la verrez plus ; vous perdrez cette belle proie... Or, si vous m'envoyez au-devant d'elle, en me voyant dans la foule, elle pensera que tout n'est pas perdu, qu'elle a encore des amis : elle saura qui chercher sur le chemin. Elle m'aura vu, moi, toujours moi, la regardant. Esclave et reine, prisonnière et libre, Dauphine et fugitive, c'est toujours Castelnaux qu'elle a vu le premier dans son triomphe et dans son abaissement, dans sa douleur et dans sa joie... Et puis, elle est faite à moi : je suis l'astre autour duquel elle tourne. Elle a commencé par détourner sa vue à mon aspect...

Un fou qui la dévorait du regard, qui était toujours à

ses pieds et qui la suivait toujours!... Cependant elle m'a souffert par pitié ; elle n'a pas voulu me faire mourir en me chassant de sa vue, elle s'est faite à ma vue à force d'être moins heureuse, et elle m'a trouvé plus supportable, enfin elle m'a cherché quelquefois, tant elle était malheureuse! Puis ses amis l'ont quittée ; ils ont eu peur ; ils se sont sauvés, les lâches ! Puis elle a forcé madame de Polignac de partir : elle est restée abandonnée ; alors étant seule elle a cherché Castelnaux du regard, et toujours elle a trouvé Castelnaux ; puis le peuple est entré chez elle, il en a fait une prisonnière, il l'a ramenée à Paris violemment ; alors au milieu des têtes coupées elle a vu la tête de Castelnaux, mon regard lui disait : *Bon courage !*

On n'est pas seule, hélas ! quand il y a quelqu'un qui vous aime. On se dit : C'est lui, c'est mon fou ! Ça occupe, on sourit, on oublie. Insensiblement on se reporte encore aux temps heureux ; on a vu le fou à Versailles, à côté du jet d'eau ; la nuit par le clair de la lune, et le matin par le soleil levant. Ces yeux, pleins de pitié et de respect, sont un miroir où se montre une lueur des beaux jours ; c'est une distraction innocente à laquelle on s'abandonne : oui, je suis une des distractions de la reine ; oui, je suis son unique soutien dans ses voyages à travers les peuples : laissez-moi partir, laissez-moi la voir ! Un cheval ! un cheval ! un cheval !

En même temps, par la permission tacite de Barnave, il choisit un des bons chevaux de l'écurie ; il le sella lui-même, et le cheval fut prêt en un clin d'œil. Castelnaux le flattait de la main : c'était merveille de voir ce pauvre homme hâtant ces préparatifs, et cependant prêtant l'oreille au moindre bruit venu du dehors, au moindre geste de Barnave : il fallait le voir, quand le cheval fut équipé, se glisser le long du mur, comme un voleur, se faire petit lui et son cheval ! Arrivé à la porte de l'écurie, il mit le pied à l'étrier, et il allait se mettre en selle, lorsque Barnave le retint : — Notez bien que vous faites ceci contre mon gré, Castelnaux ! Je manque pour vous à tous mes devoirs.

— Adieu, Joseph, adieu ! Tu es un digne homme, et je vais chercher la reine, et je te la ramène. Adieu, Joseph !

— Dites à la reine que c'est Barnave qui vient au-devant d'elle et qui la ramène à Paris !

Castelnaux se mit en selle ; il fit avancer, très-naturellement, son cheval de deux pas ; puis, sans affectation : — Mais es-tu seul à venir au-devant de la reine, Barnave ! Comment s'appelle le second de tes compagnons ? Je veux dire aussi ce nom à la reine, afin qu'elle se rassure un peu.

— Il s'appelle le citoyen Latour-Maubourg, dit Barnave.

Ici Castelnaux fit encore un pas en avant, puis se retournant à mi-corps, et s'appuyant de la main droite à la croupe du cheval :

— Et le troisième nom, Barnave ?

A ces mots, le cheval fit volte-face : — Adieu, Barnave, adieu ! Ce troisième nom, je le sais ; ton chef à toi, misérable, le chef que tu ne nommes pas, il a nom Pétion. Honte à toi, Barnave ! ô subalterne d'un Pétion, quoi que tu fasses ! Vaincu deux fois, d'abord par Mirabeau, puis vaincu par Pétion ! Vaincu dans l'éloquence et vaincu dans le crime ! Traîné à la remorque de Pétion ! Tremble, et repens-toi pour le ciel, Barnave... A cette heure... tu es perdu pour la terre, et ta mission est achevée ! Ainsi sois content, tu as commis tous les crimes que tu pouvais commettre ; indigne et déshonoré successeur de Mirabeau, tu avais refusé son joug ; tu as courbé la tête sous un joug infâme ; tu as trouvé pour maîtres les derniers des criminels ; tu étais un homme de parti, tu es devenu un homme de complot ; tu étais chef d'une révolution, tu es le courtier d'un émeute. Honte à toi ! malédiction !

Malheur à toi!... Je vais dire à la reine, oui, je le lui dirai, que c'est Pétion qui l'attend; encore une fois, la reine ne saura pas ton nom, Barnave; elle saura celui de Pétion... elle a su le nom de Mirabeau... Disant ces mots, il piqua des deux et disparut en criant : *Vive le roi!*

— Je regardais Barnave, il était accablé. — Qu'allez-vous devenir, Barnave, et ne trouvez-vous pas que monsieur de Castelnaux a raison ?

— Cet homme a raison, reprit Barnave, il a dit vrai, je ne suis plus mon maître, et je ne m'appartiens plus. Le mouvement m'emporte et la passion m'aveugle; je suis arrivé, trop jeune et trop novice, aux affaires de ce monde, et je me suis usé tout de suite; à présent je suis fini; il n'y a pas de force humaine qui me puisse faire avancer ou reculer d'un pas. Cependant ne soyez pas cruel à la façon de Castelnaux; ne me frappez pas à terre, et laissez-moi attendre humblement cette reine que le peuple a voulu reprendre, et reprend en effet par mes mains. Vous avez lu souvent, dans l'histoire de France, comment les Français amenaient à leurs rois des épouses venues d'Angleterre ou d'Allemagne... On vous disait comment le jeune monarque attendait, patiemment, sa fiancée; ou bien, comme Henri IV, impatient, il montait à cheval et il allait au-devant d'elle avec la foule, et perdu dans la foule. Eh bien! je suis le roi qui attend sa fiancée. On me la ramène, elle traverse, en tremblant, les populations pour venir à moi, son maître... O mon règne... il va durer trois jours... Je vais donc enfin la tenir, cette reine superbe! Je vais donc enfin lui parler! Elle saura qui je suis, moi Barnave.... Après ces deux jours, moi aussi je pourrai mourir.

Il cacha sa tête dans sa main droite, et quand il eut songé, il reprit en ces termes :

— Heureux Mirabeau! Certes je l'ai bien envié dans sa vie, il m'a fait passer bien des nuits sans sommeil; mais sa mort au milieu de son triomphe, à l'instant où il changea le monde une seconde fois, sa mort qui souillait une révolution, précédant le dernier jour de la monarchie, elle était le complément de ce bonheur surnaturel... elle fut la dernière supériorité de Mirabeau !

Monsieur, quelque jour vous comprendrez quel était ce grand homme, et quelle âme, et quel courage, et comme il avait deviné, bien à temps, les honnêtes gens courant après les chimères ! Quel démenti cet homme a donné à notre république ! Où donc est-elle? Où sont nos institutions grecques et romaines? Athènes, Rome, ô vanité ! Où sont-ils, ces orateurs de l'antiquité, ces sages qui devaient surgir parmi nous ? O rêveurs, rêveurs que nous sommes ! Athènes ! Sparte ! Rome ! Impossibles ! Trois utopies qui nous coûteront bien cher à tous !

Barnave, à son tour, m'inspirait une profonde pitié. Nous rentrâmes ensemble à l'auberge, où sur une table, dressée au milieu de la salle principale, le souper était servi. Pétion, morne, idiot, ivre à demi, développait à grand bruit ses théories d'égalité et de liberté. Je n'ai jamais vu de plus grand contraste ! Pétion à côté de Barnave ! ils représentaient les deux forces..... 1792 et..... 1793 ! Barnave, doux, mélancolique, élégant, républicain, sublime rêveur, orateur savant et passionné, entraîné, poussé dans l'abîme, et se perdant pour la politique, comme autrefois il se fût perdu pour une passion d'amour... Pétion était le Falstaff cynique et jovial de ce moment misérable ; il représentait toute la partie matérielle de l'atroce pouvoir de 93. C'était, chez cet homme, un enthousiasme idiot, un grossier instinct de puissance ; on l'eût pris pour un Marat gonflé de vent ; il s'avançait dans la révolution d'un pas bête et lourd, sans rien savoir, sans rien prévoir : heureusement pour lui, il eut peur de lui-même aussitôt qu'il eut vu Robespierre et d'assez près pour le comprendre. Alors il s'arrêta épouvanté de se voir dépassé dans ses rêves les plus sanguinaires ; un jour que l'échafaud l'attendait, il fut dévoré par les loups ; il mourut à peu près comme Marie-Antoinette et Barnave, seulement son trépas fut plus doux.

La nuit était avancée, et de nouveau le silence régna dans l'auberge où se tenaient les trois députés du peuple; ils se logèrent au hasard ; Pétion s'étendit sur un banc et se prit à ronfler. Pour moi, inquiet, éperdu, je me promenai longtemps de long en large, enviant le sommeil de ce malheureux, et plaignant Barnave. Je me figurais son affreux réveil, tantôt, dans une heure. Oh! que deviendras-tu, Barnave, à l'aspect de cette infortunée aux yeux gonflés de pleurs, appuyée sur ses enfants en deuil, et jetant sur toi, Barnave, un regard solennel avec ces mots : *Retournons à Paris, Monsieur!*

Autour de moi tout dormait; vaincu par le sommeil, je m'endormis à mon tour.

Sans doute afin qu'il fût dit que de ces cinq personnes qui attendaient le roi captif avec des sentiments si divers, pas une d'elles : amour, haine ou pitié, ait eu la force de veiller pour l'attendre.

O siècle imbécile et barbare! Il dormait : les uns dormaient sur le tribunal, les autres sur l'échafaud... seul, le bourreau ne dormait pas!

CHAPITRE IX

Dès qu'il fit jour, un mouvement inusité commença dans le village. Le village se trouva pressé entre deux bruits qui lui venaient de loin, et de deux côtés opposés. D'une part, c'étaient ceux de Paris accourant au-devant de la royauté captive... et d'autre part, c'étaient ceux de Varennes qui ramenaient enchaînée cette royauté douloureuse. Vous n'avez jamais entendu pareille épouvante ! Ici la menace, et la mort répondait à la menace, au meurtre le meurtre, et tout cela confusément, bien au loin, bien loin, il s'en fallait encore de plusieurs milles que ceux de Varennes se rencontrassent avec ceux de Paris ; si bien que le bruit était aux deux extrémités de la route, et le calme nulle part.

Je regardais Barnave. ... Il était pâle et défait ; il sortait d'un songe horrible. Il regarda longtemps autour de soi... cherchant à reprendre ses esprits ; en me voyant il me tendit la main.

— Voici le grand jour, Monsieur... c'est aujourd'hui qu'on me livre à la reine ; et, avec un sourire amer : — Ne m'estimez-vous pas bien heureux ? me dit-il...

Je voulus en vain répliquer ; l'idée et la voix me manquèrent également. Il retomba peu à peu dans ses réflexions profondes, j'en eus pitié!

Sur ces entrefaites, la porte de la chambre où reposaient ma cousine et ma mère s'entr'ouvrit doucement; Hélène, à travers la porte entr'ouverte, regarda si j'étais seul. J'étais seul en effet, l'appartement était désert. Barnave attendait dans l'angle obscur; la vaste salle, en désordre, était sombre. Hélène attendait, j'allai pour lui parler à demi-voix :

Elle était abattue et défaite; ses beaux yeux étaient rougis par les larmes; sa figure était livide; elle avait mis une robe blanche, une ceinture noire en signe de deuil. Elle me regarda tendrement.

— Je sais tout, me dit-elle, et j'ai tout deviné. Votre mère dort encore, elle ne se réveillera que trop tôt. Mais la reine... hâtons-nous de la rejoindre. Il faut que je la revoie; il faut partir. Par pitié, par devoir, par amour, s'il le faut! donnez-moi le bras, partons!

Elle était hors d'elle-même : elle avait des sanglots dans la voix, son sein battait, son œil brillait. Elle était résolue et prête à tout.

— Hélas! lui dis-je, vous savez si je vous suivrai où vous irez! vous savez si je suis prêt à mourir pour la reine et pour vous! Partons, je le veux. Donnez-moi le bras, allons à pied. Mais comment partir? tous les chemins sont gardés! Le peuple est sur pied, tout réveillé, tout armé, et qui regarde! En ce moment le farouche Pétion est à la porte entouré de meurtriers; le ciel et la terre sont contre nous : comment voulez-vous partir? Et quand bien même nous rejoindrions la reine, espérez-vous percer la foule qui l'entoure, et renverser ce rempart mouvant qui la tient captive? Ah! Dieu du ciel! comment votre voix si faible et si douce ira-t-elle au-dessus des voix du peuple en fureur? Croyez-moi, chère Hélène, attendons! La reine approche, ils la traînent ici, elle sera infailliblement ici dans trois heures; alors nous pourrons la voir et lui parler? Voyez-vous sur cette table un homme endormi? c'est un des commissaires de la Convention nationale, un homme d'honneur qui nous protégera.

En même temps, je lui montrai Barnave... immobile et silencieux.

Hélène alors s'avança près de l'homme endormi. En ce moment la porte de la chambre, abandonnée à elle-même, s'ouvrit tout à fait; les premiers rayons du soleil levant inondèrent l'appartement, et ils allèrent frapper d'aplomb sur la tête de Barnave. Alors seulement il leva les yeux.

Quand il vit, dans cette lumière subite et surnaturelle, cette femme blanche et mélancolique, ce fantôme attristé, superbe et charmant, qui s'avançait lentement vers lui, Barnave, encore occupé des songes de la nuit, se leva brusquement frappé d'un incroyable effroi :

Cependant la vision approchait, et elle dit :

— Barnave!

— Qui m'appelle? dit-il, l'œil hagard. Puis avançant d'un pas, les mains tendues à l'adorable vision : — C'est la reine! dit-il; déjà la reine! Alors se mettant à genoux: —Pardon, Majesté! pardon! je suis coupable! Oh! si vous connaissiez le cœur de Bernave, et si vous saviez tout ce qui se passe au fond de son cœur! Si vous saviez tout ce qu'il y avait, pour vous, dans mon âme, ah! vous me regarderiez avec moins de courroux! Vous auriez pitié de moi, Majesté! Majesté, j'ai été entraîné, j'ai été perdu, j'ai été poussé contre vous par mille passions diverses; j'ai voulu attirer votre regard, bon ou mauvais; j'ai voulu être redoutable à vos yeux, qui ne voulaient pas me voir... c'est pourquoi je vous ai poursuivie, et de toutes mes forces; je vous croyais au-dessus de ma colère, vous, la reine! Oh! pardon! pardon!

Ma victoire a dépassé ma volonté!..... Je n'avais pas compté moi-même sur ce triomphe, abominable, impie... ô reine que j'admire et que j'adore! En ce moment j'ai honte et j'ai peur de ma toute-puissance. Oh! si je vous ai forcée à quitter Versailles; si je vous ai enfermée au fond des Tuileries; si je vous ai chassée des tribunes réservées; si je vous ai fermé les jardins de Saint-Cloud; si je vous ai forcée enfin d'abandonner furtivement votre capitale et votre royaume; si je vous force aujourd'hui à rentrer captive, errante et sans voix, sous le poids de trois cents mille baïonnettes ennemies, pardon! pardon! j'ai été plus puissant que je n'aurais pu le croire, et me voilà, Dieu le sait, horriblement servi dans ma colère et dans ma vengeance. O reine! ô captive! hélas! vous le savez, peut-être, nous autres, les rois du peuple, les rois d'un jour, nous avons des flatteurs comme de vrais princes; le peuple obéit à nos moindres désirs; nous faisons un geste, et soudain, à ce geste, il brûle, il tue, il renverse, il détruit; il n'entend plus rien. Le peuple, un lâche flatteur, se met à deviner nos désirs, et quand nous sommes tristes, il tuerait un roi véritable pour nous distraire!

O ma reine! ô reine, ayez pitié!... Pardonnez à un roi du peuple! Ils sont bien malheureux, les rois du peuple, ils ont une puissance abominable, ils sont peu écoutés et peu obéis, eux, comme tous les rois que l'on flatte! En ce moment voyez la foule. Si je lui dis : Tue! elle tue! et si je lui disais : Sauvons cette femme!... elle tue! Et si je crie : Honorons le roi qui passe, ayons pitié du roi qui revient, et qui n'a pas versé une goutte de sang, qui t'a faite libre, ô nation! qui s'est dépouillé pour toi, qui t'a fait distribuer jusqu'au dernier morceau d'or de sa vaisselle!...

Aussitôt ce peuple, révolté contre son ami Barnave, immolera le petit-fils de Saint-Louis!... Si je dis à mon peuple : O peuple indulgent, charitable et juste, prends pitié de la jeune fille, un ange, qui a pansé tes blessures, une innocente qui a sauvé la reine aux périls de ses jours!... aussitôt le peuple obéissant la tuera, la sainte Élisabeth! Si je dis à mon peuple : Au moins, pitié pour le petit enfant royal qui tend ses petites mains à tes baisers; pitié pour ton dauphin qui sourit... car il joue ignorant avec ta colère; vois-le pleurer, si tu pleures; vois-le sourire à ton sourire!... eh bien! mon peuple égorgera ce bel enfant!

Car je suis le roi du peuple, et je suis obéi comme un roi! je suis un roi vaincu, un roi suspect, un roi dont la voix n'est plus entendue, un roi détrôné, sans *veto*... cependant si vous me pardonnez, ô reine! un roi tout prêt à mourir, déchiré, lui aussi, par ses propres sujets. »

Barnave, aux pieds d'Hélène, emporté par ses douleurs, achevant ainsi, tout haut, des rêves commencés dans l'ombre, était sublime! En ce moment, sa voix, son attitude et son geste appartenaient à la plus haute éloquence; en le voyant si près de la mort, il était impossible de ne pas l'aimer!

Hélène lui tendit la main, et le releva :

— Plût à Dieu, lui dit-elle, que je fusse la reine, en effet, et que le peuple voulût se contenter de moi! Je vous suivrais sans peine et sans peur, Barnave; avant la mort, je vous pardonnerais tous mes malheurs!... Ces paroles, prononcées avec l'accent de la pitié, firent rentrer Barnave en lui-même; il ne parut nullement chagrin de la méprise, il reprit en ces mots :

— J'aurais dû penser, en effet, que vous n'étiez pas loin, madame la comtesse, digne servante de tant de malheurs.

— Et je donnerais ma vie afin de la rejoindre, une heure plus tôt! dit Hélène. Êtes-vous détrôné à ce point déjà que vous ne puissiez satisfaire à mon envie? Avouez alors que ce n'était guère la peine de détrôner votre maître légitime, au profit de je ne sais quelle puissance honteuse et cachée à laquelle vous obéissez en rougissant!

En ce moment, nous entendîmes une légère rumeur au dehors. La porte extérieure de l'auberge s'ouvrit brusquement, et nous vîmes entrer, à pas précités, plusieurs hommes et plusieurs femmes, qui tous portaient sur leur visage l'expression de la plus profonde terreur.

Les nouveaux venus dans la grande salle de l'auberge arrivaient cependant l'un après l'autre, en assez bonne contenance. Ils obéissaient à une peur stupide et calme. Ces gens-là ne fuyaient pas un danger, ils marchaient en arrière, au pas, retenus par une irrésistible curiosité; vous eussiez dit des premières feuilles d'automne qui se détachent au premier souffle avant-coureur de la tempête. Oh! ce fut parmi nous un moment de transes inexprimables, quand nous vîmes tous ces étrangers se blottir dans un coin de l'appartement, et rester assis bouche béante, l'œil ouvert, sous une force écrasante qui les empêchait de faire un pas en arrière... en avant!

Nous, qui savions au fond du cœur tout ce que ces gens-là auraient à répondre à nos questions, nous gardions le silence; Hélène appuyée à la muraille et Barnave qui la regardait, croyant voir la reine, moi occupé à tout voir, à tout entendre, et tous trois comprenant que le dénoûment approchait.

Je vis donc entrer ces voyageurs tremblants. Hier encore, heureux et tranquilles, ils rentraient dans leur patrie; ils revoyaient en espérance amis, famille et maison, quand ils furent rejoints par l'affreux cortége. Au bruit qui se faisait derrière eux, ils avaient retourné la tête, et ils avaient vu (chose horrible!) traînés, dans un char misérable, ce roi et cette reine, et tant de siècles de royauté dont le souvenir et le regret les ramenaient dans leur pays.

Alors ils avaient voulu rebrousser chemin; mais les débris d'un trône brisé s'étendent si loin que la voie et l'espoir du retour étaient fermés; force avait été d'aller en avant, balayés, entraînés par le flot populaire qui ne devait s'arrêter qu'après avoir tout renversé.

L'inondation avait monté jusqu'aux bords, l'abîme avait appelé tous les abîmes, le fleuve avait vomi toute sa réserve ; Eh ! là-bas, là-bas, cette frêle nacelle au-dessus de ces têtes émues ! Eh ! la vague... Or la nacelle qui portait la France et sa fortune... elle n'arrivera pas au port !

Vraiment, s'il n'y eût pas eu, quelque part, ce pauvre esquif si cruellement chargé, faible barque en proie à l'orage, et portant l'enfant, la mère et la fille, le trône et l'autel, les dieux pénates et les vieilles lois, et l'antique croyance et l'antique fidélité, notre position eût été cruelle à nous qui allions nous trouver entre deux vagues, dans ce débordement du peuple. En effet, de côté et d'autre, à chaque instant, nous arrivait un nouveau venu : l'un venait de Paris, effrayé par des cris de rage, et l'autre arrivait de Varennes, effrayé par des cris de mort. Ah ! quand ces deux colères vont se trouver face à face, voilà un double incendie, un double meurtre, un choc à briser la terre et le ciel !

Vous autres, Allemands, mes frères, qui chantez en chœur les chansons de Kœrner, qui faites vos révolutions dans les tavernes, et qui buvez joyeusement à la liberté du monde, vous ne savez pas ce que c'est qu'un peuple qui crie ! On n'a rien entendu de pareil, dans le Sabbat de Faust. C'est un bruit à briser la tête, un bruit à briser le cœur ! Un peuple hurlant, les narines enflées, l'œil en feu, la lèvre livide, les dents serrées, la joue haletante et les poings fermés ! Un peuple hurlant : « à *Mort ! mort ! mort !* » Un peuple enivré de haine et de rage et de la poussière du chemin... Rien ne l'arrête et rien ne l'apaise...

Il ne voit pas le soleil sur sa tête, il ne voit pas les ronces à ses pieds; pas de remords, de pitié, pas de respects ! Ah ! vile engeance ! Au milieu du chemin, dans la poussière et sous la roue ardente, elle accourt en poussant son cri de mort !... Un bruit à ne pas s'entendre ! un enivrement, un délire, un oubli de tout ce qui tient à l'âme, au cœur, aux larmes, à l'intelligence humaine... une ivresse hideuse, un cauchemar à l'opium, mêlé de salpêtre, d'eau-de-vie et de nudités obscènes... un chaos dans lequel il faut avoir été mêlé, non pas pour le décrire... uniquement pour le comprendre. Enfin, permettez-moi ce blasphème affreux : si ce cri d'un peuple est vraiment le cri de Dieu, c'est le cri de Dieu devenu fou !

Le bruit était encore éloigné de plusieurs milles, que nous en avions le pressentiment confus, même nous l'entendions distinctement; ces espèces de bruits dédaignent d'arriver à l'oreille par les moyens ordinaires ; le joyeux écho, capricieux messager de l'air, est inhabile à supporter des bruits si énormes ; à ces bruits qui ne sont pas du ciel, et qui ne sont pas de la terre, à ces fracas de l'abîme, il frissonne, il se cache, il se blottit dans un endroit retiré, il se tait, l'écho jaseur ! jusqu'à ce qu'enfin le bruit arrive, à la voix rauque, inarticulée, prise de vin, semblable à la voix d'une poissarde, un jour de révolution.

Alors, plus le bruit est grand là-bas, autour de vous, plus le silence est effrayant à l'endroit où vous êtes. C'est à peine si vous entendez dans l'air l'oiseau qui vole à tire d'aile, poussant un cri plaintif, comme s'il avait à rendre compte d'une couronne à ce peuple en fureur.

Moi, voyant ma cousine hors d'elle-même, et Barnave obéissant à la même fascination, l'œil fixé sur Hélène et la dévorant du regard, et toujours prêt, à chaque instant, à l'appeler : Majesté ! j'eus peur de ce que Barnave allait dire, et je songeai à fixer autre part son attention.

Justement le hasard m'avait fait reconnaître en ces voyageurs égarés plusieurs acteurs subalternes du drame inextricable et puéril dont j'avais été la victime et le héros.

Je disais à Barnave, en lui montrant le premier voyageur qui était entré du côté de Varennes : — Voyez-vous cet homme? il tremble, et savez-vous d'où vient sa terreur? Cet homme, je le connais, et peu s'en faut que je ne sois parti avec lui pour la Suisse... Il allait en Suisse y chercher un papillon qui lui manque. Il revient! Il rencontre en son chemin cette monarchie éparse en mille fragments, et le voilà qui abrite son chapeau sous sa poitrine et qui va tête nue, exposé, l'imprudent! à saluer le roi et la reine, comme ferait un Montmorency. Mais s'il va tête nue, au moment où le roi passe insulté par ses propres sujets, ce n'est point par respect pour la royauté ou par respect pour le malheur, c'est uniquement afin que sa collection soit complétée, uniquement pour protéger son insecte favori, pour que l'aile d'azur ne perde rien de la poussière qui la dore!... Oh! vous êtes d'une nation bien méprisable, à mon sens!

Comme j'achevais ces mots, et comme Barnave allait sourire, je vis entrer un autre voyageur; il s'assit au coin de la cheminée, et je le reconnus aussitôt.

— Cet homme abandonné, que vous voyez là-bas près du foyer éteint, courber sa tête sous ce beau rayon de soleil, je l'ai vu heureux et bien portant, par une froide matinée en hiver, se mettre en quête d'une édition d'Horace. Rien ne lui coûtait pour posséder son auteur favori. Il en parlait avec l'ardeur d'un amant d'autrefois, courant après sa maîtresse. Eh bien! cet homme entêté de poésie, il a passé, tantôt, devant le char funèbre; il a vu le roi tête nue, et couvert d'opprobre, le roi de France... Or çà, je vous prie, à quoi sert la poésie, à quoi sert l'enseignement du poëte qui se félicitait de l'amitié d'Auguste? voilà un adorateur d'Horace, un poëte, un savant, un artiste... Il n'a pas assez d'âme, assez d'honneur pour faire un instant cortége à son roi! Il fuit devant la foule, en dépit de sa poésie, et pourtant il traduit l'Éloge de Caton, debout sur les ruines du monde! O poésie! ô vanité royale! tu n'as pas trouvé un mot de consolation pour le petit-fils du grand roi! pas un mot de reconnaissance ou de pitié! vous êtes d'une nation bien déshonorée et bien lâche aussi, Monsieur Barnave, convenez-en.

Au milieu de mon discours, une femme était entrée, elle tenait une fille de quatorze ans, par la main. La mère était éclatante de bonheur. Elle fit asseoir sa belle enfant à la table de l'auberge; elle lui donna à boire, en buvant avant elle, et soufflant sur le verre pour le réchauffer: puis elle déchaussa son enfant; elle essuya ses pieds fatigués; puis elle arrangea ses cheveux; elle lui lava les mains et le visage; elle l'embrassa; puis la petite fille appuya sa tête sur les genoux de sa mère et s'endormit: la mère ne fit plus un seul mouvement... Elle veillait, bien heureuse, et retenant son souffle, elle veillait pour son enfant.

Je poursuivis, montrant du regard cette femme et son enfant. — Les mères elles-mêmes, les femmes intelligentes de tout ce qui touche à la passion maternelle, ne comprennent rien à l'étrange phénomène qui se passe en ce moment. Je vous en fais juge, est-ce juste, est-ce vrai, cela? Voici une femme, une mère! Elle a laissé chez elle quatre enfants en bas âge! Elle a son fils aîné qui, pour elle, a prié nuit et jour! Elle a son fils cadet, une tête blonde et bouclée et qui fait des élégies, un autre qui ne pense qu'à Turenne et au grand Condé: que vous dirai-je? Elle les a quittés tous les quatre, pour aller chercher son autre enfant, sa Clémence! Elle arrive, et contente, et triomphante, ayant complété sa collection de beaux enfants, elle rencontre en son chemin une mère, un enfant, une mère qui pleure et son enfant qui la console; elle entend maudire... exécrer cette femme et cet enfant...

Cette femme heureuse et mère de cinq enfants, la voilà qui passe indifférente aux larmes de la reine! Elle essuie, avec une tendresse ineffable, les pieds de sa petite Clémence, et pour le dauphin de France elle n'a pas un regard de pitié !

Son cœur de mère ne lui dit pas que ces deux enfants se tiennent; que ces deux mères se tiennent, l'une captive au fond de ce carrosse exécrable, et l'autre allant librement sur le grand chemin où tout l'accompagne, espace et soleil; elles sont pourtant, l'une et l'autre, unies par le même lien !

Elle ne comprend pas, cette mère heureuse, que tout cela ne fait qu'une famille, une seule vie, une seule captivité, une seule royauté !

Elle ne comprend pas qu'il faut que les pères règnent ensemble ou meurent le même jour; qu'il en sera ainsi pour les mères; que les enfants, jeunes branches si peu vivaces, se sécheront sur le même tronc desséché, et la voilà tranquillement assise auprès de son enfant, comme s'il ne s'agissait que d'un papillon !

Il faut que vous soyez d'un pays bien à plaindre, ô Barnave ! pour que les mères elles-mêmes en soient venues à cet excès d'égoïsme et de tranquillité, d'ingratitude et d'aveuglement !

CHAPITRE X

Voilà comment je parlais pour empêcher quelque imprudence inutile, et pendant que ma chère Hélène effrayée cherchait à retrouver son courage et ses sens.

J'ai dit que nous étions resserrés entre deux bruits. A chaque instant les deux bruits que nous avions entendus de si loin s'affaiblissaient, ou prenaient un accent plus sauvage en se rapprochant. Quelle pitié! Quelle immense terreur! Que faire et que devenir? La chose allait et roulait, hurlante, et le moyen de ne pas être envahi et brisé, dans ce choc immense, entre ces deux invasions!

Le moment certes était terrible; en vain je cherchais à calmer les terreurs de ma cousine et de Barnave,... ils me faisaient pitié tous les deux : elle était si faible, il était si craintif! elle était résignée au sort qui l'accablait, il se sentait écrasé par la force même dont il était le dépositaire et le valet.

Bientôt les premiers Parisiens arrivèrent, ivres de colère et de vin. Cette étrange populace allait par monceaux, comme les sauterelles d'Égypte, elle vivait comme elles, en ravageant.

C'était une masse haletante, informe, aveugle, hideuse! un ramassis des plus abominables et des plus bruyantes clameurs! Tantôt ça hurlait à abaisser le ciel! Tantôt ça se taisait à charmer l'enfer. Une fumée immense accompagnait cet incendie... Et ça roulait, lentement, sans suite et sans fin... tantôt s'arrêtant... tantôt marchant... Ça n'a de nom dans aucun langue, un bruit pareil!... A ce bruit de l'autre monde nous nous sentîmes défaillir.

En ce moment l'aimable amateur de papillons regarda son brillant insecte au fond de son chapeau; l'homme aux bouquins ouvrit son Horace; la mère appela sa Clémence... O profondeur de l'égoïsme humain!

Même, ces trois personnages qui, à mon avis, étaient possédés d'un assez innocent égoïsme comparé à l'égoïsme général, trouvèrent le moyen de parler dans cet horrible moment : leurs paroles roulèrent toutes sur l'objet de leur passion.

L'un disait, regardant son insecte : — C'est un vrai papillon à tête de mort, *papilio atropos;* il a cinq pouces de vol, il est nuancé de raies noires et jaunes; il sera d'un bel effet dans ma collection.

L'autre murmurait tout bas cette épître d'égoïste, qui n'est pas la moins belle de celles d'Horace : *Ne s'étonner de rien, ô Numicius! voilà le secret du vrai bonheur!*

La bonne mère appelait : Clémence! arrive ici, Clémence, tu verras bien ce qui va passer, mon enfant!

Barnave, Hélène et moi, sur cette route de l'épouvante, nous attendions, pareils à des malheureux que l'on vient chercher pour les conduire à l'arbre du malheur.

Tout à coup nous voyons Castelnaux... O misère, ô pitié! ce n'était pas le fou de la reine... O douleur! c'était la tête de Castelnaux! l'œil sanglant, la bouche ouverte et les cheveux pendants.... empreinte de cet effroi que jette la mort quand elle est lente à venir.

Cette tête, asile ingénu de tant de courage et d'un si pur dévouement, se balançait au hasard. Penchée, elle voltigeait autour de la tête de Barnave. Elle voltigeait, obéissante, à un caprice bizarre, et sans rien dire, et sans rien voir, muette, et se balançant joyeusement, à tout prendre; jamais tête d'homme ne s'était balancée ainsi.

Et l'homme qui la portait au bout d'une pique s'assit sur le banc de l'auberge en criant : *A boire! à boire!* Il avait bien joué son rôle en cette tragi-comédie, il avait soif, il voulait boire et se reposer un peu, et pendant qu'il parlait, la tête de Castelnaux allait çà et là, nonchalamment, comme une girouette par un vent faible et douteux.

Dans cette épouvantable révolution où la force venait d'en bas, de si bas, ils avaient pris l'habitude, une fois pour toutes, de couper ainsi les têtes et de les placer au sommet des piques, comme les Romains y plaçaient une botte de foin... rien ne leur semblait plus simple et plus naturel. Une pique appelait la tête, une tête appelait la pique; on vous tuait pour un soupir, pour une larme, une grâce, une pitié, un regard sympathique au malheur! Votre tête, aussitôt qu'elle déplaisait au peuple, était une tête coupée!.. Ainsi, ils avaient coupé la tête de Castelnaux pour lui apprendre à saluer la reine, à se découvrir à son passage, à l'appeler Majesté, à crier : *vive le roi!* Castelnaux! Castelnaux! parfaite image de l'antique fidélité! Castelnaux, vieux sujet d'autrefois, qui meurs et qui reviens, mort, faisant cortége aux côtés de son roi malheureux! A l'aspect de cette tête, Barnave se sentit mourir.

Cela fut si fort que l'Horace tomba des mains du savant, que la mère en oublia sa fille, et l'homme aux insectes, son papillon à tête de mort.

Moi je m'élançai au-devant du char funèbre, en criant : *Au crime! au meurtre!* et cette avant-garde qui se reposait haletante comme le tigre repu, je la tirai de son repos.

Alors, si vous eussiez été là, vous l'eussiez entendue rugir, cette foule : — *A la lanterne! à la lanterne! à la lanterne, l'Autrichien! Mort à l'Allemand!*

Ah ! le hoquet aviné et sanglant de cette horrible foule ! Elle avait oublié le roi et la reine. — *A la lanterne ! à mort ! à mort, l'Autrichien !* et la tête de Castelnaux, tout à l'heure abandonnée à la nonchalance du sans-culotte qui la portait, s'agitait terriblement, accusant toutes les passions de la foule. Qui eût dit à Castelnaux qu'il serait un jour l'expression de la colère populaire ? mais aussi qui l'eût dit à Barnave ?... En ce moment, je me crus perdu : si la colère du peuple ne se fût calmée, à l'instant j'étais un homme mort !

Je voulus en finir avec cette populace innommée ; une fois au moins, je la voulais mépriser à mon aise, et véritablement, je la regardai avec ce profond mépris qu'elle comprenait si complétement et si bien, et qui l'eût poussée aux dernières violences... En un mot, j'étais perdu et déchiré en mille pièces,.. si tout à coup le torrent qui descendait n'eût rencontré le torrent qui montait... « Ah ! les voilà ! les voilà ! les voilà enfin ! » criaient les égorgeurs de Paris... « Nous vous les ramenons, » répondaient les égorgeurs du grand chemin... Si bien qu'ils oublièrent de m'égorger.

En ce moment affreux, j'aurais voulu être mort !... J'enviais Castelnaux !

La voiture était là... comme un convoi funèbre... Elle s'arrêta sur la place, au pied d'une croix brisée... Elle contenait... tout un monde ! O fils de saint Louis ! ô fille des Césars ! La reine, au milieu de ce flot qui monte en grondant, se tenait immobile et calme et patiente. Il y avait sur cette place une fontaine... Elle n'osa pas demander à boire, mais son regard, tourné vers l'humble villageoise qui remplissait sa cruche à la fontaine, était si triste ! Alors la villageoise, ô courage ! eut pitié de cette reine, et de sa main généreuse elle lui tendit un pot de cette eau fraîche... Elle but la dernière, après son mari et ses enfants ; et pour la jeune villageoise elle trouva encore un sourire.

Elle était là sous ce soleil !... Autrefois, quand le clocher de l'église était debout, il y avait de l'ombre à cette place, une ombre crénelée et gothique au-dessus de laquelle s'agitait la cloche villageoise... Plus d'ombre, à présent qu'il n'y a plus de roi. Cela dura longtemps ainsi, on changeait les chevaux. Nous voyions tout cela de bien près.

Quand Hélène aperçut sa royale maîtresse au soleil, brûlée et protégeant de ses bras son cher enfant, elle se mit à fondre en larmes ! Elle priait, elle pleurait, elle voulait sortir ; mais la foule était grande à la porte de l'hôtellerie, on eût dit une cloison vivante qui nous retenait prisonniers comme dans une tour. Hélène revint à la fenêtre, en tendant ses bras à la reine... Hélas ! la reine était plongée en ses contemplations funestes... elle ne voyait rien, elle n'entendait rien !

A la fin, Hélène, éperdue, hors d'elle-même, et priant Barnave : — Monsieur, monsieur, lui dit-elle, elle est là, votre proie, enfin la voilà, cette reine ; elle vous attend, elle est à vous, allez la prendre ; et par pitié, faites-moi prisonnière aussi, prisonnière avec la reine, à qui j'appartiens ! Donc, Monsieur, hâtons-nous ! tirez-moi d'ici, partons ! partons ! partons !

Barnave hésitait, il chancelait ; il tenait sa proie, il n'osait pas la regarder en face ; il n'osait pas toucher à ce présent que lui faisait le peuple. — O vanité de ces victoires misérables ! vanité de ces haines impuissantes ! Tribun vaincu ! vous voilà bien embarrassé de vos fameux pouvoirs ! Eh quoi ! le peuple, ton maître, a confié à ta garde la reine et le roi, leur fils et leur fille, et leur sœur ; tout cela est à toi, c'est ton bien, c'est ta gloire ! A la fin ton rêve est rempli, tu es au but... le char est prêt, monte enfin dans le char de ton dernier triomphe et traîne enfin tes victimes au bourreau.

Ce malheureux me fit pitié. — Venez, Barnave ! et soyez homme, encore une fois ! lui dis-je : une heure encore soyez le maître! Ouvrons-nous un passage au milieu de cette foule horrible! Allons à la reine, elle nous attend; ne la faisons pas attendre au grand soleil. Venez, Barnave! et vous, ma cousine! allez au secours de tant de malheurs... Retournons à Paris, nous aussi, dussions-nous y rentrer comme Castelnaux!

Nous partions; nous étions à la porte tous les trois, cherchant à l'ouvrir, mais contre la porte se tenait une masse inerte. Essayez de la remuer, cette masse occupée à regarder une révolution qui passe au milieu de l'insulte et des malédictions!

Tout à coup (hélas! malheureux que j'étais, j'oubliais ma mère!) tout à coup je vis ma mère! Attirée à son tour par le bruit, elle se tenait sur la porte de sa chambre, et elle regardait!

Alors Hélène, se tournant vers moi, me dit d'un ton résolu : Soyez béni pour votre dévouement et votre courage! Hélas! vous étiez digne en effet de mourir, pour une si belle cause, et j'aurais accepté généreusement votre sacrifice... il est vrai! Mais votre mère... irez-vous l'abandonner au milieu de ces tristes sentiers?

Elle alla à ma mère. — Ordonnez, Madame, à votre fils de ne pas vous quitter!

Ma mère s'approcha de moi, elle prit mes deux mains, elle se mit à genoux, baignant mes mains de ses larmes.

Je sentis ces larmes précieuses qui roulaient de ses yeux, et sur mes mains sa bouche desséchée....

Alors, Barnave eut pitié de moi, à son tour.

— Monsieur, me dit-il d'une voix forte, vous avez mal pris votre temps pour venir en France. Heureusement que votre devoir est ailleurs. Vous appartenez à votre mère, allez, et sauvez-la de son épouvante! Mademoiselle appartient à la reine, je suis au peuple. Ainsi, laissez-moi remplir mon devoir de député; souffrez qu'elle accomplisse avec honneur ses devoirs d'amie et de sujette. En même temps, mais d'une voix plus basse et plus douce :

— Adieu ! me dit-il... si vraiment vous me trouvez à plaindre, et si vraiment vous m'avez aimé... embrassez-moi, embrassons-nous !

Et il se jeta dans mes bras en suffoquant.

En même temps, penché à mon oreille : — Écoutez, me dit-il, vous m'avez promis de quitter la France quand je vous aurais montré la femme que vous cherchez ! Plus d'une fois vous m'avez dit à moi : Barnave, je n'ai plus qu'une chose à faire en France, un baiser à donner, et je pars ! Vous m'avez dit cela souvent, vous me l'avez juré sur votre parole d'honneur ! Eh bien ! au nom de votre mère et de votre honneur !... quittez la France... et touchez de vos lèvres, avant de partir... les deux lèvres que voici : en même temps il me montrait mademoiselle Hélène de ***, qui prenait congé de ma mère en lui demandant sa bénédiction.

Barnave essuya ses yeux pleins de larmes. Il ceignit son écharpe, et par la vertu de ces couleurs redoutées, la haie aussitôt se forma, et laissa la place libre au représentant du peuple... Une fois la place libre, il revint à nous, et me voyant encore auprès d'Hélène immobile et sans voix :

— Embrassez-la, me dit-il, pour la première... et pour la dernière fois. Accomplissez courageusement tout votre mystère, et s'il y eut entre vous une faute, allons, courage, et songez que cette faute est cruellement expiée !

En ce moment, il me sembla que les cieux venaient de s'entr'ouvrir, tant il y avait de grâce et de pardon, d'espérance et de contentement, dans l'attitude et dans les yeux de mademoiselle de ***. Elle me pardonnait ! Elle se pardonnait à elle-même...

— Oh ! dit-elle, ô mon époux !... mon cher époux que j'aime !... Mais je ne veux pas, tu ne veux pas tant de bonheur en présence de tant d'infortune... Adieu donc !... Nous nous embrasserons dans le ciel !

Elle suivit Barnave qui l'entraînait... Soudain la foule, obéissante un instant, se referma sur elle et nous fûmes séparés, Hélène et moi, jusqu'au commencement de l'éternité!

J'eus assez de force encore pour remonter avec ma mère dans la chambre de l'auberge... je fus assez courageux pour me mettre à la fenêtre, et bientôt, la tête nue et m'inclinant, comme un courtisan d'autrefois, je le vis passer, ce chariot funeste où ma vie entière était renfermée. O misère! ô douleur! Pitié! Providence! Au fond du carrosse, à la place d'honneur, à côté de la reine était assis Pétion... ce vil Pétion, l'insulte en personne! Il avait la reine à son côté! Il brisait de son sabre à la poignée horrible les bras du petit dauphin! Il avait assis, devant lui, le roi qui saluait la foule! Il heurtait madame Élisabeth! Sur la banquette, à côté du roi, vis-à-vis de la reine, était assis, humble et les yeux baissés, Barnave!... A voir ce Barnave humilié, à voir cette reine auguste et clémente, on eût dit que c'était la reine qui s'emparait de Barnave. O vertu! Majesté! Grandeur! Crime! Impiété! Révolte!... O pêle-mêle abominable, impie! O ce chemin de Varennes, que les siècles les plus pervers n'oublieront pas!

Et tout passa... Roi, reine, enfant, larmes, terreur, soupirs, gémissements, remords, foule hurlante, et prière et pitié, souffrances de l'âme et souffrances du corps... Tout s'évanouit dans cette poussière ardente et tout se perdit dans les abîmes... Ma mère, un instant réveillée en sursaut, fit le signe de la croix, en criant: *Vive le roi!*... Humble cri qui se perdit dans le ciel! Je m'inclinai en pleurant sur tant de malheurs... Puis, je vis dans le lointain, comme en un rêve... la main de ma cousine Hélène,.. Elle m'envoyait un baiser.

CHAPITRE XI

Ainsi fut engloutie au fond des abîmes cette monarchie, et cette maison de Bourbon qui n'avait pas son égale sous le soleil! Maintenant que la route était libre, et déjà se repentait de ses violences, je ramenai ma mère en son paisible manoir de l'Allemagne. En passant à Varennes, je revis l'ornière où ma voiture s'était brisée en venant en France! A cette même ornière, hélas! la reine et le roi s'étaient brisés! Qui que vous soyez, parcourez lentement l'espace étroit qui sépare le pont de la ville; les rivages d'Actium, les champs de Philippes, la fertile plaine d'Ivry, ces lieux solennels que consacrent la chute ou la grandeur des empires, n'ont pas, à mon sens, un intérêt égal à l'intérêt que m'inspire encore cette borne fatale, où le petit-fils de Louis XIV s'avoua vaincu et fugitif, où il fut décidé, irrévocablement décidé, que la France, elle aussi, aurait son Charles Stuart. La monarchie, en cette ornière, ne trouva pas une main tendue pour la secourir; moi, j'avais trouvé à cette place le bras et le secours de la jolie villageoise Fanchon. Que dis-je? Elle était assise encore sur le banc de ses noces, son chapeau sur le côté de sa tête, comme si elle m'attendait.

Je n'eus pas la force de lui parler. Je la vis, qui nous

suivait d'un regard inquiet et plein de larmes, comme si chaque voiture qui passait sur la route eût dû contenir un roi fugitif. Bonne Fanchon ! ce regard de pitié me réconcilia avec elle. En la voyant si triste, j'oubliai sa cruauté envers moi.

Arrivé à la frontière, le Rhin passé, ma mère abattue et muette d'effroi, je résolus d'attendre sur les bords du fleuve des nouvelles de la France et de sa reine, et de son roi. Pensez donc si je suis resté longtemps, attentif aux moindres bruits qui venaient de ce royaume égorgé dans mon château des bords du Rhin !

Je l'aime et je l'honore, ce vieux père aux flots d'azur ! C'est le fleuve par excellence, et le fleuve de mon choix. J'ai vu le Rhône, errant et capricieux comme le génie de la France ; j'ai vu la Loire, patiente et marchant lentement, comme le récit d'un vieux trouvère de la Bretagne ; la Seine aussi a son embouchure royale ; mais le Rhin se glorifie à bon droit de ses vieux châteaux sur ses deux rives ; de ses villes crénelées, de ses forêts qui le protégent de leur ombre. Ah ! que d'années j'ai passées sur les bords riants ou sombres du vieux fleuve allemand ! J'y suis encore et j'y veux mourir, pour peu que les guerres et les révolutions me le permettent.

Si c'est l'été, je vais plonger dans l'ombre errante des vieux murs et des tours qui le bordent. Qu'il fait bon chercher sous cette eau plaintive le secret de ces ruines ; quelle tâche aimable à suivre au courant du flot ces seuils et ces balcons qui ruissellent et murmurent, et s'éloignent jusqu'au fond de son lit ! Si c'est l'hiver, je m'asseois dans la barque des pêcheurs, et je souris à mon fleuve sous le nuage glacé. C'est lui ! Je le connais à toute heure, le matin quand il s'éveille, en grondant comme un peuple oisif, et le soir quand il s'endort avec la cornemuse des veilleurs.

Parcourez ses bords. Que de monuments debout encore, et que de champs de bataille, ensemencés déjà! Partout ce sont des moissons ou des cathédrales qui jettent leur ombre à ces champs engraissés par les ossements mêlés des Allemands et des Français. Les flèches perdues dans le nuage, à savoir Cologne, Bonn, Mayence, Worms, Spire et Strasbourg, ces forêts de pierre, protégent toujours le vieux sol, foulé si souvent et si longtemps par les pieds des bataillons. Ces vastes champs de houblon, qui grandissent pour les solennelles orgies des étudiants de l'université voisine, ils ont été parcourus par la révolution française. Le pas des soldats français retentit en ces campagnés, où l'histoire se mêle à la fiction.

Je vois passer... sur la même route, ici, le coursier de Bonaparte et l'attelage aux quatre chevaux d'Hermann et Dorothée. Le même écho m'apporte à la fois les cris de guerre et les sons du clavecin sous la main du maître d'école, ou le bruit des chœurs qui s'interrompent en tombant dans les prés. Toute l'histoire que j'ai vue finir dans ma jeunesse, vieillard, je l'ai vue recommencer sur les mêmes bords.

Hélas! la tête tranchée de Marie-Antoinette, notre archiduchesse, n'a pas empêché, vingt-cinq ans plus tard, une archiduchesse, jeune et belle, de passer le Rhin, elle aussi, pour aller chercher en France un trône, un époux, un maître! Ah! vanité du passé! Les leçons du passé ne profitent pas au présent : j'aurais pu avertir cette autre archiduchesse du danger que les reines couraient là-bas, elle ne m'eût pas écouté.... Triomphante, elle passa le Rhin soumis; plus tard, elle repassa en fugitive le Rhin qui s'était révolté. L'histoire... un vain jouet d'enfant!

Nous avons eu cela de bon, chez nous, Allemands, c'est que toute l'histoire moderne a été faite à notre profit. L'Allemagne a tenu l'étrier à la France, comme je l'ai tenu à Mirabeau. Quand l'Europe entière faisait de l'histoire, une histoire sanglante, l'Allemagne faisait de la poésie et du drame; aujourd'hui avant de mourir, il m'a été donné de voir encore une révolution française, la révolution de 1830, comme si la France avait le monopole des révolutions! Révolution qui frappera, cette fois, sur l'Allemagne, et qui troublera bien autrement ton onde, ô mon beau fleuve!

C'est très-vrai, nos villages sont encore en apparence aussi paisibles et contents qu'il y a sept mois; ils resplendissent de toutes les couleurs tranchées d'une moissonneuse au jour de fête... au dedans combien tout est changé! Sous ces toits aigus, derrière ces vitraux de plomb, les hommes ne s'abandonnent plus uniquement à la fumée des tabagies; ballottés jour et nuit entre deux civilisations puissantes, le Nord et le Midi, l'Allemagne et la France, qui les tiraillent à chaque instant, ils songent à prendre un parti définitif.

Il ne s'agit pas d'un drapeau nouveau, il faut choisir, cette fois, entre deux races, deux climats, deux mondes! Sans doute, il est grand, l'effroi qu'on a de voir le noyer qu'on a planté, le bois et le champ paternel, émondés par la mitraille et les pas des chevaux... pourtant c'est une des nécessités de l'Allemagne de se soumettre à ces révolutions qui ne s'arrêtent pas. La résistance de l'Allemagne à la première révolution française a été belle et grande... il faut qu'elle cède à la seconde. A l'insu même de l'Allemagne, l'attraction muette de la France est là s'exerçant sans relâche à compléter ses destinées. Désormais, malgré tous les obstacles, les deux climats sont jetés dans le même avenir... mais quel choc avant de se rejoindre, et que de sang répandu avant de s'entendre et de se réunir!

J'ai vu sur ces bords nuageux toute la grande émigration française. C'était une honte pour cette vieille noblesse qui fuyait son pays, vagabonde et tremblante, abandonnant son roi prisonnier. Cependant ces frivoles gentilshommes, tournant le dos à la France, imprévoyants, se livraient à la plus folle gaieté, comme s'ils eussent fait à l'étranger un voyage de quelques jours. De toute cette noblesse perdue, je n'ai vu qu'un homme qui comprit toute sa position.

Un matin (j'étais ce jour-là plus inquiet que jamais de la France, et je m'en approchais de toutes mes forces, car la tempête grondait au loin), je vis venir à moi un gentilhomme français qui paraissait accablé de fatigue. Les marches forcées, l'insomnie et la privation de tout ce qui faisait sa vie et ses loisirs d'autrefois, ne l'avaient pas tellement défiguré que je ne pusse reconnaître le vicomte de Mirabeau. A son aspect je me sentis saisi d'une profonde pitié. Il vint s'asseoir à côté de moi, triste et silencieux, ce brusque et hardi parleur, naguère si plein de joie et de gros bons mots. Lui, si fier et si brutal, dont la voix était connue en tous les lieux consacrés à la bonne chère, au bon vin, il demanda modestement *de quoi manger un morceau, car il n'avait rien pris depuis vingt-quatre heures;* disant cela, il poussait le soupir plaintif d'un homme à jeun de la veille. Ce ne fut qu'après qu'il eut bu lentement une bouteille de vin du Rhin, que je me hasardai à lui parler :

— Me permettrez-vous, M. le vicomte, de vous demander des nouvelles de la France et de sa royauté?

Il parut étonné de ma politesse, et sans répondre à ma question directement : — Puisque vous osez donner ses titres à un gentilhomme, appelez-moi comte de Mirabeau, me dit-il; je suis le comte de Mirabeau ici; là-bas, je ne suis plus que le citoyen Riqueti en veste courte, en bonnet rouge, en gros souliers. — Disant ces mots, il soupira profondément, regardant sa bouteille vide, attendant le déjeuner qu'il avait demandé.

—Et le roi, M. le comte? comment va le roi? je vous prie.

Il me regarda d'un air défiant; puis sa sérénité naturelle reprenant le dessus : — Figure-toi, citoyen, c'est-à-dire figurez-vous, Monsieur, que les infâmes jugent le roi... demain!

En même temps, il posait son sabre sur la table, il ôtait son chapeau, il s'essuyait le visage, il faisait tous ses préparatifs comme un convive qui se rend à un repas convié. Puis son regard venant à rencontrer la table nue et la chaise de paille, et moi qui l'observais, il songea à sa situation présente et reprit en ces mots :

— Jugez de tout ce qui se passe en ces endroits maudits! Les cheveux de la reine ont blanchi en vingt-quatre heures : c'est pitié maintenant de la voir, cette reine, notre amour et notre orgueil, surprise avant l'âge par la vieillesse; on dirait l'amandier en fleurs par une gelée de printemps!

Quand il eut dévoré son maigre repas et la première faim calmée, son visage devint plus serein; et, voyant que je l'écoutais de toute mon âme, il reprit la conversation interrompue :

—Il est passé, le temps où, quand l'étranger demandait au passant : *Où demeure le vicomte de Mirabeau?* le passant lui répondait gravement : *A ce monceau d'écailles d'huîtres, Monsieur!*

Il soupira, puis revenant à une expression plus grave :

— Par grâce et par pitié, croyez-moi, ne parlons pas de la France! un si doux royaume! et si fertile, où les femmes étaient si belles, et les vins si choisis! A cette heure, ami, vous ne reconnaîtriez pas la France... Et tant de ruines, et tant de malheurs, parce qu'il a plu à monsieur mon frère de se faire marchand drapier!

Puis se levant brusquement :

— Comme ils l'ont récompensé, mon frère! Et c'était bien la peine, en vérité, d'être un héros d'éloquence, un révolutionnaire irrésistible, un Jupiter tonnant! Figurez-vous, Monsieur, qu'ils l'avaient porté triomphalement... vous ne devineriez jamais dans quel panthéon? Ils l'avaient porté, ils l'avaient enseveli dans l'église Sainte-Geneviève. La Vierge sainte avait fait place à l'amant de Sophie, et les saints, étonnés de cet étrange camarade, en faisaient des gorges chaudes sur leurs autels délabrés. Mais quoi! Monsieur mon frère a gardé son temple, moins longtemps que la sainte elle-même. Le peuple a repris à Mirabeau le tombeau qu'il lui avait donné; ils ont brisé sa pierre et son épitaphe et l'urne lacrymale; ils ont repris ce corps en pourriture; ils l'ont traîné sur la claie, après quoi ils l'ont jeté à la voirie! Ainsi s'est accompli le triomphe éternel de cet ami du peuple. Ah! ce pauvre diable, au fond de l'âme, il était un bonhomme; il avait beau nier et renier, sa négation respirait la grâce chevaleresque des temps anciens. C'était un lion sous plusieurs peaux de bêtes puantes, un vrai gentilhomme en dépit de sa carmagnole. Il eût mieux fait d'être honnêtement et simplement un grand homme, et de se venger en pardonnant. Prisonnier et roi, dieu et pourriture, à l'autel, à la voirie! Son sort est le même durant sa vie, après sa mort!

A ce nom de Mirabeau, je me sentis remué presque autant que je l'avais été au nom de la reine. Mirabeau, mon héros, mon ami, mon maître, à qui je portais un dévouement même domestique... J'allais parler de Mirabeau et le pleurer tout à mon aise, lorsqu'un jeune homme, un nouveau venu, vint s'asseoir à nos côtés, et tout de suite il aborda la grande question : — Quelles nouvelles de la France, Messieurs? Puis, sans trop hésiter : Comment va la reine? dit-il en s'inclinant.

Nous comprîmes tout d'abord, le vicomte de Mirabeau et moi, que cet étranger était de nos amis.

Ce jeune homme était un Allemand de la vieille race;

au premier coup d'œil, on comprenait que le génie avait envahi ce front jeune encore et déjà dépouillé; sa taille était déjà légèrement courbée vers la terre, sur laquelle il ne devait pas rester longtemps.

Je lui répondis, charmé de le voir à mes côtes : — La reine est en prison, Monsieur; ses cheveux ont blanchi dans l'espace d'une nuit, à force de tourments.

« O Dieu! fit-il, où donc est ta justice? ô peuple ingrat! où donc est ta pitié? O ma reine! Ah! qu'elle était belle et charmante en ses jours de vie et de splendeur! Je n'étais qu'un petit enfant, un pauvre enfant allemand; j'avais quatre ans alors; je mendiais ma vie et j'allai mendier en France : en France, il n'y eut que la reine qui me fit l'aumône d'une louange, à la prière de Haydn, en souvenir du vieux Glück! »

Le vicomte de Mirabeau nous voyant, le jeune homme et moi, tout remplis d'une vague curiosité, nous prit tous les deux par la main : — Je vous répète que je ne vous dirai pas un mot de la France! Mais voulez-vous savoir ce que j'ai vu avant de quitter Paris, Messieurs? C'est une histoire assez plaisante, et si vous étiez poëte, ami jeune homme, comme je le crois, dit-il au nouveau venu, vous pourriez en faire une bonne comédie un jour à venir.

Le vicomte était retombé dans une de ses gaietés d'autrefois, mais celle-ci était empreinte d'une indicible tristesse; il avait le sourire d'un homme frappé à mort.

— Figurez-vous, nous dit-il, que le même jour sont revenus de Londres madame la comtesse Dubarry et S. A. R. le duc d'Orléans, comme un honnête taureador qui veut assister à un combat de taureaux. Arrivés à Paris, à la même heure, le prince et la courtisane se rencontrent à la même porte de la ville. Alors les voilà qui se font politesse et mille compliments à qui passera le premier. « C'est à vous à entrer, Madame, qui avez jeté la monarchie en ce désordre! — C'est à vous, Monseigneur, qui avez vendu le roi et la reine! » Et voilà ces deux crimes qui se complimentent à qui mieux mieux. Il faut avouer que Son Altesse est bien modeste! Nos deux crimes seraient encore à la même place à se complimenter, si le prince, en toute hâte, n'avait pas eu à voter la mort du roi : vous concevez qu'il se soit hâté!

Notre jeune homme écoutait ces choses dans le plus morne étonnement : — Mais, dit-il, je croyais que le plus criminel de ces criminels de là-bas, c'était Mirabeau, non pas Mirabeau l'honnête homme, mais celui qui est mort.

Le vicomte, hors de lui-même, leva les mains au ciel! — Oui, s'écriait-il, vous dites bien, vous êtes dans la vérité! sinon dans la clémence. A coup sûr, le plus scélérat, c'est Mirabeau! Honte à lui, honte à Mirabeau, celui qui est mort! malédiction sur Mirabeau!

— Messieurs, Messieurs, m'écriai-je, il ne faut pas être injuste pour le génie, et croyez-moi, ne maudissez pas Mirabeau! Il a été pardonné par la reine; moi qui vous parle, j'ai vu aux pieds de la reine Mirabeau vaincu par Sa Majesté! — Donc silence à vous, jeune homme, et silence à vous, son frère! Il est mort innocent. Il est le seul qui ait compris son époque, et vous ne l'avez pas plus comprise, vicomte, que Marat lui-même ne l'avait comprise. Ainsi, bénissez le nom de votre frère, et loin de le maudire, honorez sa mémoire! Soyez-en fier, et puisque son temple est brisé par ce peuple impie, ardent à détruire avec rage ce qu'il adorait avec crainte, rendons dans notre cœur son temple à Mirabeau!

Le vicomte se découvrit, ses yeux se remplirent de larmes : Vous me soulagez d'un grand malheur, me dit-il, et d'un grand doute. A présent je puis mourir avec le nom de mon frère; à présent je mourrai en gentilhomme, en confessant que je suis le frère de Mirabeau.

Il se leva. Il reprit son sabre et le remit à sa ceinture. — J'ai sur le flanc une blessure que m'a faite Barnave, un coup d'épée qu'il m'a donné dans ses beaux jours, et qui me fait toujours souffrir. Pourtant j'imagine que j'aurais rendu un grand service à Barnave, si je l'avais tué, ce jour-là. Pauvre Barnave! Hélas! que d'honnêtes gens se sont perdus dans ce gouffre, sans me compter! A ces mots, il prit congé de nous deux, en homme qui se fait violence; il prit ma main et celle de l'étranger. — Je m'appelle Mirabeau, nous dit-il; *Dieu sauve le roi et la reine!*

Le jeune homme répondit modestement : — *Sauve Dieu la reine et le roi!* Je m'appelle Mozart.

Je dis avec eux : *Sauve Dieu le roi et la reine!* Nos adieux furent une prière. Je priai aussi pour vous, Hélène, et cette prière, je la fis tout bas dans mon cœur. Quant à mon nom, je n'osai pas le dire après ceux de Mirabeau et de Mozart.

Nous nous séparâmes pour ne plus nous revoir.

Chacun de nous finit comme il devait finir. Le gentilhomme est mort de misère; l'artiste mourut d'ennui, victimes l'un et l'autre de la révolution.

Et moi, resté seul de ce grand naufrage, errant autour du Rhin, ombre vieille et grondeuse, je m'aperçois que je viens de vous faire un conte allemand... Mon conte finit comme tous les vieux contes français commencent : *Il y avait autrefois un roi et une reine.*

FIN

PARIS. — IMPRIMERIE DE J. CLAYE, RUE SAINT-BENOIT, 7.

www.ingramcontent.com/pod-product-compliance
Lightning Source LLC
Chambersburg PA
CBHW070443170426
43201CB00010B/1193